农村人力资源开发与贫困治理

Rural Human Resource Development and Poverty Governance

马金龙　范映渊　著

以西北地区为例

Taking the Northwest Region as an Example

社会科学文献出版社
SOCIAL SCIENCES ACADEMIC PRESS (CHINA)

前　言

　　贫困治理是人类发展的共同话题，各国在贫困治理道路上的成就异彩纷呈。综观古今中外贫困治理之经验，其出发点和归结点都是以人为中心。贫困治理与人力资源开发之间存在学理上的契合，高效全面的人力资源开发是贫困治理的动力和手段，贫困治理是人力资源开发目标的重要组成部分。近年来，国内外业界和学界在探索人力资源开发与贫困治理方面做出了巨大努力，也取得了显著成就。然而，针对中国西北农村人力资源开发与贫困治理的有效结合，以及西北农村人力资源开发在贫困治理中的潜力等方面的研究还需进一步深入，习近平总书记曾说"一定要看到，农业还是'四化同步'的短腿，农村还是全面建成小康社会的短板"[①]，西北农村是实现"四化同步"短板中的短板。精准扶贫作为补齐"短板中的短板"的有效方式，要精准解决好"扶持谁""谁来扶""怎么扶""如何退"等问题，其关键还是在人。因此，加强对西北农村人力资源开发与贫困治理的研究具有重要的理论意义和现实价值。

　　本书以通过开发西北农村人力资源提高贫困治理的水平为研究目的，选取陕西、甘肃、青海、宁夏和新疆五省区为样本，对陕西榆林市、甘肃平凉市、青海海西蒙古族藏族自治州、宁夏固原市和新疆昌吉回族自治州进行重点走访调研。遵循提出问题、分析问题和解决问题的研究思路，以社会学、管理学和经济学的基本理论为指导，阐述了人力资源开发与贫困治理的相关理论；运用定性分析和定量分析的方法对西北农村人力资源的现状进行梳理，分析了西北农村人力资源的现状及问题；在比较国内外农村人力资源开发与贫困治理经验的基础上，运用数学模型对西北农村常住

---

　　① 《十八大以来重要文献选编》（上），中央文献出版社，2014，第658页。

1

居民人均消费支出中的交通通信支出、文教娱乐支出、医疗保健支出和西北农村常住居民人均可支配收入进行了相关性分析，运用多元线性回归分析方法，分析了西北农村人力资源投资对西北农村常住居民收入水平的影响，并且对西北农村人力资源投资对阻止贫困代际传递的作用等方面进行了深入的理论研究，得出以下结论。

第一，西北农村人力资源的有效开发与合理配置是贫困治理最为有效的途径。不管是从"物质"扶贫到"精神"扶贫，从"输血式"扶贫到"造血式"扶贫，还是从"大水漫灌"扶贫到"精准滴灌"扶贫，都围绕人而展开，因此，可以说人力资源开发是贫困治理最优模式。

第二，多主体协同是西北农村贫困治理的必由之路。西北农村人力资源开发与贫困治理的主体是政府、企业、社会组织和家庭（个人）。政府是西北农村人力资源开发与贫困治理的核心；企业和社会组织是西北农村人力资源开发与贫困治理的有效补充；家庭（个人）既是西北农村人力资源开发与贫困治理的主体，也是西北农村人力资源开发与贫困治理的对象。

第三，西北农村人力资源开发与贫困治理是一个系统而复杂的工程，这就要求我们必须从贫困治理主体、贫困治理对象和贫困治理环境等多视角出发来研究西北农村人力资源开发与贫困治理。俗话说，乱"麻"抓其头。若将西北农村人力资源开发与贫困治理比作一团乱麻，那么这个"乱麻"的"头"就是以教育培训、医疗保障和有效流动为核心的西北农村人力资源投资。

本书有如下创新之处。一是在"学术思想"上的特色与创新。本研究将西北地区农村人力资源的外延扩大，将西北地区乡镇涉农工作人员也视作农村人力资源的一部分；提出了西北农村人力资源开发与贫困治理机制，这一机制的核心就是从现实问题出发，将农村人力资源开发与贫困治理、社会和谐发展有机结合，构建以优化乡镇办学条件、丰富医疗资源、鼓励有效流动、健全养老保障、培训常规化和就业形式多样化为主要内容，以农业强、农村美、农民富为目标的西北农村人力资源开发与贫困治理机制。二是在"学术观点"上的特色与创新。人力资源开发与贫困治理是两个独立的概念，本研究将"人力资源开发"与"贫困治理"两个看似不相关的概念进行了有效协同，提出了"西北农村人力资源开发与贫困治理"概念；将西北农村贫困人口视为重要的人力资源，强调对其进行有效开发和合理配置是贫困治理的首要选择；提出了西北农村人力资源开发是推动西北农村现代化的智力之源。三是在"研究方法"上的创新。运用多元线性回归和 VAR 模型对数据进行处理分析，以数据为基准，以数理逻辑进行推演，翔实有力地论证了西北农村以人力资源为基础的贫困治理主体、对象和环境之间的相互关系与作用机理。

目　录

绪　论

一　研究背景和研究价值

（一）研究背景

近代以来，贫困问题、污染问题和人口问题是困扰人类社会发展的三大难题，特别是贫困问题，由来已久，与时相伴。贫困治理一直是世界各国发展的着力点，是国之重任。自从实施精准扶贫以来，在党的正确领导下，社会各界积极参与，形成了以政府、企业、社会组织、家庭（个人）为投资主体和以贫困地区、贫困人口为扶贫对象的互动嵌入式多元协同贫困治理新模式，凝练出了"一个目标"即全部精准脱贫，"两个不愁"即不愁吃、不愁穿，"三个保障"即义务教育、基本医疗和住房安全有保障，"四个切实"即切实落实领导责任、切实做到精准扶贫、切实强化社会合力、切实加强基层组织，"五个一批"即发展教育脱贫一批、发展生产脱贫一批、易地搬迁脱贫一批、生态补偿脱贫一批、社会保障兜底一批，"六个精准"即项目安排精准、扶贫对象精准、资金使用精准、因村派人精准、措施到户精准、脱贫成效精准等为核心内容的"一二三四五六"新时代贫困治理方略。在贫困治理新模式和"一二三四五六"新时代贫困治理方略的指引下，我国贫困治理工作取得了巨大成就。另外，国内学者运用人力资源、贫困治理、人口迁移等理论对精准扶贫进行了分门别类、视角各异的研究，形成了许多具有影响力的扶贫观点和结论。

就全国而言，不管是从贫困治理实践还是从贫困治理理论来看，我国在贫困治理过程中的业绩都是骄人的。但是，就西北广大农村地区而言，我们仍不可懈怠。

马克思说:"我们首先应当确定一切人类生存的第一个前提,也就是一切历史的第一个前提,这个前提是:人们为了能够'创造历史',必须能够生活。但是为了生活,首先就需要吃喝住穿以及其他一些东西。"① 基于这个基本认识,课题组对上述问题进行了深入调查和研究,发现问题的根结是人的问题。贫困治理工作的出发点和落脚点,说白了就是解决人的问题。不管是政府、企业、社会组织还是家庭(个人),贫困治理是由人来操作的,贫困治理成果也是由人来享受的。在 2013 年中央农村工作会议上,习近平总书记指出:"一定要看到,农业还是'四化同步'的短腿,农村还是全面建成小康社会的短板。"② 精准扶贫是补齐这一短板的有效方法。要解决好"扶持谁""谁来扶""怎么扶""如何退"等问题,其关键在人。也就是说,人是贫困治理、阻断贫困代际传递的核心要素。找问题,补短板,关键靠人,西北农村人力资源不仅是找准问题,践行精准扶贫,补"短板"和被补"短板"的人,而且是贫困治理,阻断贫困代际传递的"关键"人群。

"资源是人类赖以生存的物质基础,是人类创造财富的重要源泉。在丰富多样的资源中,活跃性最强、能力性最高、价值创造力最强大的当属人力资源。"③ "人力资本含金量"高的人力资源是促进经济发展的第一力量。纳尔逊和菲利普斯在 1966 年发表的文章里就提出了人力资源与经济增长的正相关关系。后来,熊彼特对他们的观点进行了深化,认为人力资本储备对经济的创新和创造能力起到决定作用,同时驱动着经济增长。贝克尔、卢卡斯等人从宏观上分析人力资本对经济增长的作用,强调人力资本的积累可以有效促进经济增长。④ 具体来说,人力资本促进农村经济发展有三大效应,即要素效应、溢出效应和吸纳效应。要素效应是指人力资本同自然资源、劳动力、物质资本等生产要素一样,是生产过程中不可或缺的要素之一,人力资本的不断投入会极大提高劳动生产率,进而促进经济的增长。⑤ 特别是农村人力资源投资,以教育培训、健康和有效流动等

① 《马克思恩格斯文集》(第 1 卷),人民出版社,2009,第 531 页。

② 《十八大以来重要文献选编》(上),中央文献出版社,2014,第 658 页。

③ 张翀:《我国农村人力资源开发的路径分析》,《农业经济》2015 年第 12 期。

④ R. E. Lucas, "On the Mechanics of Economic Development," *Journal of Monetary Economics*, 1988 (1): 3-42.

⑤ 李雪平:《湖北省农村人力资本对农村经济增长的影响分析》,《决策咨询》2017 年第 3 期。

为主要内容的人力资源投资对农村经济发展、贫困治理具有积极作用。溢出效应是指某要素参与某项活动或行为时，这一要素不仅会对活动或行为产生预期的效果，而且会对活动或行为之外的人或物产生积极影响。"人力资源投资不仅可以带来劳动力本身生产效率的提高，还可以促使物质资本等其他生产要素边际产出增加，使得整个生产过程的产出水平增加。"①阿荣的"干中学"思想、罗默的新经济增长理论等都强调了知识、技能具有溢出效应，在农业生产中人力资本溢出效应更加突出。吸纳效应就是指，发挥人力资本优势，引进先进技术，吸引其他国家或地区的物质资本等要素进入，从而促进当地经济社会发展。中国的大城市人力资本溢出效应明显，它们吸引了人力资本含金量高的人才聚集于此，促进城市快速发展。大城市人力资本溢出效应可以为农村人力资源开发与贫困治理提供经验借鉴。

总之，如何打破贫困代际传递？需要对西北农村人力资源进行深入探讨和研究，以期更好地推进贫困治理实践，从而实现西北农村地区农业强、农村美和农民富的美好画卷。

（二）研究价值

1. 学术价值

（1）丰富和发展了农村人力资源理论。本书通过对西北农村人力资源开发与贫困治理的主体、贫困治理对象和贫困治理环境的研究，提出西北农村人力资源是西北农村贫困治理的核心力量，是西北农村发展的宝贵财富和智力之源；从人力资源投资视角出发，提出对西北农村人力资源贫困治理主体应加大贫困治理教育培训力度、提高贫困治理医疗保健水平和提升贫困治理流动效果，从而构建西北农村人力资源开发与贫困治理主体协同投资、贫困治理对象积极响应、贫困治理环境不断优化的三位一体的西北农村人力资源开发与贫困治理机制；西北农村人力资源开发与贫困治理机制是阻断贫困代际传递的利器。这些观点，与前辈关于人力资源开发的研究视角有所不同，可以说，丰富和发展了农村人力资源开发理论。

---

① R. R. Nelson, E. S. Phelps, "Investment in Humans, Technological Diffusion, and Economic Growth," *American Economic Review*, 1966, 56 (1): 43.

（2）丰富和发展了贫困治理理论。本书通过对西北农村贫困治理的经验进行梳理，提出了在西北农村贫困治理的最优路径就是合理开发和优化配置西北农村人力资源。同时，在贫困的认识上，提出了西北农村的贫困不仅仅是物质的贫困，还有精神贫困。精神贫困也是西北农村人力资源开发与贫困治理的重要研究指向，应当引导广大西北农村人力资源从物质和精神两方面来认识贫困，在全面正确理解贫困的基础上，推动贫困治理走向实质自由。这些观点与前辈关于贫困治理的研究相比更具体、更有针对性，可以说是对贫困治理理论的丰富和发展。

（3）丰富和发展了其他学术观点。本书将系统理论运用到西北农村人力资源开发与贫困治理的研究当中，从系统论的视角提出了西北农村人力资源开发与贫困治理机制；通过对我国农村人力资源开发与贫困治理研究成果的梳理，发现关于农村人力资源开发的研究很多，但在贫困治理视域下对西北农村人力资源进行开发的研究还不多，特别是对农村人力资源开发与贫困治理主体的研究更少。基于此，提出强化社会组织在西北农村人力资源开发与贫困治理中的主体地位，鼓励社会组织积极参与西北农村人力资源开发与贫困治理实践，践行社会组织目标；通过对企业扶贫的研究，提出企业在西北农村人力资源开发与贫困治理中，要提高政治站位，深刻理解当地文化，全面认识贫困治理行为和贫困治理对象，从而建构政治、文化和认知等方面高效和谐的嵌入性场域。从学术价值来说，"西北农村人力资源开发与贫困治理机制"、"社会组织积极扶贫"和"企业嵌入性扶贫"的论点是对系统论、社会组织理论和嵌入性理论的丰富和发展。

2. 应用价值

本书试图从"三农"之"农民"问题切入，以人力资源和贫困治理相关理论探索西北农村贫困治理机制，力求通过对西北农村人力资源的有效开发与合理配置，补齐农业在实现"四化"中的短板。本书的应用价值可以概括为四个方面：一是有利于西北农村地区资源整合优化，助力西北农村贫困治理；二是有利于保护西北脆弱的生态环境，实现低碳经济，和谐发展；三是有利于提高财政支农资金和扶贫资金的使用效率；四是为政府制定西北农村地区人力资源开发、贫困治理等相关政策提供决策参考。

二　国内外研究现状述评

（一）国内关于农村人力资源开发与贫困治理研究

1. 关于农村人力资源开发不足而导致贫困的研究

对于农村人力资源开发不足而导致贫困展开研究的主要有张弘、温铁军、温厉、黄利梅等人。张弘认为，我国农村人力资源的总体状况是在经费投入上存在局限、思想认识仍然狭隘、服务管理表现滞后、组织落实出现松散、开发培训略有盲目。[①] 这些是农村贫困的主要原因。温铁军、温厉认为，我国二元经济结构造成户籍、教育、医疗等的城乡分割，落后的生育观念给我国农村人力资源开发效率带来了负面影响。[②] 黄利梅等认为，农村人口基数大、增长速度快、文化程度较低、就业压力偏大、缺乏系统的培训开发等阻碍了农村脱贫进程。[③]

2. 关于通过农村人力资源优化配置实现贫困治理的研究

市场是资源配置的最有效手段。林毅夫重点强调了建立城乡统一的劳动力市场的重要作用，农村劳动力在城乡之间的合理流动，可以减少农村人力资源剩余，有效推动农村社会进步，缓解农村贫困问题。[④] 黄承伟认为，自愿搬迁对解决农村人口的温饱问题具有重要意义，同时可以有效促进地方生态平衡，为当地经济发展培育新的增长点。[⑤] 要积极倡导生态移民搬迁，从而实现贫困治理。张广婷、江静、陈勇通过对劳动力配置效应模型的分析，发现农村剩余劳动力转移可以有效推动经济发展。[⑥] 卞纪兰、厉昂认为，提高农村人力资源开发效率要从开发理论、开发环境、参

---

① 张弘：《农村人力资源开发的现状与对策思考》，《湖南商学院学报》2000 年第 5 期。

② 温铁军、温厉：《中国的"城镇化"与发展中国家城市化的教训》，《中国软科学》2007年第 7 期。

③ 黄利梅：《基于中原经济区建设的河南农村人力资源开发的路径研究》，《农业经济》2013 年第 6 期。

④ 林毅夫：《解决农村贫困问题需要有新的战略思路——评世界银行新的"惠及贫困人口的农村发展战略"》，《北京大学学报》（社会科学版）2002 年第 5 期。

⑤ 黄承伟：《中国扶贫开发道路研究：评述与展望》，《中国农业大学学报》（社会科学版）2016 年第 5 期。

⑥ 张广婷、江静、陈勇：《中国劳动力转移与经济增长的实证研究》，《中国工业经济》2010 年第 10 期。

与主体、激励机制四个方面着手。①

3. 关于通过教育实现贫困治理的研究

（1）从教育的重要性来看。汪三贵、郭子豪将提高劳动素质作为促进贫困地区经济社会发展的关键环节，具体提出了加大教育投资、加强基础教育、强化技术培训、建立优惠政策等手段。② 赵曦认为，西部农村贫困治理战略的核心是教育，教育是贫困治理最有效的途径，要加大教育投入，从而实现农村的脱贫致富。③ 何景熙提出通过"农村人力资源开发工程"提升农村人力资源能力，确保农村九年制义务教育完全免费，提出建设以村级医疗组织为基础的农村合作医疗网。④ 白菊红指出，农民的务工技能与农民的收入之间成正比，这也意味着提高农民务工技能可以有效提升农民家庭人均纯收入。⑤ 谢君君提出"教育反贫困论"，认为通过教育提高人的素质，是促进西部农村经济社会发展的重要战略措施。⑥ 周丽莎运用阿马蒂亚·森贫困理论对新疆克孜勒苏柯尔克孜自治州教育扶贫进行了深入研究，提出民族地区只有大力发展教育，才能实现地区发展。⑦ 潘明明、李光明、龚新蜀对民族地区精准扶贫进行研究，指出其关键在于加强农民教育培训，改变他们安于现状的生活态度。⑧

（2）从教育的形式来看。易钢、游珍、戴育滨等学者认为，对农民的教育要采取"两手抓"：针对留在土地上的农民"抓"农业技术普及教育，针对即将转移的农村富余劳动力"抓"职业技能培训。⑨ 徐辉通过对农村人

---

① 卞纪兰、厉昂：《辽宁省新农村人力资源开发绩效评价研究》，《产业与科技论坛》2014年第4期。

② 汪三贵、郭子豪：《论中国的精准扶贫》，《贵州社会科学》2015年第5期。

③ 赵曦：《中国西部农村反贫困模式研究》，商务印书馆，2009，第8~16页。

④ 何景熙：《人力资本投资：应对"三农"问题的战略选择——关于实施农村人力资源开发工程的思考》，《人口研究》2002年第6期。

⑤ 白菊红：《农村教育投资私人报酬率测算》，《浙江大学学报》（人文社会科学版）2003年第4期。

⑥ 谢君君：《教育扶贫研究述评》，《复旦教育论坛》2012年第3期。

⑦ 周丽莎：《基于阿玛蒂亚·森理论下的少数民族地区教育扶贫模式研究——以新疆克孜勒苏柯尔克孜自治州为例》，《民族教育研究》2011年第2期。

⑧ 潘明明、李光明、龚新蜀：《西部民族特困区农村人力资源开发减贫效应研究——以南疆三地州为例》，《人口与发展》2016年第2期。

⑨ 易钢、游珍、戴育滨、刘月秀、张家英：《农村人力资源开发与农民教育》，《高等农业教育》2005年第10期。

力资源团队模式的研究，提出农业园区型人力资源团队教育的重要意义。①

（3）从教育的层次来看。蒋华林、李华、张洪武等学者认为，农村人力资源开发的主要途径是农民教育，特别是发展高等教育是农村人力资源开发的必由之路。② 殷红霞提出高质量的家庭教育是农村脱贫致富的基础。③ 贾海刚重视"扶贫先扶志""扶贫必扶智"的扶贫理念，倡导以职业教育提升农村人力资源自我发展潜能的"造血式"扶贫方式。④ 栗金池提出通过职业教育，提高农民收入的观点。⑤ 吴雨才在参考国外农村人力资源开发模式的基础上，提出要通过法律形式建立完善的农业职业教育体系，以智力支持加快农村剩余劳动力转移，从而形成包括教育、科研、推广在内的"三位一体"脱贫路径。⑥

4. 关于农村人力资源医疗保障实现贫困治理的研究

程铭望等基于对身心健康在农户收入中核心作用的理解，提出要加快推进农村新型医疗合作制度，提高农村医疗水平和卫生条件，增强农村劳动力健康水平。⑦ 张霞、胡建元认为，深化农村合作医疗改革，扩大新型农村合作医疗的覆盖率，提高医师的行医水平是解决新疆特困地区贫困问题的主要抓手。⑧ 潘明明、李光明、龚新蜀对西北民族特困区农村人力资源开发与贫困治理研究发现，西北民族地区医疗设施匮乏，社会保障欠缺，致使劳动力身体素质普遍较差，抵御风险能力不足，限制了农民生产效率和增收能力的提升。他们建议提高农村医疗投资水平，完善农村医疗保障制度建设。⑨

---

① 徐辉：《职业教育发展规模与和谐社会构建的模型预测》，《职教论坛》2009 年第12C 期。

② 蒋华林、李华、张洪武、杨忠：《论"人才强国"战略与西部高等教育发展》，《高等理科教育》2005 年第 6 期。

③ 殷红霞：《西部地区农户家庭教育投资与收入变动关系的调查分析——以陕西关中地区为例》，《教育科学》2007 年第 5 期。

④ 张霞、胡建元：《新疆少数民族特困区人力资本反贫困实证研究——以喀什地区为例》，《新疆大学学报》（哲学人文社会科学版）2017 年第 6 期。

⑤ 栗金池：《借鉴国外经验加快中国农村人力资源开发》，《世界农业》2010 年第 1 期。

⑥ 吴雨才：《印度政府开发农村人力资源的经验》，《世界农业》2012 年第 11 期。

⑦ 程名望等：《人力资本积累与农户收入增长》，《经济研究》2016 年第 1 期。

⑧ 贾海刚：《职业教育服务精准扶贫的路径探索》，《职教论坛》2016 年第 25 期。

⑨ 潘明明、李光明、龚新蜀：《西部民族特困区农村人力资源开发减贫效应研究——以南疆三地州为例》，《人口与发展》2016 年第 2 期。

5. 关于农村人力资源有效流动实现贫困治理效果的研究

"农村贫困人口在城乡之间的流动，有助于增强当地劳动力迁移能力"[1]，"促进城乡劳动力转移以及构建社会力量准入参与机制"[2] 是农村人力资源开发与贫困治理的突破口。潘明明、龚新蜀、张洪振等在对新疆少数民族流动人口社会融合的研究中发现，当地流动人口顺利融入城镇，既是农村经济快速发展的基础，又是城镇稳定和谐的保障，有利于地方社会稳定和长治久安。[3] 张弘认为设立乡镇人才交流服务站，建立跨地区劳动力市场是农村人力资源开发与贫困治理的重要手段。[4] 潘明明、李光明、龚新蜀提出要引导农村富余劳动力外出务工，促进农村劳动力在城乡之间合理流动。[5] 张栩提出建立以农村劳动力转移和社会保险为核心的电子数据库，全国联网，保障进城务工人员的合法权益。[6]

（二）国外关于农村人力资源开发与贫困治理问题的研究

1. 关于贫困治理问题的研究

舒尔茨提出农村贫困与国家工业化发展倾向有关，应重视农业的基础地位，特别是发展中国家要加大农业投入，而个人贫困的根本原因在于人力资本匮乏及人力投资不足，要通过注重提高国民素质达到贫困治理的目的。[7] 阿比吉特·班纳吉、埃斯特·迪弗洛认为，"要改变一个人不切实际的期望，我们还需要做很多事情"，要改变贫穷，最为基本的就是教育重建。[8] 刘易斯通过二元经济模型分析提出了发展中国家二元结构

---

[1] 潘明明、李光明、龚新蜀：《西部民族特困区农村人力资源开发减贫效应研究——以南疆三地州为例》，《人口与发展》2016 年第 2 期。

[2] 孙朝辉：《"精准扶贫"战略视角下农村人力资源开发的创新路径》，《农业经济》2019 年第 10 期。

[3] 潘明明、龚新蜀、张洪振：《新疆城镇少数民族流动人口社会融合：水平测度与障碍找寻》，《新疆大学学报》（哲学人文社会科学版）2018 年第 2 期。

[4] 张弘：《农村人力资源开发的现状与对策思考》，《湖南商学院学报》2000 年第 5 期。

[5] 潘明明、李光明、龚新蜀：《西部民族特困区农村人力资源开发减贫效应研究——以南疆三地州为例》，《人口与发展》2016 年第 2 期。

[6] 张翊：《我国农村人力资源开发的路径分析》，《农业经济》2015 年第 12 期。

[7] 西奥多·W. 舒尔茨：《论人力资本投资》，吴珠华等译，北京经济学院出版社，1990，第 152~153 页。

[8] 阿比吉特·班纳吉、埃斯特·迪弗洛：《贫穷的本质——我们为什么摆脱不了贫穷》，景芳译，中信出版社，2018，第 84~88 页。

的存在，在农村剩余劳动力向工业部门流动的过程中，工业劳动力数量增加，国民经济得以发展。[①] 阿瑟·奥肯提出了解决贫困的方案："在平等中注入某些合理性，在效率中注入某些人性。"[②] 阿马蒂亚·森提出基于个体能力开发的贫困理论。这些理论研究从不同角度指出了欠发达国家或地区摆脱贫困的道路，对于我们探索西北地区农村发展路径具有启迪意义。[③]

2. 关于贫困治理中人力资源开发的研究

人力资本理论认为，人力资源投资渠道包括健康与保健服务、在职培训、在各级正规学校所接受的教育、非公司的成人教育、个人和家庭适应于转换工作机会的迁移支出等。贝克尔针对舒尔茨只关注教育与经济增长关系的缺陷，从微观角度分析了人力资本与个人收入分配的关系，提出了人力资源投资能够促进地区经济发展的观点。经济学家保罗·罗默提出了"干中学"理论，他认为生产过程中的人获取"知识"的过程源于"干中学"的模型。他还提出积累工作经验与提高生产率具有正相关关系。[④]

（三）国内外关于农村人力资源开发与贫困治理研究现状评析

总体来看，国外学者对农村人力资源开发与贫困治理进行了丰富的研究，形成了较为成熟的理论体系，为我们探索西北地区农村人力资源开发与贫困治理提供了重要参考。国内对西北地区农村人力资源开发的研究多是侧重于农村人力资源开发的现状、意义和策略等方面，而专注于农村人力资源开发与贫困治理的相关研究较少。另外，由于西北地区相对其他地区具有特殊性，在研究农村人力资源开发与贫困治理时要在研究普遍性内容的基础上，考虑加入转变民族传统观念及通用语言培训等内容。因此，在西北地区人力资源开发与贫困治理的研究中应强调西北人口的特有属性。也就是说，对西北农村人力资源开发与贫困治理进行研究，不但要涉及自然环境、制度条件、经济发展、人口政策等因素，更要关注地区民族属性和宗教文化的影响。但是，现有研究多是全国人力资源开发在区域层

① 威廉·阿瑟·刘易斯：《二元经济论》，施炜、谢兵、苏玉宏译，北京经济学院出版社，1989，第15~25页。
② 阿瑟·奥肯：《平等与效率——重大抉择》，王奔洲译，华夏出版社，1987，第80~83页。
③ 阿马蒂亚·森：《贫困与饥荒——论权利与剥夺》，王宇、王文玉译，商务印书馆，2001，第15页。
④ 肯尼思·阿罗：《社会选择与个人价值》，陈志武等译，四川人民出版社，1987，第20~35页。

面的复制与移植，就西北地区人口民族属性和宗教文化属性等对西北农村人力资源开发与贫困治理展开的相关性研究并不多见；在研究方法上，运用定性研究的文献较多，而运用定量研究的文献明显不足。

三 研究内容、方法、思路

（一）研究内容

1. 研究对象

本书以西北农村人力资源开发与贫困治理为研究对象，从开发西北农村人力资源实现贫困治理的角度出发，分析西北农村人力资源开发与贫困治理主体、对象和贫困治理环境的现状、困境，借鉴国内发达地区和国外发达国家农村人力资源开发与贫困治理的经验与做法，通过跨学科的研究方法形成更高层次上的抽象、概括、分析与总结，探寻一套适合西北农村的人力资源开发与贫困治理机制。

2. 总体框架

根据本书的分析框架，本书共由绪论和六个章节构成。

绪论。此部分主要介绍研究西北农村人力资源开发与贫困治理机制的学术价值与应用价值、研究目的、研究对象、国内外关于农村人力资源开发与贫困治理的研究现状、研究内容、研究方法、研究思路及本书的创新与不足。

第一章，农村人力资源开发与贫困治理的相关理论。

本章界定了人力资源、人力资本、农村人力资源、农村人力资源开发与贫困治理、贫困治理、精准扶贫等相关概念，阐释了贫困治理理论、人力资源理论、系统理论及社会组织理论等相关理论。重点分析贫困治理理论和人力资源理论，为研究奠定理论基础。

第二章，西北农村人力资源开发与贫困治理的主体、对象、内容及目标。

本章分为三节，第一节主要界定了西北农村人力资源开发与贫困治理的主体是政府、企业、社会组织和家庭（个人）；第二节界定了西北农村人力资源开发与贫困治理的对象是家庭（个人）；第三节论述了西北农村人力资源开发与贫困治理的内容和目标。西北农村人力资源开发与贫困治理的主要内容是教育培训、理疗保健和有效流动。西北农村人力资源开发与贫困治理的主要目标分为短期目标和长期目标，短期目标是共同致富；

长期目标是实现"农业强、农村美、农民富"的美好画卷。

第三章，西北农村人力资源开发与贫困治理举措。

本章主要通过横向和纵向对比的方法分析西北农村现状，通过国家、地方统计年鉴、行业统计年鉴和实地调研数据，陈述和分析西北农村人力资源开发与贫困治理主体、贫困治理对象和贫困治理环境，从现状分析中发现，部分西北农村人力资源开发与贫困治理主体存在一些问题；西北农村人力资源开发与贫困治理对象数量大、禀赋较低；西北农村人力资源开发与贫困治理环境较差。

第四章，西北农村人力资源投资与贫困治理成效的相关性分析。

本章首先从西北农村人力资源投资与贫困治理成效的相关性入手，运用国家统计局、西北五省区的统计数据，结合课题组团队的调研统计数据，对西北地区家庭（个人）人力资源投资与贫困治理成效的关系进行了比较分析，发现西北地区农村人力资源开发与贫困治理之间具有强关联性；其次对西北农村人力资源投资与贫困治理成效进行了实证分析，运用多元线性回归和 VAR 模型对数据进行处理分析，以数据为基准，以数理逻辑为推演，翔实有力地论证了西北农村人力资源开发与贫困治理主体、对象和环境之间的相互关系与作用机理。

第五章，国内外农村人力资源开发与贫困治理经验借鉴。

本章分为两节，第一节主要介绍我国重庆市、广东省和江苏省等沿海沿江发达地区的农村人力资源开发与贫困治理经验，第二节主要介绍和分析了德国、美国、日本、韩国等发达国家在农村人力资源开发与贫困治理方面取得的成功经验。通过经验介绍，以期找寻西北农村人力资源开发与贫困治理的思路与方法。

第六章，西北农村人力资源开发与贫困治理机制。

根据西北农村人力资源的实际情况，在总结借鉴国内外经验的基础上，立足西北农村地区经济社会的发展需要，针对西北农村人力资源开发中存在的问题及成因提出对策建议，最终形成一套行之有效的农村人力资源开发与贫困治理机制。

根据西北农村人力资源现实情况、开发中存在的问题及成因，通过总结借鉴国内外经验，结合西北农村地区经济社会的发展需要，针对西北农村人力资源开发的理论建设、环境建设、利益相关者缺位等问题提出对策建议，最终提出一套有效的农村人力资源开发与贫困治理机制。

3. 重点难点

找到一套行之有效的适用于西北农村的人力资源开发与贫困治理机制是本书的重点。把握西北农村地区区情，特别是宗教信仰、风俗习惯等对西北农村人力资源开发的影响是本书的难点。

4. 主要目标

本书以人力资源理论、人口迁移理论、经济学的相关理论为指导，利用定性和定量分析方法，分析西北农村人力资源概况、农村人力资源开发状况和存在的问题，在借鉴国内外人力资源开发经验的基础上，有针对性地提出西北农村人力资源开发的对策和建议，突破西北农村人力资源开发的制约瓶颈，化解西北农村在全面实现"四化"中的短板问题。

（二）研究方法

1. 问卷调查与个案访谈相结合

采用贾怀勤在《管理研究方法》中提出的整群抽样（Cluster Sampling）方法，[①] 按照西北地区经济社会发展状况、农村人力资源的分布情况、少数民族分布现状等特点，将西北农村人力资源分成若干群，然后以这些群为抽样单位，对之施以随机抽样，并对被抽取的群进行问卷调查。同时，还对民族宗教、社会保障、公安、计生、统计等部门进行走访或召开座谈会。另外，在所选的样本里抽出一部分典型个案，对这些典型个案进行重点访谈。

2. 文献研究法

文献研究法是社会科学研究最重要的方法之一。它能够使研究人员在大量检索与查阅文献的基础上，全面把握前人的研究成果。课题组首先研读了大量权威论文、专著，其次查阅了 2010 年到 2019 年国家和各地方政府的各类统计年鉴、政府数据与外文资料等，并根据研究目标对查阅收集的文献资料进行分类整理，在分类整理的基础上选取与本书紧密相关的数据资料，结合实地调研进行了文献再加工、再升化，助力西北农村人力资源开发与贫困治理机制研究。

---

① 贾怀勤编著《管理研究方法》，机械工业出版社，2006，第 108 页。

3. 实证分析与规范分析相结合的方法

课题组针对西北农村人力资源开发现状、西北农村贫困治理历程、西北农村人力资源投资助力贫困治理等内容，从实证分析的视角出发，综合运用定量分析与定性研究。对西北农村人力资源开发与贫困治理的主体、对象和环境进行了规范性分析。在探讨西北地区农村人力资源开发与贫困治理机制时结合实证分析与规范研究的成果，提出了西北农村人力资源在精准扶贫中的目标取向。

4. 计量分析方法

运用 Python 和 R 语言软件对调查和查阅到的文献数据进行统计分析。利用多元线性回归和 VAR 模型对影响西北农村人力资源开发与贫困治理的指标进行了相关性分析和基于 VAR 模型的格兰杰因果检验。

（三）研究思路

本书的研究逻辑框架如图 1 所示。

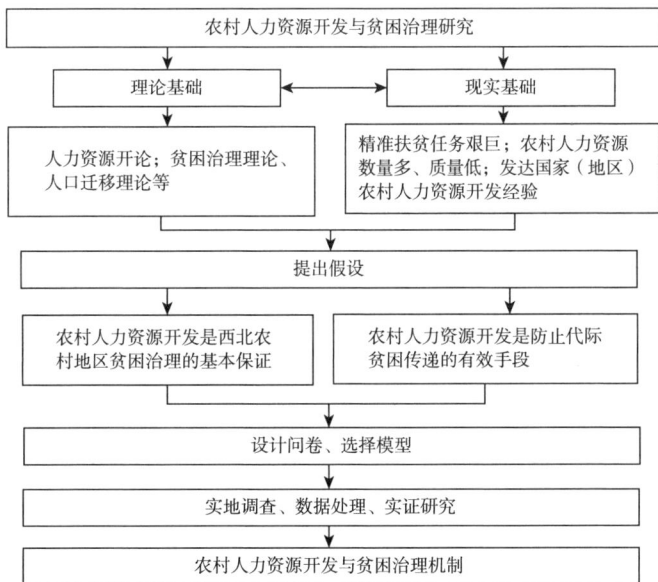

图 1　研究逻辑框架

第一章　农村人力资源开发与贫困治理的相关理论

第一节　相关概念的界定

一　人力资源、人力资本及农村人力资源

（一）人力资源

"资源"一词由来已久，是指给人们带来财富的一切要素，核心要素就是自然环境和社会状态。按照对象不同，可以将资源分为很多种，但常见的分类是将资源分为物质资源和人力资源两类。人力资源是最活跃的资源，关于人力资源，国内外学者进行了广泛的研究，并从不同的视角给出了不同的定义。

1919年，约翰·R. 康芒斯（John R. Commons）首次提出"人力资源"概念。1954年，彼得·德鲁克（Peter F. Drucker）更加深入地阐述了"人力资源"的概念。他认为，和其他资源相比，人力资源具有显著的特殊性，对其进行开发和利用必须要经过一系列的有效奖励。[①] 从能力视角出发，人力资源专家伊凡·伯格（Ivan Berg）认为人力资源是人类可用于生产产品或提供各种服务的活力、技能和知识。世界银行对人力资源的定义是："人力资源则是人现有或潜在的智力、劳动能力和对工作的熟

[①]　彼得·德鲁克：《管理的实践》，齐若兰译，机械工业出版社，2009，第20~25页。

练程度，可用之为社会经济、文化发展的工具。"①

近年来，国内学者对人力资源这一概念也有广泛研究。清华大学学者张德认为，人力资源是处于劳动年龄段内的、已经投入经济建设和尚未投入经济建设的人口的能力，即能够推动经济和社会发展的劳动者的能力。② 南京大学学者赵曙明认为，人力资源是指依附于劳动者身上的、可以用劳动者的数量和质量表示的资源，是潜伏于人们体内的生产能力，对经济发展起着生产性的作用，能够使国民收入持续增长。人力资源是最活跃、最积极的生产要素，是积累和创造物质资本、开发和利用自然资源、促进和发展国民经济、推动和促进社会变革的重要力量。③

结合前人关于人力资源概念的研究分析，再结合本书的实际情况，本书所提出的人力资源概念是指在一定时间和空间内，或在一定组织内具有劳动能力的全部人口总和。这个概念可以理解如下。

第一，人力资源的本质是具有劳动能力的人，这里的人是指具有智力劳动能力或体力劳动能力的人口总和。影响人力资源的要素主要包括人口数量、人口质量和人口结构。"人力资源的数量是标志人力资源总量的基础性指标，是人力资源量的特征，指一定时空范围内拥有劳动能力的人口总数，包括实际就业人口、劳动年龄内的就业人口、家务劳动人口和正在谋求职业的人口。"④ 人力资源质量是指人本身所具有的体质、智力、知识、技能。⑤ 与人力资源数量相比，人力资源质量更为重要，一个区域内的人力资源质量直接影响着该地区的经济发展，二者成正相关关系。人口结构按照不同标准有不同分类，这里主要按性别和年龄分类。按性别将人力资源分为男性人力资源和女性人力资源，按年龄分为未成年人力资源和成年人力资源。

第二，这里的劳动能力是指体力劳动能力或智力劳动能力，或二者兼而有之。正如英国古典政治经济学创始人威廉·配第（William Petty）所

① World Bank. *The East Asian Miracle*: *Economic Growth and Public Policy*. Oxford University Press, 1993: 3.
② 转引自侯光明《人力资源战略与规划》，科学出版社，2009，第10~20页。
③ 赵曙明：《人力资源管理研究》，中国人民大学出版社，2001，第7~15页。
④ 黄雯：《西部农村女性人力资源开发研究》，博士学位论文，西北农林科技大学，2008。
⑤ 王文锋：《河南省农村人力资源开发研究》，博士学位论文，北京林业大学，2013。

说："劳动是财富之父，土地是财富之母。"人力资源的劳动能力是能够给个人或人类带来财富，推动经济社会发展的力量。

第三，人力资源是能够组织和利用的，根据其数量、质量等特点，用其所长，避其所短，实现效用最大化。

第四，人力资源不同于人口资源、劳动力资源、人才资源。人口资源是一定时空范围内的人口总和，是人力资源、劳动力资源的基础；劳动力资源是一定时空范围内具有劳动能力并在法定劳动年龄（男，16~60岁；女，16~55岁）内的人口总和；人才资源是一定时空范围内的人力资源中具有较高学历（一般是大专以上）、较强理论知识和专业技能，能够对社会做出较大贡献的那部分人口。人口资源、人力资源、劳动力资源及人才资源的关系如图1-1所示。

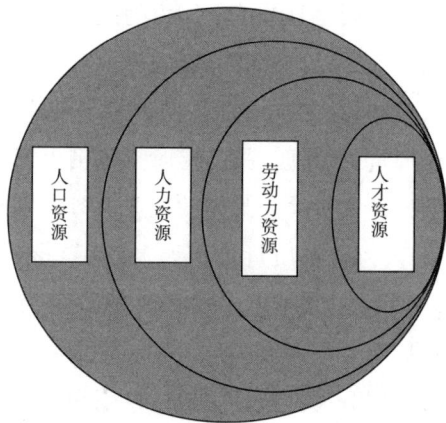

图1-1　人口资源、人力资源、劳动力资源及人才资源的关系

第五，人力资源具有多种属性。人的自然属性决定了人力资源具有时效性、再生性等特点；人的社会属性决定了人力资源具有增值性、可塑性、主观能动性等特点。

（二）人力资本

1. 人力资本的概念

当前，国内外学者对人力资本的定义很多，但基本上还是一致的。大多数学者将人力资本定义为劳动者通过教育培训、医疗保健、有效流动等手段凝结在劳动者身上的知识技能、健康状况和流动迁移能力的总和。

西奥多·W. 舒尔茨被称为"人力资本之父",他在其著作《论人力资本投资》中,将人力资本投资方式分为六种:正规的小学、中学和高等教育;企业里的在职培训;保健设施和服务的完善;厂商提供的成人教育训练和农村推广教育;为适应变化着的就业机会而导致的迁移;提高企业职工的劳动能力等。

根据舒尔茨的人力资本理论,人力资本的基本内涵主要有:人力资本是人力资本所有者因投资而拥有的知识、技能等;资本的本质在于价值增值,因此,人的知识、技能等实体要素并不是重点,重点是这些实体要素的价值;人力资本所有者保持与提升价值创造能力是评价人力资本价值的重要因素;人力资本所有者享有与物质资本所有者同等的权利和地位,人力资本所有者可以把"人力资本"作为负债资本,也可以作为权益资本。[①]

2. 人力资本的特征

(1)混合产品特征。首先,由于人力资本与人的不可分割性,在同一时刻人力资本只能被一个企业或部门使用,因此人力资本在使用中具有竞争性;其次,人力资本使用中的自然属性具有排他性;最后,人力资本在消费时具有非竞争性和非排他性。所以,人力资本不是纯属公共产品,也不是纯属私人产品,而是具有混合产品的特征。

(2)学习特征。人力资本是一个人拥有的能力,这些能力不是天生的,而是逐步学习的结果。人力资本所有者通过不断学习知识,积累经验从而提高自身能力。通常,人力资本主体的学习能力越强,人力资本主体的学习速度越快,人力资本的累积效应越明显,对人力资源投入的资本越大,人力资本的质量也越高。学习的过程是人力资本积累的过程,而人力资源的学习特征是区分人力资本所有者的关键。经营型人力资本、管理型人力资本和生产型人力资本形成差别的根本原因,以及异质型人力资本形成的主要原因都是学习机制的存在。[②]

---

① 马金龙:《回族农民工市民化研究》,博士学位论文,西北农林科技大学,2013。
② 兰玉杰、陈晓剑:《人力资本的概念界定及其性质研究》,《科学学与科学技术管理》2003 年第 4 期。

（3）难测性特征。在人力资源市场中，人力资本主体的家庭背景、学习经历和工作经验等可以在一定程度上表现出人力资本存量，但如何衡量并不像其他问题那样直接和明朗。由于人力资本主体的个性、态度和外部环境等因素影响，即使具有相同的人力资本存量和相同素质的个人，也可以表现出不同的优势和价值。通常而言，用人单位吸纳人力资本主体时，仅根据人力资本主体的学历和经验等外部因素与人力资本主体签订合同，而人力资本的主体在未来的工作中具有什么"价值"，在人力资本主体工作之前是很难衡量和准确评估价格的。所以说，人力资本具有难测性特征。

（三）农村人力资源

农村人力资源是指在农村地域内的具有体力劳动能力和智力劳动能力的所有人口。这里的农村地域内，主要是指乡级行政区域内的广大地区。乡级行政区是我国的第五级行政区，是行政区划的基本单位。包括乡级行政管辖的行政村、自然村和村民小组等。这里具有体力劳动和智力劳动能力的所有人口主要是指扣除了农村中无劳动能力和丧失劳动能力的人口后的全部人口。这个概念等同于农村劳动力资源。农村劳动力资源数量是指在广大农村区域，具有智力劳动能力和体力劳动能力的所有人口。一般来说，一地区劳动力的数量对该地区的经济社会发展具有影响作用，如果积极有效发挥劳动力数量优势，会促进该地区经济社会发展，反之，会起阻碍作用。农村劳动力资源质量是指在广大农村区域，劳动力本身所具有的智力水平、健康水平、技能水平。劳动力的健康状况、智力水平、文化程度和技术水准都会影响当地经济社会发展。一般来说，一地区劳动力的质量越高，越有利于该地区的经济社会发展和文明程度提高。

本书研究的西北农村人力资源是指居住在中国西北地区，包括陕西、甘肃、青海、宁夏和新疆五省区的，具有体力劳动和智力劳动能力的所有农村人口。这里要特别说明的是，本书定义的西北农村人力资源还包括乡镇级政府工作人员，这是有别于以往学者定义的农村人力资源概念外延的。

二　人力资源开发、农村人力资源开发及农村人力资源投资

（一）人力资源开发

1969年，在美国培训与发展协会上，伦·纳德勒首次提出人力资源

开发的概念，他将人力资源开发定义为，在一定时间内组织的学习经验，其目标是产生绩效变化的可能性。人力资源开发致力于通过其所有子系统提高个体劳动力的质量和意识。在子系统绩效考核中，培训和发展是最优先考虑的，因为它们直接涉及技能建设和发展。约翰·英格尔斯（John Ingalls）认为，人力资源开发可以通过以能力为本的管理系统，促进可持续发展，提高员工的能力和表现。联合国开发计划署将人力资源开发定义为，人力资源开发是一种政策和项目，它支持并维持着持续获取和应用技能、知识、态度和能力的公平机会，这些技能、知识、态度和能力能够促进个人自治，对个人、组织、个人所属的大环境社区都是有利的。

在上述人力资源开发的概念中隐含着许多人类发展的事实，包括他们的身体、智力、情感、社会、道德、政治、精神和其他形式的发展。

本书认为，人力资源开发是指一个国家、地区或一个组织通过一系列有计划、有目的的教育、培训、医疗保健和人口流动等来提高本辖区或组织内的劳动力资源的学识水平、技能水平、体质水平和流动迁移能力的投资活动。人力资源开发贯穿于人力资源发展的全过程，漫长而复杂。概括来说，就是对人力资源在数量和质量上的优化配置，从而做到人少办多事、办大事，推动该地区经济社会发展或该组织的组织目标实现。

（二）农村人力资源开发

农村人力资源开发是指科学调控数量，提高质量，优化农村所有人力资源分配的过程。基于农村人力资源分析的基础，包括数量控制、质量改进和结构优化。数量控制是指降低农村人力资源的存量及增量，以将其维持在适应农村地区可持续发展的水平之上；质量改进是指提升农村人力资源的身体、文化、思想、道德、科学技术素质以及经营管理质量，使其更加有利于快速发展农村经济；结构优化是指对农村人力资源在空间分布、知识结构和就业结构中的不合理状况进行调整，充分实现农村人力资源最优就业和分配。

农村人力资源开发是基于人力资源开发的概念，进一步加深了针对农村人力资源的研究目标。农村人力资源开发的主要内容是通过增加农村人力资源的贡献，改善教育、医疗和卫生条件以及社会保障条件，加强农村劳动力的流动，加强职业培训，以此提升农村人力资源的质量。就主体角度而言，政府应当把农村人力资源开发的重点放在农村基础教育、职业培训、基本农村社会保障和城乡人口流动上。就最终目标而言，农村人力资源开发是为了提高农村人力资源的质量，发挥农村人力资源的有效作用，在提高农村人力资源收入的同时，为城乡统筹发展提供人力支持。①

本质上，农村人力资源开发是通过学习、教育和营造环境的方式来实现某些经济目标和发展战略。它的目标是利用农村人力资源改革和发展改善和提高农村地区的人力资源素质。农村人力资源开发主要包括以下几点：首先，需要通过分析农村人口的素质、数量和结构来精准把握农村人力资源的现状。其次，根据建设美丽乡村的目的，对相应制度和人力资源及人力资本建设进行有效的改革，提高农村人力资源的整体素质和质量。②

从农村人力资源的现实情况来看，通常来讲，农村人力资源开发具有层次性、潜力性、历史性与普遍性等特征。层次性强调农村人力资源在素质与能力上存在差别；潜力性则强调农村劳动力具有较大的开发潜力；历史性则指在开发农村人力资源时应该考虑传统的政策方式对后续开发行动的影响；普遍性则是指所有的农村劳动力人口都在开发的范围内，都享有参与培训的权利。③ 现阶段实施农村人力资源开发，对人力资本加大投资是农业现代化发展的内在需要，是农村经济结构和产业结构调整的需要，也是提高农民收入、农业增效的需要，更是加速推进农村人力资源向农业外部产业转移进程的需要。④

农村人力资源开发是指充分整合各种现有资源，利用现代教育和网络技术来发掘利用农村人力资源的潜力，提升农村人力资源的知识水平、专业技能、思维能力和认知能力，并营造积极的环境。农村集体合作精神不断提高，团结统一，实现农村人力资源在全社会的合理分配，促进农村经济社会进一步发展。

---

① 曾丽：《西部地区城乡统筹中农村人力资源开发研究》，硕士学位论文，中央民族大学，2012。
② 盖博：《吉林省农村人力资源开发策略研究》，硕士学位论文，吉林大学，2015。
③ 邵英英：《民权县农村人力资源开发问题研究》，硕士学位论文，河南财经政法大学，2019。
④ 王文锋：《河南省农村人力资源开发研究》，博士学位论文，北京林业大学，2013。

（三）农村人力资源投资

人力资源投资是通过货币、资本或实物的方式对人力资源进行一定程度的投入，使人力资源的质量及数量指标均有所改善，并且这种改善最终反映在劳动力产出增加上的一种投资行为。[①] 人力资源投资也是一种人力资源改进形式，它的主要活动有：正式建立起来的初、中、高等教育；在职人员培训；非企业组织的成年人培训项目；医疗和保健；适应职业变换的迁移。对农村人力资源的投资，有利于增加农村地区的人口以及劳动力存量和数量。通过对基础教育的投资、对职业培训的投资、对医疗和卫生方面的投资、对农村地区的劳动力迁移活动的投资等，形成劳动力知识、技能、健康、道德、素质等方面的积累，主要集中在农村劳动力身上，可以促进经济社会发展。农村人力资源投资是控制和改善农村劳动力的数量和质量以及资源分配的结合。

传统意义上的人力资源投资包括教育、培训、医疗和迁移四方面的投资。作为人力资本积累的主要方式，单纯的教育投资有些笼统，所以陈兴述、杨琴提出要将基础教育与职业教育相结合，教育投资费用也由政府和农户共同承担。[②] 张光宏、李杰在测算城乡居民家庭教育投资能力差异的基础上，针对农村教育投入不足的家庭建议由政府以现金方式进行弥补。[③] 培训投资是将人力资源转化为人力资本存量的重要手段。20世纪农村存在的主要现象是：农民子女未升学成功，就会成为农民。经过近20年的发展，现在农民子女经过培训，既可以选择从事科学农业生产，也可以选择从事工业或服务业，从而增加工资性收入。[④] 但当前仍存在培训投资不足、培训力度不够等问题。[⑤] 医疗投资方面，主要形式是国家政策投入用以建设医疗设施或普及医疗保险，对农民而言，其关键还是要完善医疗条件。目前学界的相关研究主要聚焦于农民对医疗健康的投资意愿，以

[①] 李桂娥主编《发展经济学》，武汉大学出版社，2013，第67~69页。

[②] 陈兴述、杨琴：《重庆市农村人力资本投资现状及对策研究》，《会计之友》2012年第11期。

[③] 张光宏、李杰：《我国城乡家庭教育投资能力比较分析》，《农业技术经济》2011年第11期。

[④] 李静：《农村人力资本投资与农民收入耦合及其对城镇化的影响——以西北五省区为例》，硕士学位论文，青海大学，2018。

[⑤] 胡阿丽：《人力资本投资对农民非农就业的影响研究》，博士学位论文，西北农林科技大学，2012。

及农村基础医疗条件和医疗人员的情况。例如，梁海兵和卢海阳认为，即使加大医疗补贴对提升流动人口购买医疗保险的意愿有一定的作用，但对提高实际的医疗投资仍是作用有限。① 迁移投资方面，目前尚未形成统一的统计路径，相关研究主要以人均通信费和交通费为代表，或是用每千人公路里程数的指标来表示，也有不少研究直接忽略了该要素，所以相关成果中的出现频率较低。

农村人力资本形成的过程就是农村人力资源投资的过程。人力资本理论认为，人力资源是不能自动地转化为人力资本的，除非对人力资源进行投资。因此，从这个意义上说，农村人力资本是对农村人口投资后形成的以农村劳动者数量和质量共同表示的一种资本形式，是实现农业和农村发展的根本动力。当然，从现阶段来看，农村人力资源开发以及农村人力资本投资不仅对农业农村发展具有重要意义，在产业结构调整及其相应的就业结构调整中同样发挥着重要作用。

（四）人力资源与人力资本概念的辨析

1. 相同性

人力资源和人力资本概念的相同性主要表现为：首先，人力资源和人力资本的学术渊源是相同的，这两个概念均源于对人力资源及其实用性的研究，都基于"人"。其次，人力资源和人力资本的研究对象是相同的，人力资源和人力资本都基于对人的能力的构成研究，也就是对人的智力和体力的研究。最后，人力资源和人力资本相互促进和互补，现代人力资源及其发展理论主要基于人力是一种资本的理论假设，而人力资本理论是人力资源理论的核心和基础。

2. 相异性

人力资源和人力资本之间的相异性主要表现为：首先，人力资源和人力资本的理论反映路径是不同的。人力资本是产生社会价值的驱动因素，人力资本理论认为它是由投资形成的，人力资本和社会价值之间是因果关系，而人力资源理论研究的是人力资源对社会价值产生的贡献，人力资源与社会价值之间是由果及因。其次，人力资源和人力资本的理论视角和取

---

① 梁海兵、卢海阳：《健康投资、性别差异与流动人口医疗补贴》，《改革》2014 年第 10 期。

向不同。人力资本的出发点是成本效益或经济增长，侧重于经济增长或投资于人力资本带来的收益。而人力资源更加重视人力资源作为生产要素对经济发展的贡献。研究人力资源往往需借助人力资本进行定量分析。[①]

三　贫困、贫困治理及精准扶贫

(一) 贫困

1. 贫困的内涵

朗特里（Rowntree）率先提出贫困的定义，他认为最低收入水平不足以维持基本生活需求便是贫困的表现。《英国大百科全书》将"贫困"界定为，一个人缺乏一定量的或社会可接受的物质财富或货币的状态。奥本海姆（Oppenheimer）认为"贫困是物质上的、社会上的和感情上的匮乏，它意味着在食物、保暖和衣着方面的开支要少于平均水平"[②]；童星、林闽钢指出贫困是经济、社会、文化等方面落后的总称，是低收入造成的缺乏必需的基本物质和服务，以及没有发挥的机会和手段这样的一种生活状况[③]；联合国开发计划署（UNDP）认为，"除缺乏物质福利的必需品外，贫困还意味着不能得到对于人类发展来说最基本的机会和选择——健康、尊重、社会地位、自由等"[④]。世界银行将贫困界定为，"贫困不仅指收入低微和人力发展不足，它还包括人在面临外部冲击时的脆弱性，包括缺少发言权、权利和被社会排斥在外"。[⑤] 除此之外，阿马蒂亚·森在社会等级阶层的视角下提出，贫困的本质就是不平等。

随着社会的不断发展，人类关于贫困的理解持续深化，并赋予了贫困新时代的内涵和意义。所谓贫困，是指由于经济、社会、文化落后，体制和非体制因素，收入和人力资源薄弱等原因，个人或家庭无法维持其正常物质和精神需求的一种生存状态。贫困应该充分体现在物质和精神两个层

---

① 曾丽：《西部地区城乡统筹中农村人力资源开发研究》，硕士学位论文，中央民族大学，2012。

② Oppenheimer, *Poverty*: *The Facts*, *Child Poverty Action Group*, 1993：83.

③ 童星、林闽钢：《我国农村贫困标准线研究》，《中国社会科学》1994 年第 3 期。

④ 联合国开发计划署：《1998 年人类发展报告》，中国财政经济出版社，2000，第 22 页。

⑤ 《2000/2001 年世界发展报告》编写组：《2000/2001 年世界发展报告——与贫困作斗争》，《2000/2001 年世界发展报告》翻译组译，中国财政经济出版社，2001，第 16 页。

面，突出制度性因素和非制度性因素，聚焦贫困概念的不平等特质，立足于动态的、发展性的、时代性的生存状态。①

2. 贫困的外延

（1）狭义上的贫困

狭义的贫困一般把贫困看作以某种客观的标准区别于个人和家庭的主观感受的贫困。主观感受的贫困是一种物质匮乏状态，因人而异，通常用适当的收入和消费概念来测量，世界银行简单地把它称之为"收入贫困"。② 收入贫困主要反映了最低生活水平，而不是生活质量。生活在这种贫穷状态中的人们主要寻求基本的物质满足，例如食物、衣服、住所和交通需求，而不涉及"其他非经济因素"。社会发展水平主要取决于经济发展水平，因此，经济意义上的贫穷，即狭义上的贫困，也是贫困的主要内容。

（2）广义上的贫困

广义上讲，贫困是指社会、环境、文化、精神和心理方面的贫困，而不仅是经济意义上的物质贫困，例如人口预期寿命、婴儿死亡率、教育水平、医疗保健等。广义上的贫困在很大程度上扩展了贫困的内涵。贫困人口不仅收入低，社会经济地位低下，而且被排斥甚至被剥夺了社会生活，其社会地位也很低，无法控制社会中的其他群体的歧视、不尊重甚至压迫。相对狭义上的贫困而言，广义上的贫困是指物质、社会权利、精神心理和主体意识等多个方面的贫困。世界银行认为："贫困除了物质上的匮乏、低水平的教育和健康外，还包括风险和面临风险时的脆弱性，以及不能表达自身的需求和缺乏影响力。"③ 这种类型的贫困比物质上的贫困更痛苦，同时，它也更隐蔽。因此，与狭义的物质贫困相比，消除广义上的贫困更加困难，任务更加艰巨。

---

① 李明：《西部地区农村贫困人口教育扶贫研究——以云南省 N 县为例》，硕士学位论文，陕西师范大学，2018。

② 《2000/2001 年世界发展报告》编写组：《2000/2001 年世界发展报告——与贫困作斗争》，《2000/2001 年世界发展报告》翻译组译，中国财政经济出版社，2001，第 16 页。

③ World Bank, *World Development Report*, 2000/2001 *Attacking Poverty*, Washington, DC: World Bank, 2010.

（二）贫困治理

1. 贫困治理的内涵

社会历史发展表明，作为一项人类共同的历史使命，贫困治理一直在路上。

作为学术研究术语，"贫困治理"一词是在 20 世纪 60 年代由冈纳·缪尔达尔在《世界贫困的挑战——世界贫困治理大纲》一书中首先提出的。[①] 世界范围内关于贫困治理的概念主要有三种表述：一是 Poverty Reduction，减少贫困的因素，强调贫困治理的过程性，贫困治理的重点在于减少贫困人口的数量；二是 Poverty Alleviation，减轻、缓和贫困的程度，重点在于减缓贫困的程度；三是 Poverty Eradication，指根除、消灭贫困，强调贫困治理的目标最终在于消除贫困。[②] 在中国的贫困治理过程中，一直用"扶贫"，即 Support Poverty（意为"扶持贫困"，简称"扶贫"），表示贫困治理的具体行为过程，旨在通过扶助和帮扶的方式促进贫困地区的经济发展，提高贫困地区人民的收入，严格来说是贫困治理的一种具体方法或途径。

2. 贫困治理的特征

（1）全球性。时至今日，贫困依然是一个全球性的社会问题。回顾历史，1948 年，英国政府宣布已建成福利国家，当时人们普遍认为，"贫穷——作为人们熟知的 18、19 世纪式的贫穷，在 20 世纪下半叶已经消失了"[③]。20 世纪 60 年代，美国的约翰逊总统通过"伟大社会"运动"无条件地向美国贫困开战"，[④] 要使"所有的人都富足和自由"。[⑤] 但是到了 80 年代以后，尤其是进入 21 世纪以来，英国和美国的贫困问题却日趋严

---

① 参见廖赤眉、彭定新、严志强、李澜《贫困与反贫困若干问题的探讨》，《广西师院学报》（哲学社会科学版）2002 年第 1 期。

② 黄承伟：《中国反贫困理论、方法、战略》，中国财政经济出版社，2002，第 17 页。

③ 闵凡祥：《国家与社会》，重庆出版社，2009，第 75 页。

④ 阿瑟·林克、威廉·卡顿：《一九〇〇年以来的美国史》，刘绪贻等译，中国社会科学出版社，1983，第 848 页。

⑤ 阿瑟·林克、威廉·卡顿：《一九〇〇年以来的美国史》，刘绪贻等译，中国社会科学出版社，1983，第 852 页。

重。据媒体报道，美国的贫困发生率将近 15% （2013 年），^① 而英国则已高达 21% （2012 年）。^②

目前，当今世界的现实情况是贫困几乎难以彻底消除，即使是发达国家也一样。有很多学者对此进行了论述：英国的安东尼·吉登斯（Anthony Giddens）曾经指出："贫困在富裕国家普遍存在。"^③ 中国台湾的孙健忠也同意这样的观点："任何社会中均有贫穷，此为不争的事实。"^④ 中国香港学者莫泰基则认为："贫穷是很苦，相信没有人喜欢的；但是人类的历史从未能摆脱贫困。"^⑤ 美国的文森特·帕里罗（Vincent Parrillo）、约翰·史汀森（John Stimson）和阿黛思·史汀森（Ardyth Stimson）更是直接提出："至于穷人，他们所受的苦难和堕落从 20 世纪末以来没有发生太大的变化，只是非贫困者与他们之间的差距进一步拉大了。"^⑥ 综上所述，贫困问题依然是全球性的问题，这决定了贫困治理必然具有全球性的特征。

（2）长期性。长期以来，社会一直在继续发展和进步，但贫困问题仍然存在。不仅许多发展中国家存在绝对的生活贫困，即使在高生产率的西方发达资本主义国家中，贫困也依然占比不小。事实上，尽管人类为消除贫困所作的努力已有很长的历史，但当前努力的结果只能转化为减少贫困人口和减轻贫困程度，这远非人类社会消除贫困的目标。就持续时间长短而言，与贫困作斗争是一项长期任务，不能指望在短期内可以消除贫困。一般来说，消除贫穷绝不容易，这不仅是因为贫穷是从古至今的一种社会现象，而且还因为人类远未意识到产生贫穷的复杂原因。因此，几乎不存在现时完全消除贫困的可能性。

（3）艰巨性。贫困是多种因素综合作用的结果。贫困问题的原因非

---

① 《"钱"景沮丧，美国该如何解决》，（2014 - 09 - 18）［2019 - 10 - 12］，http：//news. cri. cn/gb/42071/2014/09/18/2165s4697423. htm。

② 《英国削减福利 致贫困家庭和领救济人数激增》，（2014 - 06 - 05）［2019 - 10 - 13］，http://www. chinanews. com/gj/2014/06 - 05/6245683. shtml。

③ 安东尼·吉登斯：《社会学》，赵旭东等译，北京大学出版社，2003，第 326 页。

④ 孙健忠：《台湾地区社会救助政策发展之研究》，巨流图书公司，1994，第 14 页。

⑤ 莫泰基：《香港贫穷与社会保障》，中华书局，1993，第 7 页。

⑥ 文森特·帕里罗等：《当代社会问题》，周兵等译，华夏出版社，2002，第 237 页。

常复杂，有自然因素，有个人能力以及社会、经济、政治、文化等因素。对于任何国家或地区的穷人来说，贫困问题都不是仅由一个原因造成的。正是因为致贫原因的复杂性，使得与贫困作斗争变得更加困难。随着贫穷的原因和性质发生变化，贫穷表现形式的多样性变得越来越重要。除了诸如收入不足和物质匮乏之类的传统表现形式外，还有与人类发展有关的越来越多的社会指标，例如教育、婴儿死亡率、医疗保健、卫生条件等。面对如此复杂而多样的贫困问题，制定相应政策或措施只能解决造成贫困的某个方面，要完成消除贫困的最终任务仍然困难艰巨。

（4）阶段性。马克思主义认为，作为一个历史的现象或范畴，"贫困"始终与社会历史发展阶段、社会生产方式和生产关系具有密切关系。在不同的阶段和不同的社会生产方式与生产关系中，贫困的性质和内涵都会有所不同。例如新中国成立70多年以来，中国的贫困治理实践大致经历了三个阶段：从新中国成立初期开始的社会主义建设的减贫实践，到改革开放以来农业增长、工业化和城市化及政府主导的开发式扶贫实践，再到2013年以来强调社会公平与经济发展并重的保障与开发有机结合的精准脱贫攻坚的扶贫新实践。三个阶段相互衔接，贫困治理实践各有不同。① 为了消除贫困，必须在经济和物质上对人民的生存需求作出回应，只有在满足了人的基本生存需求之后，才可以考虑满足人类发展的其他需求。这就决定了消除贫困不可避免地具有阶段性的特征，必须根据每个特定时期的经济和社会发展阶段来调整减贫的目标、任务、方法，才能去和贫困作斗争。

（5）渐进性。在社会发展的进程中，贫困会愈加表现为缺乏更高层次的需求。贫困人口最基本的物质生存需求得到满足意味着绝对贫困人口的数量得以下降，但随之人们会对安全、稳定、权利等产生更高的需求，超越物质生存的发展能力和精神需求也明显出现，随着社会的发展和进步，以及人们对贫困的认识的发展，这种需求逐渐成为消除贫困的新焦点和新方向。如此递推演进，不断扬弃超越现存的逐步上升和完善过程，必

---

① 李小云、于乐荣、唐丽霞：《新中国成立后70年的反贫困历程及减贫机制》，《中国农村经济》2019年第10期。

然推动贫困治理渐进性地向前发展，而每一次又都是"在更高水平上逐步推进人的发展"①。

（三）精准扶贫

2013 年习近平总书记在湖南考察时提出"精准扶贫"这一概念，引起了国内外广泛关注，国内学者整合了习近平总书记的相关论述与自己的理解对"精准扶贫"给出了一些定义。王思铁提出精准扶贫与粗放扶贫之间的差异，精准扶贫建立在科学的贫困识别方法、合规的识别程序之上，是对民族地区、偏远地区、农村地区等贫困地区的贫困户进行精准识别、精准帮扶和精准管理的扶贫方式，是面向全体贫困人口予以"滴灌"式扶贫的一次改革。② 马尚云认为精准扶贫是由政府主导、社会参与，在相关扶贫政策的规范下，利用各种可获得的资源，对贫困人口做到精准识别、帮扶、管理及考评，以实现真正提高贫困人口的收入，减少贫困人口数量的目标。③ 葛志军、邢成举认为精准扶贫的主要措施包括设立制定贫困识别线、设计落实帮扶措施、构建完善信息管理系统、实施实时动态监测等，最终构建精准扶贫的长效机制。④ 刘解龙、陈湘海提出了精准扶贫的四层内涵结构，构建与实施扶贫措施是从微观层面而言；包括识别对象、管理与考核、项目推行、权责界定等，产业扶贫与区域扶贫是从中观层面而言；要求重视区域产业的选择、贫困人口的合作、权责的明细；在 2020 年实现全体贫困人口经济、政治、社会、文化的整体脱贫是宏观层面的目标。全过程中要制定科学完善的扶贫程序和精准到位的考核机制。⑤

---

① 张磊：《关于当前我国贫困与反贫困几个基本问题的新认识——马克思主义经济学关于贫困问题的理论及其时代涵义》，《理论前沿》2007 年第 18 期。

② 王思铁：《浅谈精准扶贫》，（2014 - 03 - 27）［2019 - 09 - 10］，http：//www.scfpym. gov. cn。

③ 马尚云：《精准扶贫的困难及对策》，《学习月刊》2014 年第 19 期。

④ 葛志军、邢成举：《精准扶贫：内涵、实践困境及其原因阐释——基于宁夏银川两个村庄的调查》，《贵州社会科学》2015 年第 5 期。

⑤ 刘解龙、陈湘海：《精准扶贫的几个基本问题分析》，《长沙理工大学学报》（社会科学版）2015 年第 6 期。

第二节　西北农村人力资源开发与贫困治理机制的概念辨析

一　西北农村人力资源开发与贫困治理

关于"人力资源"的概念，学术界有着不同的理解。杨红英认为，"人力资源是指在一定时间和空间范围内，某一人口群体所具有的现实和潜在的体力、智力、知识和技能的总和。它是与一定的生产力水平和文化背景相适应的存在于人体中的东西，是一种现实的或经过开发即可获得的劳动能力"[①]；赵秋成认为，人力资源是指"一定时空范围内劳动力人口所具有的现实和潜在的体力、智力、知识和技能的总和，也就是劳动力资源"[②]；汪春燕认为，人力资源是指"具有智能、技能、体能，并为社会创造物质财富和文化财富的人"[③]；萧鸣政认为，人力资源是"目前正在从事社会劳动的全部成员"[④]。

综上所述，"人力资源"主要是指在一定的时间与空间范围内，能够创造财富、推动地区社会经济发展的具有智力、体力、劳动技能的人口的总称。

"开发"是指人类对资源的发现、开采、发展与利用的过程。"人力资源开发"是提高人力资源价值，通过教育、培训、医疗保健、迁移和配置等途径有效利用人力资源的一系列措施和方法，即合理提取潜在资源和有效利用已发现资源的方法。

"农村人力资源"是指在农村地区通过体能和智力能力反映的所有个人或群体的总和。"农村人力资源开发"是指发展基础教育和职业技术教育，通过控制人口，改善人口健康水平和发展基础教育和职业教育，根据农村人口、经济、资源和环境特点，来促进农村劳动力的合理配置和实现

---

① 杨红英：《少数民族发展中的人力资源开发研究——基于云南民族文化传承与民族教育开发》，云南大学出版社，2008，第16页。
② 赵秋成：《人力资源开发研究》，东北财经大学出版社，2001，第3页。
③ 汪春燕：《民族政策的发展与实践研究》，青海人民出版社，2004，第140页。
④ 萧鸣政主编《人力资源开发与管理——在公共组织中的应用》，北京大学出版社，2005，第5页。

人力资源提高体力、智力、知识和技能的过程。

"农村人力资源开发与贫困治理"是指在精准扶贫视域下，对农村范围内的人力资源进行有效开发利用，通过教育培训、医疗保健、有效流动等途径提升农村人力资源的体力、智力、知识和技能水平，提升农村人力资源的质量，助力农村人口创造财富，促进农村贫困治理成效提升。

在精准扶贫视域下，制约西北农村地区贫困治理的最大因素就是人口素质不高，人力资本短缺。西北地区作为普遍落后性的地区，农村人口基数大且质量低，打造一支具有较高素质、专业化的农业人才队伍，是西北农业产业化、农村经济可持续发展的基本保证，也是提高农民社会地位的基础措施。① 因此，要开发西北农村地区，推动西北农村地区精准扶贫任务快速完成，促进西北农村地区经济社会发展，必须把人力资源开发作为重中之重。人力资源开发是西北农村地区可持续快速发展的内在要求，也是西北农村地区贫困治理的有力保障。

二　西北农村人力资源开发与贫困治理机制

机制最早源于希腊文 mechanism 一词，主要是指机器的构造和工作原理。现在泛指一个系统中各元素之间相互作用的过程。机制一词在各个领域都普遍应用，在社会领域中我们经常说的机制主要是指做事的方法、方式，即机制就是制度化了的方法。机制是通过经验检验证明的有效的、较为固定的方法；机制本身含有制度的因素，要求所有人都要去遵守，而单纯的工作方法、方式往往体现为个人的一种工作偏好和经验；机制是在各种有效工作方法、方式基础上总结提炼的，是能够充分发挥各部分之间积极有效作用的最优方法。

"农村人力资源开发与贫困治理机制"是指一种制度化了的方式方法，是将农村人力资源有效开发利用起来，通过教育投资、健康投资和流动投资等途径提升农村人力资源的体力、智力、知识和技能水平，通过提高农村人力资源的质量提升收益、创造财富，帮助农村地区减贫、脱贫，

---

① 马金龙、陈学琴：《精准扶贫视域下西北农村人力资源开发减贫机制研究》，《北方民族大学学报》（哲学社会科学版）2019 年第 3 期。

完成脱贫攻坚的任务。将这样的过程进行总结和提炼，形成有效的、固定的、科学的、系统的一种方式方法，以达到农村地区脱贫的目的，本书将这样的方法叫作"农村人力资源开发与贫困治理机制"。

农村人力资源开发与贫困治理机制通过两种方式作用：一种是对低收入人群进行投资，以提高低收入人群的素质、生产力和就业能力，从而增加低收入人群的收入和创收能力，降低贫困发生率；另一种是人力资源的开发促进农村地区的经济增长，使低收入人群成为农村地区经济发展的直接或间接受益者，使他们能够从农村经济发展带给他们的特殊优惠或间接待遇中受益，或是从富人的消费和就业中间接受益，从而帮助他们脱贫。

人力资源的教育开发、人力资源的结构优化及合理配置等问题直接影响到西北农村地区贫困治理的进程。分析全国农村贫困的致贫原因可知，目前农村地区存在贫困现象的重要原因在于主体能力、行为能力及个体精神缺失，即农村人力资源能力有限而导致的家庭物资匮乏。可见，人是促进农村发展的出发点和落脚点，是扭转西北农村地区贫困落后局面的重中之重。

在西北农村地区，要提高农村人力资本的数量和质量，促进农村地区由贫困转向可持续发展，要在贫困治理的过程中通过推动产业发展、完善政策制度、加强教育培训、构建美好家园等途径构建起一个有效、科学的体系机制，帮助农村贫困地区建设人才队伍（见图1-2）。

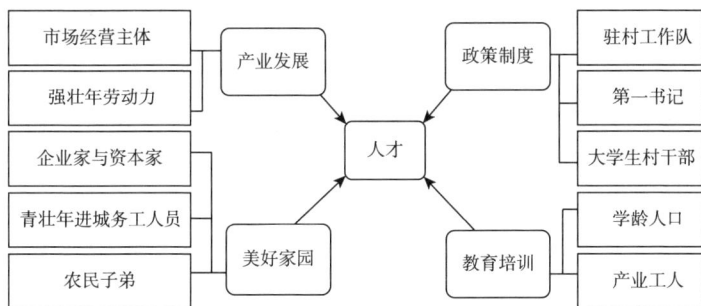

图1-2 农村贫困地区人才队伍建设机制

三 西北农村人力资源开发与贫困治理机制的运行机理

西北农村人力资源开发与贫困治理机制的建立是一个渐进的、发展的过程，总体来说，西北农村人力资源开发与贫困治理机制的完善运行需要以下三个主要阶段。

（一）确立阶段

确立阶段也就是西北农村人力资源开发与贫困治理机制的构建或萌芽阶段。尽管西北地区农村人力资源开发与贫困治理机制中纳入了企业和贫困人口，以减少贫困，但其组成部分还不是很全面，需要政府建立该系统。机制正在建立，但贫困人口的发展力量凌乱而分散，合作发展方式偶然而脆弱，它们在市场中的作用并不明显。

（二）成长阶段

成长阶段的特征是政府和市场共同建立贫困治理机制。在这一阶段，单独的政府扶贫促进机制逐渐减少，并逐渐变成包括政府、企业、社会组织和贫困人口在内的多元化主体，以共同建立贫困治理机制。在市场的影响下，四者之间的联系得到了进一步加强。随着贫困地区经济的增长，人民生活水平得到提高，西北农村人力资源开发与贫困治理机制的建设取得了一定的成果。

（三）成熟阶段

成熟阶段，西北农村人力资源开发与贫困治理机制的产业链不断拉长，工业化水平进一步提高，贫困治理机制的建设可以为贫困人口提供稳定的收入来源。贫困地区的经济实力不断增强，贫困人口从而可以摆脱贫困。这一阶段的主要特点是政府退居次要地位，在调整资源分配和组织方面，市场起着主导作用。

西北农村人力资源开发与贫困治理机制的成功运作是几个组织相互作用的结果。其中，贫困人口、扶贫企业、社会组织和地方政府作为贫困治理机制的主体，是农村人力资源开发与贫困治理机制最重要的形式。三个阶段的有机结合，可以使贫困人口和扶贫企业依靠有利于双方利益的机制，充分发挥各自的积极性。同时，"农、工、政"结合机制的建立和运行，为人力资源开发与贫困治理机制的顺利运行奠定了坚实的基础。

第三节　西北农村人力资源开发与贫困治理机制的理论支撑

一　贫困治理理论

（一）抑制人口增长理论

英国著名的经济学家和人口统计学家托马斯·罗伯特·马尔萨斯（Thomas Robert Malthus）将贫困视为一种特定的社会经济现象，从理论视角进行了分析，并首次从理论上对消除贫困进行了研究。在著名的《人口原理》中，他提出了"人口剩余致贫理论"，一方面，食物是人类生存所必需的，另一方面，男女之间的性欲与繁殖是无法避免的，并且基本会始终保持现状。因此，社会人口按几何级数增长，而由于土地短缺，只能以算术级数增加生活资料。由于人口的增长率快于粮食供应的增长率，在时间的推移下必然会出现食物不足，人口过剩，从而导致贫困和恶习的出现。① 换句话说，社会人口以几何倍数增加，而生活生产资料在土地的限制下只能以算术倍数增加，如此一来，人口增长速度远远快于粮食供应的增长速度，人类最终将因食物不足而导致贫困。马尔萨斯作为资本主义制度的支持者，他认为，消除贫困的唯一方法不是革命，而是抑制人口增长。

（二）马克思主义反贫困理论

从 19 世纪中叶开始，马克思和恩格斯最早从阶级的层面和制度的角度用阶级分析的方法系统地研究了贫困的成因和反贫困路径的理论问题，从而在世界反贫困理论中确立了重要的地位。与贫困作斗争，马克思主义贫困研究直接涉及资本主义的制度本质，并认为"在私有制的统治下，积累就是资本在少数人手中的积聚"②。正是资本积累导致了贫困、劳动折磨、无知、粗鲁、道德堕落和奴役的积累。所以，在制度本身中找寻答案是无产阶级摆脱贫困的唯一途径：只有一场暴力革命和建立新的社会制

---

① 马尔萨斯：《人口原理》，朱泱、胡企林、朱和中译，商务印书馆，1992，第 6~17 页。
② 《马克思恩格斯全集》（第 42 卷），人民出版社，1979，第 67 页。

度才能彻底消除所有贫困。通过揭示无产阶级贫困的根源以及如何从阶级和制度路径中摆脱贫困，该理论的意义不仅在于打破狭义的经济和技术分析，而且还在于消除贫困和人类解放，从而成为关注"人"和"人本身"的理论先驱。

（三）收入再分配理论

20 世纪 70~80 年代，欧洲的主要国家加入了工业社会。随着生产力的迅速发展和社会财富的迅速增加，社会矛盾和阶级矛盾已经严重影响了发达资本主义国家的主导基础。他们以 19 世纪末的新自由主义为代表，认为工人贫困是经济结构本身的问题，而不是工人懒惰。因此，他们要求必须通过加强政府和法律的作用来实现财富的重新分配。德国新历史学派进一步推进了"福利国家"的构想，并使德国成为世界上第一个建立社会保险的国家。福利经济学理论的主要代表——英国经济学家庇古，在《福利经济学》中提出要通过国家干预收入分配来提高穷人的社会福祉，这个想法已经成为"收入反贫困理论"和西方福利国家的直接理论渊源和理论基石。作为现代国家消除贫困的重要手段和保障体系，全世界有170 多个国家和地区建立了社会保障体系。收入再分配理论强调在国民收入的再分配的基础上，促进社会财富在不同人群和不同阶级之间合理转移，以解决初始分配的不公正现象。但是，由于其理论起点是维持阶级统治和社会稳定而不是保护穷人的利益，它在维持穷人的生存需求的同时，保持了贫困的存在和代际传递，使贫穷成为一种不可消除的社会现象。同时，"福利国家"危机也表明，财富的创造和分享同等重要，强调分享的社会保障政策也不能从根本上解决贫困问题。

（四）涓滴理论

第二次世界大战后的贫困治理研究领域逐渐从发达的西方资本主义国家转移到了发展中国家。一些研究表明，经济增长是减少贫困的良方，特别是在贫穷和落后的发展中国家。因此，发展中国家对经济发展的渴望以及发达国家对资源和消费市场的需求使涓滴理论成为当时最具影响力的反贫困理论。阿尔伯特·赫希曼（Albert O. Hirshman）是美国著名的发展经济学家，他在其题为《欠发达国家的投资政策与"二元性"》的文章中首次介绍了涓滴理论这一概念。他认为，在经济发展的开始阶段，阶段极化效应将导致较发达地区的经济增长和区域经济发展的差异，但这种有益的发展将通过消费和就业逐步惠及欠发达地区，从而刺激其发展与繁荣，并最终促进区域经济发展到差异消失。例如，里根政府的经济政策认为，帮助穷人的最好方法不是依靠政府，而是通过经济增长增加总财富，从而改善收入分配来消除贫困。但是，20 世纪 70 年代后期的高增长率与就业状况的恶化和贫穷并存，这说明仅靠经济增长不足以消除贫困，只有社会政策的调控和政府的制度安排才能促进贫困消除。

（五）赋权理论

赋权理论（Empowerment Theory）始于 20 世纪 60 年代，80 年代后，它的研究范围逐渐从社会工作和女权主义扩展到失去权力的个人或团体。阿马蒂亚·森的观点——"贫困的本质源于权利的贫困"让赋权在真正意义上成为一种贫困理论。阿马蒂亚·森在其《贫困与饥荒——论权利与剥夺》一书中系统阐述了他的发现，即"一个人支配粮食的能力或他支配任何一种他希望获得或拥有东西的能力，都取决于他在社会中的所有权和使用权的权利关系"[1]。这一发现不仅解释了涓滴理论下仍然不断增多的贫困现象，并且在 70 年代后期迅速帮助越来越多的研究人员和国际组织开展了反贫困发展项目。联合国教科文组织副总干事皮埃尔·萨内认为"贫困并不是一个生活标准，更不是某类生存条件：它既是全部或部分否定人权的原因，也是其结果"[2]。

（六）人力资本理论

美国经济学家西奥多·W. 舒尔茨在 20 世纪 60 年代提出人力资本理论。他认为，贫穷的群体或个人没有足够的"能力"来争取生存和发展的机会正是因为严重短缺人力资本。所以，消除贫困的有效途径是提高贫困人口的可实现能力。如世界银行指出，发展中国家的贫困治理应该首先"使更多的资金能够用于像小学教育、基本卫生保健这样的项目上"[3]。在

---

① 阿马蒂亚·森：《贫困与饥荒——论权利与剥夺》，王宇、王文玉译，商务印书馆，2001，第 40 页。
② 皮埃尔·萨内：《贫困：人权斗争的新领域》，刘亚秋译，《国际社会科学杂志》（中文版）2005 年第 2 期。
③ 世界银行：《1980 年世界发展报告》，中国财经出版社，1980，第 36 页。

许多国家，特别是发展中国家，致力于人力资源投资已成为消除贫困的重要战略选择。人力资本反贫困理论的不同之处在于，贫困群体的"人"是最重要的投资资本，以充分发挥其主观能动性和对贫困治理的主动性，与贫困作斗争，以改善贫困群体的生活质量并促进整个人类社会的自由发展。但是，人力资本贫困治理理论也有很多局限性，例如，它忽略了诸如社会需求和宏观机制之类的因素。

二　人力资源理论

对于人力资源理论的前期研究主要包括人力资本理论以及人力资源管理理论。

（一）人力资本理论

亚当·斯密在《国富论》中将人们通过教育所掌握的能力归结为固定成本，并提出投资教育可以提高未来回报。尽管亚当·斯密没有更详细地研究如何衡量人力资本的价值，但他关于人力资源投资理论以及能力影响个人收入水平的研究为人力资源开发奠定了理论基础。

在19世纪末期，英国著名古典经济学家马歇尔指出，教育对工作质量和经济增长产生积极影响，教育投资兼有直接作用与长期作用，是最有效的投资方式。尽管古典经济学家并未进一步明确人力资本的概念，但这一时期的经济学家完全理解，人力资本与物质资本在经济增长过程中的地位是相同的。

美国经济学家西奥多·W. 舒尔茨在1960年发表了有关"人力资源投资"的演讲。他明确提出了人力资本的概念和内容，并着眼于人力资本的性质及其投资渠道。他认为，人力资本是通过对人的投资形成的，主要体现在知识、技能、经验和能力等方面。他还强调，对人力资本的投资主要体现在学校教育、在职培训、医疗保健、成人职业教育、迁徙活动。[①] 本质上，他从宏观角度对人力资源理论体系进行了分析，为宏观人力资源理论的发展奠定了理论基础。1964年，美国经济学家加里·斯坦利·贝克尔出版了《人力资本》一书，他从微观角度系统地解释了人力

---

① 杨明洪：《论西方人力资本理论的研究主线与思路》，《经济评论》2001年第1期。

资源投资均衡的条件，为人力资源的发展做出了贡献。他认为，当人力资本的边际成本等于其未来收入时，就会达到均衡。他的研究为计算人力资源投资的收入效应和回报率提供了理论基础。[①]

（二）人力资源管理理论

1954 年，美国著名管理学家彼得·德鲁克在《管理的实践》一书中提出了一个相对全面的"人力资源"概念，认为人拥有其他商业资产所没有的"特殊能力"资源。20 世纪 60~80 年代，人力资源管理理论从发展到成熟，形成了较为丰富多样的人力资源管理理论。

第一，由彼得·德鲁克提出，巴克（Bakke）、比尔（Beer）、舒勒（R. S. Schuler）等人共同发展的人力资源管理概念。"人力资源"的概念由彼得·德鲁克在《管理的实践》中首次提出，他还提出了管理的三个更广泛的功能，分别为企业管理、经理管理和员工管理。关于员工管理，他指出，"与所有其他资源相比，唯一的区别是它是人"，并且这是经理必须考虑的具有"特殊优势"的一种资源。彼得·德鲁克认为，人力资源具有其他当前资源所不具备的优势，即"协调能力、整合能力、判断力和想象力"。他还表示希望改善员工管理。他强调，人事管理已不能满足组织对有效管理员工的需求，而必须具备专业知识，总结正确的方法并加以运用。正如彼得在其著作中所说："传统的人事管理正在成为过去，一场新的以人力资源开发为主调的人事管理正在到来。"[②] 彼得提出"人力资源"的概念后，巴克、比尔和舒勒等继续对人力资源管理的内涵进行了研究，从广义上讲，人力资源管理是管理人员的一般管理职能，人力资源管理的功能与其他管理功能对于组织的成功一样重要，其目的是适当管理——理解、维护、开发、使用和协调工作场所中的个体。舒勒在《管理人力资源》中做出了定义："人力资源管理的目的兼顾了个人、社会和企业的利益，是通过一系列管理活动来确保管理人力资源有效性的活动。"[③]

---

① 李仲生：《美国的人力资源开发与经济发展》，《中国人力资源开发》2006 年第 2 期。

② Peter F. Drucker, *The Practice of Management*, New York：Harper & Brothers, 1954：264.

③ R. S. Schuler, *Managing Human Resources*, 5th edn, St Paul, MN：West Publishing Co, 1995：5-10.

第二，海勒曼（Henneman）、比得森（Peterson）、翠西（Tracy）、罗宾斯（Robbinson）、德斯勒（Dessler）等人认为，人力资源管理与人事管理的含义并没有什么本质区别，指的是由专业人员进行的人事管理。人力资源管理的含义是基于这样的假设，即当前的管理实践和管理活动是最佳且可以接受的，并且可以用来有效地管理员工和不断丰富实践。罗宾斯认为："今天，人事管理就是研究组织的人力资源以及如何使他们能更有效地为实现组织目标服务。"[1] 德斯勒也认为人力资源管理即人事管理，是"为了完成管理工作中涉及人或人事方面的任务所需要掌握的各种概念和技术"[2]。

第三，英国管理主义学派的代表斯托瑞（Storey）等人认为，人力资源管理从本质上来说是为了避免工会的复杂管理的一种方法。人力资源管理是用于显示管理者合法性的另一种方法，而不是将人力资源管理作为一种工具或手段。[3]

我国学者赵曙明、张德等人也从不同方面提出了关于人力资源管理内涵的观点。

第一，人力资源管理是指对人力这一特殊资源进行有效开发与合理配置，运用科学手段，使人尽其才，人尽其用。人力资源开始是以开发为出发点的，这不仅包括人力资源的智力开发，而且还包括思想文化素质和道德品质的提高，这包括充分展示人们的现有能力和有效地挖掘人们的潜力；以利用为出发点，它包括发现、识别、选择、分配和合理使用人力资源；以管理为出发点，它不仅包括预测和规划人力资源，还包括组织和培训人力资源。[4]

第二，应该从人力资源管理的数量和质量两个方面来理解人力资源管理。数量管理是指在生产过程中保持价值和数量上人力和物力资源的最佳比例和最佳有机结合，从而使人和物资充分发挥最佳效果；质量管理是指

---

① S. P. Robbinson, *Personnel: The Management on Human Resources*, Englewood Cliffs, N. J.: Prentice-Hall, 1978: 10.

② 加里·德斯勒：《人力资源管理》（第六版），中国人民大学出版社，1999，第2页。

③ J. Storey, *Developments in the Management of Human Resource*, London: Black well, 1992.

④ 赵曙明：《人力资源管理研究》，中国人民大学出版社，2001，第15页。

有效管理人们的思想、心理和行为，并完全释放人们实现组织目标的主观能动性。人力资源管理的目的和任务是实现人的最大利用价值，行使人的最大主观能动性，促进人的全面发展。[1]

第三，人力资源管理主要研究的是组织管理职能中的任命职能，组织管理职能包括计划、组织、任命、领导和控制。简而言之，人力资源管理涉及正确管理组织中的"人"和"人事"所需的概念、理论和技术。人力资源管理绝不仅是一组人员管理活动的集合，而是对组织人力资源和其他资源的使用的协调管理，以实现组织效率和公平的总体目标。[2]

第四，人力资源管理的基本功能是获取、整合、维护、激励、控制和调整以及开发。人力资源管理与生产管理、营销管理、财务管理相同，是组织的基本管理功能。其最终目的是实现组织业务的基本目标，是"吸引、保留、激励和开发"组织业务所需的人力资源。[3]

三　人口迁移理论

（一）推拉理论

20 世纪 50 年代末，人口学者博格（Bogue）提出了著名的"推拉理论"，他认为人口迁移动因主要在于迁入地存在一种起主导力量的"拉力"，吸引外来人口迁入，而迁出地存在一种起主导力量的"推力"，推出其本地居民，人口迁移现象便在这两股力量的推拉中形成。[4] 伊沃里特·S. 李（Fverett S. Lee）于 1966 年对推拉理论进行了总结，他认为迁出地和迁入地实际上都兼有拉力与推力，同时还存在距离、法律、语言等第三种障碍因素，人口迁移受到多因素的综合影响。[5]

（二）新古典经济学理论

经济学中的供求关系被新古典经济学家引入了人口迁移研究，他们认为劳动力供求的区域差异导致了劳动力的调整在不同地区之间的工作，人

① 张德编著《人力资源开发与管理》，清华大学出版社，1996，第 5 页。
② 张一弛：《人力资源管理教程》，北京大学出版社，1999，第 8 页。
③ 余凯成、陈维政主编《人力资源开发与管理》，企业管理出版社，1997，第 22~23 页。
④ DJ. Bogue Internal Migration. Hauser P. M., Duncan O. D. *The Study of Population*: *An Inventory and Appraisal*. Chicago: University of Chicago Press, 1959: 486-509.
⑤ E. S. Lee, "A Theory of Migration," *Demography*, 1966, 3（1）: 47-57.

口迁移体现了这个调整过程。舒尔茨的人力资本理论认为，迁移对于个人而言，是对个人人力资本的投资，可以增加其自身的经济利益并改善其总体生活质量。大多数学者认为，人口迁移主要是在市场监管框架内为经济机会而选择移民。在实际研究中，假设个体是迁移过程中最小的单位，许多研究人员发现，个人决策通常与家庭有很大关系，并且在新古典经济学的基础上产生了新的家庭迁移理论。从理论上讲，个人迁移由家庭成员共同决定，尤其是短期迁移，可以归结为一种家庭策略，该策略可以最大限度地实现经济利益和风险最小化，而定期迁移就是使用城乡家庭资源。预期的个人收入影响着人们的迁移行为，家庭因素也是影响迁移行为的更重要的因素。在东南亚国家和注重家庭观念的中国，新古典经济学理论在人口迁移研究中具有更广泛的适用性。

（三）双重劳动力市场理论

双重劳动力市场理论认为，发达的城市地区有两个劳动力市场，一个是主要的正规部门劳动力市场，它需要更高水平的员工培训和技术技能，并提供更好的工资和社会政策。另一个是非正规部门的二级劳动力市场，其特点是工资较低、工作环境不稳定以及工作发展前景有限。这样，主要劳动力市场绝大多数情况都被人力资本较高的那部分群体和人口所占据，而落后地区的流动人口只能在二级劳动力市场上填补一些结构性空缺。

（四）发展经济学中的人口迁移理论

刘易斯和托达罗模型代表了发展经济学的理论观点。刘易斯将一个国家的经济分为农业和工业两个部门，他认为，由于边际劳动报酬率的高低，农村劳动力向城市工业部门转移，而城市工业部门由于劳动生产率高和劳动成本低获得了巨额的盈余利润，继续发展工业部门以吸收农业部门的剩余劳动力，直到两个部门的劳动生产率相等为止。等到农村剩余劳动力吸收完成，一个国家的工业化进程即也完成。刘易斯模型基于城市"充分就业"的前提，但根据 20 世纪 60 年代和 70 年代的现实状况，许多发展中国家的城市失业问题已经相当明显，农村人口却仍然大批量地涌向城市。很明显，刘易斯模型很难解释这种现象。

1969 年，美国发展经济学家托达罗提出通过农村人力资源进入城市的"预期收益"的数量来解释这个问题，也就是所谓的"托达罗模型"。此模型认为，发展中国家农村人口迁移规模继续增加的主要原因是城乡之间预期收入差距的扩大，而农村居民的迁移决策也深受城市失业率的影响。托达罗模型为农村劳动力继续流入城市的问题提供了更令人满意的答案，即使该城市已经存在严重的失业问题。但是，该模型仅考虑了迁移成本，而没有考虑生活成本。此外，"扩大对中等和高等教育的投资将对城市就业产生影响"的论点也与发展中国家的现实不符。所以，应该具体问题具体分析，使其适应研究区域的基本情况。

（五）年龄—迁移率模型

劳动迁移理论和人力资本理论认为，年轻人和受过高等教育的人更倾向于迁移。为了掌握年龄和迁移率之间的一般关系，美国人口统计学家罗杰斯（Rogers）总结了瑞典和其他国家的人口普查数据，提出了年龄—迁移率模型。从该理论出发，迁徙的可能性通常在儿童早期较高，而在义务初等教育阶段迅速下降，但在该阶段结束时又快速上升然后下降，在 20 岁至 30 岁达到峰值后，速度会慢慢变缓，在 50 岁至 60 岁的退休年龄，形成了一个小的移民高峰期。经典的罗杰斯曲线由四个相对独立的部分组成，分别为：前劳动力组成部分（0~14 岁）、劳动力组成部分（15~64 岁）、后劳动力组成部分（大于 64 岁）以及与年龄无关的常数组成部分。该理论为从年龄结构角度深入研究人口迁移特征提供了理论基础和方法论支持，对于研究人口老龄化和发达地区人口迁移的年龄结构具有重要的参考意义。[①]

四 培训理论

首次提到"培训"的概念是在早期的心理学理论中，随着管理理论的不断发展，培训理论大致经历了三个阶段：传统理论时期、行为科学时期和系统理论时期。

传统理论时期的培训主要集中在生产中的个人技术及素质方面，与他

---

① 朱杰：《人口迁移理论综述及研究进展》，《江苏城市规划》2008 年第 7 期。

人和集体的接触很少，在此期间的培训理论尚未成熟且没有规范；行为科学理论时期的培训基于传统时期之上，它加强了与他人和集体的联系，但是培训理论还不够完整和全面；系统理论时期延续发展了前两个时期的理论成果，在此基础上提出开放性的培训系统假设，即培训系统和其他理论系统都在一个外部环境中，两者相互影响并相互制约。重点是系统之间的联系，打破了早期培训理论是孤立且静态的传统观念。①

培训理论中最为著名的是柯克特里·克帕的四层评估模型。他是培训研究领域非常著名的演说家、学者和咨询顾问，他于1959年在美国培训与开发协会主办的《美国培训经理人》期刊上首次发表了有关培训效果评估步骤的文章，提出了四级评估模型。②

评估的第一级是接纳吸收培训师的反馈。受训者是培训过程中的直接面向对象，培训者直接向受训者灌输培训内容，他们是培训效果的最佳评估者。受训者将在培训期间和培训之后与培训者分享他们的直观感受、问题和意见，这些都是分析、分类并用作评估的直接基础。

评估的第二级是测试经过培训的人员。众所周知，最能体现对一个人掌握的知识和技能的方法就是测试，培训也不例外。测试的特殊性在于，在培训员工之前，必须首先掌握受训员工所具备的基本知识和操作技能，测试并记录其测试结果。一旦员工接受了培训，他们就可以通过闭卷考试来测试他们的理论知识，还可以使用现场操作练习来测试他们的操作水平。测试后，将测试结果与先前测试的结果进行比较，以评估培训的有效性。

评估的第三级是考察接受培训后员工行为的变化。培训结束后，受训者恢复工作一段时间后，公司会根据其工作能力，即操作技能、操作规范、沟通技巧、态度等对受训者的表现进行详细而全面的考察，认真分析考察结果，要确定员工在培训后的工作能力和态度是否有所改善，以及要分析改善的程度。公司培训的初衷是员工是否可以将自己的知识和技能运用到工作中，提高工作效率并为公司带来收益。因此，此级别的评估是对

---

① 王嘉祺：《人力资源培训体系应用研究》，硕士学位论文，吉林大学，2011。
② 郭京生、张立兴、潘立编著《人员培训实务手册》，机械工业出版社，2002，第24页。

培训效果的最直接评估，对于大多数企业来说，它也是最流行的评估方法。

评估的第四级是计算公司内部培训的投资回报率（培训收入与培训成本之间的比率）。也就是说，在公司完成培训工作之后，年终公司结算时，将经过员工培训后的公司收入的总价值和公司对该培训的投资的总价值进行比较。使用该比率计算公司的商业绩效，判断培训结果的转化程度以及分析培训的成本效益都成为可能。

五　医疗保健理论

健康是民生之本，也是贫困治理的基本内容。作为人力资本构成的重要形式之一，提高医疗保健投资有利于增强健康人力资本，这对收入提高和经济增长具有重要的意义。[①] 当前，由于农村地区的健康水平低下，许多农村家庭因疾病而变得贫穷或因疾病而重新陷入贫穷。加大对卫生医疗保健的投资对于消除农村地区贫困至关重要。农村人力资源的开发需要更好的医疗和卫生条件作为保证。

从生理保障角度来看，健康与劳动者的劳动能力、保养成本、收入水平密切相关，健康作为劳动者人力资本构成中最为脆弱的部分，是导致贫困的重要因素之一。[②]

（一）　健康生产理论

健康生产即健康产出，它是指健康产生或产生健康结果的方式。健康生产是将健康生产的投入转化为健康结果的过程。有许多因素会影响健康生产的结果：第一是医疗保健，医疗保健可以帮助人们应对疾病的经济风险，提高人们的活力，提高身体预防能力，大大降低疾病的发病率，改善个人健康；第二是营养和饮食，在降低人类死亡率的初始阶段，营养和饮食的作用高于医疗保健和医疗技术；第三是收入，有限的经济条件的影响是多方面的，低收入群体无法获得足够的食物和安全的住所，受教育程度低会导致穷人缺乏足够的健康意识，并最终影响他们获得的医疗服务的水

---

① 张衔、黄金辉、邓翔：《东中西部地区农户人力资本投资行为比较分析》，《中国农村经济》2005 年第 4 期。

② 阙祥才、唐永木：《贫困——一个人力资本视角的解读》，《湖北社会科学》2011 年第 1 期。

平和数量，所有这些都会限制穷人的健康潜力；第四是教育，教育是通过影响人们的健康意识和健康的生活方式选择来实现对健康生产的影响的，教育投资是人力资本的优势，可以促进和改善健康生产；第五是生活方式，生活方式严重影响健康生产，不良的生活习惯会导致健康状况恶化，这之中母亲的生活习惯尤其重要，母亲不良的健康行为直接影响着孩子的健康状况，这种影响具有长期性。

（二）健康人力资本理论

经济学家们在 20 世纪初期提出，健康是财富的一种形式，并估计 1990 年美国的健康资本存量为 2500 亿美元，远远超过其他形式的财富。穆什金（Mushkin）正式提出将健康纳入人力资本的组成部分，并在框架内将"教育与健康"视为人力资本双重概念。卫生经济学家格罗斯曼（Grossman）提出，卫生既是一种消费产品，又是一种投资产品。换句话说，一个人的健康状况将直接决定具有消费品性质的可用工作时间和工作能力。人力资本是通过对人的投资而形成的，对健康、技能和知识的投资可以获得人力资本，人力资本具有投资产品的特征。投资于健康的过程就是健康投资，对健康卫生投资的直接影响是病假天数的减少，从而带来货币价值的增加，这成为健康投资的回报。在人力资源投资的各种不同模式中，通过投资健康来提高人力资本存量的质量与提高人口素质有关，也是经济增长的主要动力。所以健康是人力资本可持续发展的根本因素，是人力资本积累和保证人力资本发挥作用的前提，也是其他形式的生存和生活正常运转的基础和前提。

所以，人们的健康状况和预期寿命决定着投资人力资本的各种行为，而投资于医疗保健可以改善健康的人力资本。有效工作时间的增加、职业生涯的延长、劳动效率的提高和收入的增加都是良好的医疗卫生保健系统所带来的益处，这对穷人而言至关重要。

六　系统理论

作为区域社会经济体系的组成部分，人力资源开发与整个区域社会经济体系的其他要素相互作用，形成一个有机的整体。这个整体系统在区域社会经济发展目标的限制之下，其内部子系统也在相互联系且相互制约。

系统的内部表现为某种元素结构，系统的外部表现为某种功能。根据系统结构决定系统功能的原则，系统各个要素之间的相互协调与合作影响着人力资源开发和管理在整个区域社会和经济系统中的作用。所以说，系统理论是研究区域人力资源开发与管理的理论基础。

（一）系统的概念和特征

1. 系统的概念

"系统一词最早出现在古希腊语中，其原意指事物中共性的部分和每一事物应占有的位置，即部分构成整体的意思。"[1] 系统理论的最初形式为一般系统论，是第二次世界大战前后生物学家冯·贝塔朗菲（L. V. Bertalanffy）所提出的。[2]

所谓系统是指由相互联系、相互作用的若干要素结合而成的具有特定功能，且处于一定环境之中的有机整体。[3] 系统的本质是整体、部分相互关系的统一，关系的变化以及结果和转换。它是一个整体的特定系统，而不是孤立的部分。一般来说，所有系统都有共同点，即两个或多个元素构成系统的基本单元，当这些元素根据某种结构组成系统时，系统的不同元素的作用和状态是不同的；元素与元素、元素与系统以及系统与环境之间存在一定的关系，以形成某些内部和外部结构；系统具有特定的功能，系统功能由内部结构及其相互关系确定，与内部元素的功能不同；系统和元素的概念是相对的，构成系统的元素也可以是系统；系统是动态的，并且正在不断发展。

系统的内涵分别为系统的元素，即每个系统都由两个或多个元素组成，没有所谓的具有单个元素的系统；系统的连接，这种连接呈现为元素与元素、元素与系统以及系统与环境之间的连接；系统的功能，该功能呈现为数量的增加和质的创新；系统的环境，该系统始终处于较大的环境中，并且与外部环境进行能量、材料、资金和信息的交换。

---

① 吴殿廷主编《区域经济学》，科学出版社，2003，第 4 页。
② 冯·贝塔朗菲：《一般系统论：基础、发展和应用》，林康义、魏宏森等译，清华大学出版社，1987，第 1 页。
③ R. B. Peterson and L. Tracy, Readings in Systematic Management of Human Resources Systematic Management of Human Resources, New Jersey: Addison-Wesley Publishing Company, 1990.

系统无处不在，系统理论为人力资源开发与贫困治理提供了有力的理论支持。

2. 系统的特征

系统具有集成性、相关性、目的性、整体性、层次性和环境适应性等六个特征。集成性，系统必须至少具有两个独特的元素；相关性，系统的各个要素是相互依存、相互联系和相互制约的，阐明了系统不同元素之间的关系；目的性，系统必须有明确的目的；整体性，系统最重要的基本特征，具体表现为系统的性质、功能和规律被整体呈现，系统必须具有子系统没有的新属性或功能，以及系统的目的确定子系统的存在和活动方式；层次性，系统具有一定的层次结构；环境适应性，系统必须能够适应环境的变化。

（二）系统协调

系统协调是十分常见的，包括在系统内包含若干相互矛盾或相互制约的子系统时、在系统具有存在利益冲突的多个独立个体或因素时、在系统包含对各个目标有不同评价标准的参与者时。[①] 所谓系统协调是指系统的结构、功能的协同进化。[②]

这种协调可以用作调整手段或状态以指示子系统、功能、结构或目标之间的集成关系，描述系统的整体效果。并且这种协调反映在复杂系统的不同子系统之间的相互关系和交互中，这可能是相互制约和相互依存。

（三）人力资源开发与管理系统协调

系统内部的协调和系统与外部环境的协调都属于人力资源开发与管理系统的协调。人力资源开发与管理作为一个系统本身，包括每个子系统及其内部控制系统之间的协调，即人力资源规划、配置、培训、发展、评估和保护以及其他内部和跨职能子系统在结构和其他方面的集成和交互，以及与组织中其他子系统的协调与合作。人力资源开发与管理系统作为整个社会和经济系统的子系统，必须与经济系统、社会制度、劳动力市场、法律等子系统协调一致。

---

① 胡君辰、郑绍濂主编《人力资源开发与管理》，复旦大学出版社，1999，第45~48页。
② 杨体仁、祁光华主编《劳动与人力资源管理总览》，中国人民大学出版社，1999，第127~128页。

七 社会组织理论

"社会组织"也可以称为"非营利组织""志愿组织""民间组织""民间社会""社区组织""慈善组织""农民经济合作组织""第三部门"。社会组织理论主要包括以下理论。

(一) 部门失灵理论

1. 市场失灵理论

由于市场存在不完全竞争、不完全信息等现象,市场效率无法维持平衡,且市场竞争会导致收入分配不均,这些现象便被称为"市场失灵"。[①]具体来说有两种表现:首先,市场机制无法有效提供公共物品,因为公共物品是非排他性的、不可分割的,并且受"搭便车"现象的影响,所以很少有人愿意提供或购买公共物品;其次,在市场设法交付的私人商品领域,就产品和服务的质量而言,生产者和消费者之间存在明显的信息不对称性,生产者很有可能利用其自身的信息优势来欺骗消费者,并使消费者蒙受损失。

但是,由于社会组织中存在"非分配强制"的原则,其利润无法用于分配,从而抑制了生产者的机会主义,保护了消费者的利益。从这个角度来看,社会组织是一种制度创新,消费者和生产者发现自己处于信息不平等的环境中,无法通过常规的合同来规范生产者的行为,但社会组织可以进行监督。

社会组织参与贫困治理的市场失灵主要是指:从平等的角度看,实际市场中存在不平等,穷人的需求常常被忽略。由于贫困群体的购买力有限,它们无法为营利性组织提供影响力来源,从而导致市场缺乏公平性,但也必须满足贫困群体的需求,这是其使命,是帮助穷人的社会组织的先决条件。

2. 政府失灵理论

政府在弥补市场失灵方面起着重要作用,但在修复市场失灵的过程中也会失败,这是主流经济学家们的观点。因此,社会组织实际上是在弥补

---

① 萨缪尔森、诺德豪斯:《经济学》,萧琛等译,华夏出版社,1999,第223页。

市场和政府的失灵，即追随市场、政府、社会组织的逻辑顺序。美国经济学家韦斯·布罗德（Wes Broder）通过经济分析的"供需"范式分析了社会组织在公共产品供应中的作用。他认为，社会组织和政府在提供公共物品方面可以相互替代。保持条件不变，公民需求的同质性越高，不满意的需求就越少，社会组织的数量就越少。① 社会组织生存的准市场环境和扁平化结构使其比政府更有优势。

3. 志愿失灵理论

社会组织不是道德完善的最高标准，也不是志愿服务的天堂。社会组织往往在慈善、公益、道德甚至宗教的帮助下获得良好的甚至是浪漫的形象，但作为组织，社会组织仍然具有组织的所有特征，"随着其规模和复杂性的增加，他们同样易受那些反应迟钝、行动缓慢、墨守成规的官僚的一切局限性的影响"②。

莱斯特·M. 萨拉蒙（Lester M. Salamon）教授提出的"志愿失灵理论"指通常情况下，社会组织不以志愿者为幌子谋取私利，也不强迫公共援助，而自愿提供公共援助服务。他们既没有可盈利的收入，也没有强制性的税收，当他们无法通过自发的社会机制获得足够的资源时，其局限性变得显而易见。这时就需要政府的支持，政府和社会组织的合作模式也因此而形成。以"志愿失灵理论"为前提，他进一步提出了政府和社会组织在分工方面进行合作的"委托政府理论"，该理论认为政府和社会组织各自发挥各自的优势，政府提供资金，社会组织提供服务。

根据部门失灵理论，只有通过多方利益相关者的合作，才能为公众提供多样化的公共服务，才能满足全体成员的福利需求。

（二）福利多元主义

英国沃尔芬德的《志愿组织的未来》报告较早地使用了"福利多元主义"的概念，该报告主张将志愿组织纳入社会福利提供者行列。③ 罗斯以"福利三角"的概念对"福利多元主义"进行了首次清晰地界定，即

---

① 林尚立、王华：《创造治理：民间组织与公共服务型政府》，《学术月刊》2006 年第 5 期。

② 何增科：《公民社会与第三部门》，社会科学文献出版社，2000，第 253 页。

③ 参见彭华民、黄叶青《福利多元主义：福利提供从国家到多元部门的转型》，《南开学报》（哲学社会科学版）2006 年第 6 期。

一个社会的整体福利提供者包括国家、市场和家庭。①

福利多元主义从三个方面体现出来：首先，多元化是福利多元主义的主要含义。福利多元化并不承认政府对提供社会服务的垄断，并且越来越强调社会组织以弥补公共社会保护服务的不足。根据福利多元主义，利用社会组织提供福利可以减少或避免公民对国民福利的依赖，并减轻国家的经济负担。其次，权力下放是福利多元主义的核心含义。权力下放意味着社会保护服务的行政权从中央转移到地方，从地方转移到社区，再从公共部门转移到私营部门。同时，权力下放意味着社会资源从政府部门向社会开放，这可以将社会组织、政府和市场等多元主体有效协同，提高了公共服务的效率。最后，福利多元主义强调分散性的政府权力和民营化的社会福利。②

（三）协同治理理论

当面临复杂的贫困问题时，仅依靠政府来解决这些问题可能并不完全有效。采取合理步骤解决贫困问题需要将协同治理理论定位为理论层面指导。

协同治理理论的重要创始人之一罗西瑙（James N. Rosenau）在他的著作《没有政府的治理》中解释了治理的概念，他认为治理要更加重视各方的集体努力，以确保政策能够得到执行，而不是仅仅依靠政府的强制力。治理本身不仅包含政府机制，还包含非政府机制。他认为在治理范围不断扩大的过程中，各类组织借助这些非正式、非政府的机制来满足自身需要，实现自身愿望。③ 协同治理理论是一种比较新鲜的理论，是自然科学视角下和社会科学视角下的协同治理理论交叉。

对于一个复杂的社会系统，同时在同一问题和同一目标上行动的不同个体的决策和行为，不仅是在理论上强调和趋向的学术观点，而且是一个实际的社会问题干预和应对的必然趋势。在这种"治理主体多元化"的

---

① 参见韩央迪《从福利多元主义到福利治理：福利改革的路径演化》，《国外社会科学》2012 年第 2 期。

② 林闽钢、王章佩：《福利多元化视野中的非营利组织研究》，《社会科学研究》2001 年第 6 期。

③ 詹姆斯·N. 罗西瑙主编《没有政府的治理》，张胜军、刘小林等译，江西人民出版社，2001，第 4~5 页。

背景下，协同治理一方面需要政府权威，而另一方面在围绕着传统政府权威的基础上，各方参与主体在其有限或擅长的领域范围内，也应当具有一定的权威性。[①] 以此为前提，面对相同的治理目标，协同治理理论应考虑"不同子系统之间的协同作用""相关主体之间的协同作用""共同规则的制定和作用"，因此要考虑到各方的利益，同时，要达到所涉及各方的最佳使用和资源分配状态，解决相应的社会问题，以达到相同的治理目标。

世界各国发展中，特别是城市化发展过程中，人力资源是最重要的因素。在人力资源开发与合理配置中，社会组织起到了重要作用。社会慈善组织、学术组织、政治组织、援助性组织、群众组织向社会提供财政和物质援助，提供社会化服务、宣传和动员、教育、研究和培训、出版刊物、调查和研究、向政府提供建议和提议、收集数据和信息以及其他方面都起着至关重要的作用。所以，有必要加强社会组织的文化定位，增强社会组织参与农村人力资源开发的积极性和主动性，使其在提高人力资源素质，思想道德水平中发挥作用，创造财富，社会组织在农村人力资源开发与贫困治理中的作用不容忽视。

八 嵌入性理论

嵌入是指不同物体之间的交互行为。1944 年，社会学家波兰尼（Polanyi）出版了《大转型：我们时代的政治与经济起源》一书，将"嵌入"概念首次引进到社会学领域，分析市场与社会的关系。他强调经济行为与社会体系不是截然对立的，经济行为总是镶嵌于政治、文化、习俗等社会体系中。[②] 特别是在后工业革命社会中，经济行为不但与社会体系相互嵌入，而且社会体系更多被嵌入经济行为之中。1985 年，新经济社会学家格兰诺维特（Granovetter）发表了《经济行动和社会结构：嵌入性问题》一文，将沉寂多时的"嵌入"概念重新点燃，掀起了"嵌入性"研究高潮。[③]

---

① 李汉卿：《协同治理理论探析》，《理论月刊》2014 年第 1 期。

② K. Polanyi, *The Great Transfrmation：The Political and Economic Origins of Our Time*, Boston, MA：Beacon Press, 1944.

③ M. Granovetter, "Economic Action and Social Structure：The Problem of Embeddedness," *American Journal of Sociology*, 1985, 91 (3)：481-510.

格兰诺维特的嵌入性概念突破了波兰尼只强调经济行为是一个制度化过程的局限，提出了经济行为不仅是一个制度化的过程，而且是一个人际互动的过程，深刻影响着企业的交易成本。"嵌入性理论"强调，"行动者并不像独立原子一样孤立地运行在社会脉络之外，也不依附他所属的社会角色，而是真实地嵌入在正在运转的社会关系之中"①。后来学者从宏、中、微观联系、网络联系和虚拟联系等视角对嵌入性理论进行了广泛而深入的研究。

哈格顿（Hagedoorn）从企业的层次结构上进行了研究，他认为企业的发展会受到社会环境、企业关系网络和企业双边关系的影响，从宏、中、微观联系视角来看，企业一定要把握好环境嵌入性、组织间嵌入性和双边嵌入性等特性，使企业健康发展。②

古拉蒂（Gulati）、伯特（Burt）、格拉布内（Grabher）和伍兹（Uzzi）等人沿着格兰诺维特的嵌入性研究思路，从网络联系的视角提出了结构性嵌入和关系性嵌入。结构性嵌入是指企业所处的社会网络结构中，能给企业带来利益，提高企业运行效率的关系。企业在社会网络中的位置及与其他企业间的关系，是影响企业发展的重要因素。格拉布内研究发现，地方政府对企业的影响具有"正外部性"和"负外部性"。③ 另外，伯特在结构嵌入性领域研究影响深远，他提出了结构洞理论，该理论认为处于结构洞位置的企业在发挥"桥梁作用"的同时，能够抢占先机优先发展。④ 关系性嵌入是指企业在所处网络关系中，获取信息和资源的能力。伍兹对美国的制衣厂进行了研究，基于前人在嵌入性上的研究成果，他提出了"关系嵌入性悖论"。嵌入性的强度影响着企业的绩效，嵌入性过强或过弱都会影响企业绩效，企业只有处理好与其他主体的稳固关

---

① 王官燕、林克松：《嵌入、脱嵌与再嵌：贫困县域职业教育服务乡村振兴的逻辑、困局及突破》，《职业技术教育》2020 年第 7 期。

② J. Hagedoorn, "Understanding the Cross-level Embeddedness of Interfirm Partnership Formation," *Academy of Management Review*, 2006, 31 (3)：670-680.

③ G. Grabher, *The Weakness of Strong Ties：The Lock-in of Regional Development in the Ruhr Area*, London and New York：Routledge, 1993.

④ S. Burtr, *Structural Holes：The Social Structure of Competition*, Cambridge, MA：Harvard University Press, 1992.

系，保持企业活力与远见卓识才能立足市场。另外，他还强调，嵌入性渗透于企业的一切行为当中，信任、信息共享和共同解决问题是嵌入性的本质特征。[①]

佐念（Zukin）、迪马养（Dimaggio）、格拉布内等人从虚拟联系的视角对嵌入性概念进行了发挥，提出企业的经济行为会受到它所处的社会文化、政治制度以及长期所形成的群体认知的影响，表现为文化嵌入性、政治嵌入性和认知嵌入性。文化嵌入性是指企业所处的社会文化环境及其企业内部环境都对企业发展具有影响。政治性嵌入是指一个国家的政治制度、政治体制、权利结构等都会嵌入企业里，对企业行为具有重要影响。[②] 认知嵌入性是指企业在长期的经济行为中形成的一种认知习惯，这种认知习惯对企业的发展具有影响作用。

国内学者对嵌入性研究不断深入，基本达成共识，认为嵌入性就是指不同主体之间的一种互动关系，各主体的互动行为，尽可能地实现本组织目标的过程。在这一概念的基础上，形成了嵌入性理论，时至今日，嵌入性理论已经不仅仅是一种单纯的理论而运用于新经济社会学领域，经济地理学、教育学、管理学等领域学者已经将"嵌入性"作为一种研究思路和工具来开展研究。

[①] Uzzib, "Social Structure and Competition in Interfirm Networks: The Paradox of Embeddedness," *Administrative Science Quarterly*, 1997, 42 (1): 35-67.

[②] S. Zukin, P. Dimaggio, *Structures of Capital: The Social Organization of Economy*, Cambridge, MA: Cambridge University Press, 1990.

第二章 西北农村人力资源开发与贫困治理的主体、对象、内容及目标

西北农村人力资源开发与贫困治理是一个系统工程，为了厘清其关系，本章就西北农村人力资源开发与贫困治理的主体、对象、内容及目标进行分析。西北农村人力资源开发与贫困治理投资是指投入西北农村人力资源的，能提高西北农村人力资源的知识、技能、健康及见识，并能够影响西北农村人力资源未来收入的各种投资收益行为。西北农村人力资源开发与贫困治理主体包括：政府、企业、社会组织及家庭（个人）。其中最主要的贫困治理主体是政府和家庭（个人）。西北农村人力资源开发与贫困治理的对象是指居住在西北农村的人力资源，这里的农村人力资源既是贫困治理的主体，也是贫困治理的对象。根据人力资本理论，西北农村人力资源开发与贫困治理的内容主要包括教育投资、健康投资和流动投资等三个方面。教育是人力资源投资的第一选择，是根除贫穷的良药。培训是教育的延伸，是对劳动者技能的再升华，具有提升劳动者价值之功效。同教育一样，健康也是影响经济增长的重要因素。[①] 教育与健康相互作用，相互促进。良好的教育水平促进人们的健康意识，良好的健康意识有助于人们健康水平的提高。健康在决定教育回报率中起主要作用，家庭健康更为重要。[②] 有效流动包括移民搬迁和劳动力自由流动，不管是移民搬迁还是劳动力自由流动，都具有开阔劳动者视野、开发劳动者思想、提高劳动

---

① S. K. Halder, G. Mallik, "Does Human Capital Cause Economic Growth? A Case Study of India," *International Journal of Economic Sciences and Applied Research*, 2010, (1): 7-25.

② P. Howitt, "Health, Human Capital and Economic Growth: A Schumpeterian Perspective," *Health and economic growth: Findings and Policy Implications*, 2005, (1): 19-40.

者技能等功效。提高西北农村人力资源的教育培训水平、思维能力、知识水平和劳动技能，有利于西北农村社会经济发展，有利于贫困治理，实现乡村振兴。

第一节　西北农村人力资源开发与贫困治理的主体

《中共中央、国务院关于打赢脱贫攻坚战三年行动的指导意见》中明确提出："坚持调动全社会扶贫积极性。充分发挥政府和社会两方面力量作用，强化政府责任，引导市场、社会协同发力，构建专项扶贫、行业扶贫、社会扶贫互为补充的大扶贫格局。……支持社会组织参与脱贫攻坚，加快建立社会组织帮扶项目与贫困地区需求信息对接机制，确保贫困人口发展需求与社会帮扶有效对接。"① 根据这一指导意见，本书将西北农村人力资源开发与贫困治理主体划分为：政府、企业、社会组织及家庭（个人）。要通过实现西北农村人力资源开发而达到贫困治理目的，就要建立一个有效的西北农村人力资源投资激励机制，这一机制应当保证效率优先，兼顾公平。资本的本质属性是增值，人力资本也是一种资本。因此，西北农村人力资源投资主体一定要追求投资回报，且是有效益的回报。公平是指每个人都有权利享受社会提供的公共服务与资源，提升自己的各种能力，并且这种能力不受出身和财富的影响。因此，我们应该构建西北农村人力资源开发与贫困治理投资理念，建立以政府为主导，企业、社会组织广泛参与，家庭（个人）主动开发的多元协同、相得益彰的西北农村人力资源开发与贫困治理投资主体框架。改变过去只靠政府开发农村剩余劳动力的狭隘观念，实现农村人口全方位、全覆盖的西北农村人力资源开发与贫困治理模式，提高西北农村人力资源的"人力资本含金量"，从而提升贫困治理水平，实现乡村振兴战略。

一　政府

政府是西北农村人力资源开发与贫困治理主体的核心。追求公共利益

---

① 《中共中央、国务院关于打赢脱贫攻坚战三年行动的指导意见》，（2018-06-15）［2020-01-03］，http：//www.gov.cn/zhengce/2018-08/19/content_ 5314959. htm。

的最大化是政府行为的起点，也是终点。根据委托—代理理论，政府的权力由人民赋予，在获得权力的同时，也意味着政府必须承担相应的责任。所以，不仅是现代政府，包括政府公务员在内，政府行为中的每一份权力背后都涵盖着一份责任。因此，无论是对于政府，还是对于履行政府行为的公务员，都必须体现责任政府的要求，为追求农村人力资源的公共利益最大化而承担起提升农村人力资源"人力资本含金量"的责任。[①]

作为西北农村人力资源开发与贫困治理主体的政府，主要是通过加大西北农村人力资源的教育培训力度，提升西北农村人力资源素质和技能；完善和提高西北农村医疗保障水平，提高西北农村人力资源身体素质；促进西北农村人力资源的有效流动，开阔西北农村人力资源的思维和眼界等形式，达到西北农村人力资源开发与贫困治理的目标。

教育投资。教育投资主要是正规教育投资与技能培训投资。正规教育主要包括学前教育、九年义务教育、高中教育、高（中）职教育及大专以上的高等教育。正规教育投资是西北农村人力资源开发与贫困治理的主要内容。这些投资对提高国民素质、增加人民技能，特别是西北农村人力资源的人力资本提升具有积极作用。另外是技能培训，以政府为主要出资方的培训机构是技能培训的主力军，每年都会开展形式多样的培训项目。培训对象参加这些项目培训有些免费，有些由个人和政府共同出资，有些由个人出资。如各省市区县劳动就业部门实行的各种培训，其中很多项目都免费；各省市区县民政部门、科技部门、财政部门以及农业部门等都有各种各样的培训项目。此外，各地政府通过招聘村干部下基层的方式直接增加农村地区人才存量。各县级政府和部门是西北农村人力资源教育投资的重要主体，由上级政府或省级政府部门实施的对口支援项目也发挥着重要作用，如福建省帮扶宁夏回族自治区；福州市帮扶甘肃省定西市；厦门市帮扶甘肃省临夏回族自治州；江苏省帮扶青海省西宁市和海东市；全国19个省市帮扶新疆建设等。各省对口支援项目，一般都是帮扶省份根据被帮扶省份实际困难，有针对性地实施多种扶贫项目。在形式多样的扶贫项目中，以开发当地农村人力资源，提高当地农村人力资源知识水平和劳

---

① 黄雯：《西部农村女性人力资源开发研究》，博士学位论文，西北农林科技大学，2008。

动技能的扶贫项目最多。

健康投资。近年来，随着经济发展，社会进步，我国的医疗条件和医疗水平不断提高，特别是农村合作医疗，基本上达到了全覆盖，解决了看病难、看病贵、因病致贫等难题。2019 年，国家为了持续提高城乡居民基本医保和大病保险保障水平，进一步减轻大病患者、困难群众医疗负担，将居民医保人均财政补助标准增加 30 元，一半用于大病保险；降低并统一大病保险起付线，报销比例由 50% 提高到 60%，加强重大疾病防治。"我国受癌症困扰的家庭以千万计，要实施癌症防治行动，推进预防筛查、早诊早治和科研攻关，着力缓解民生的痛点。做好常见慢性病防治，把高血压、糖尿病等门诊用药纳入医保报销。"① 从这些数据可以看出，政府的医疗保障投资大大提升了农村人力资源的"人力资本含金量"，增加了他们在社会就业中的竞争力，也提高了他们的收入。

流动投资。有效流动，主要是指移民搬迁和劳动力自由流动。移民搬迁是指将生活在自然资源匮乏、环境恶劣地方的人口，搬到自然资源较为丰富、环境较好的地方，使其安营扎寨、永久居住、发家致富的一种政府行为，这种行为一般是由政府主导实施，农民受益的扶贫开发模式。劳动力自由流动，从经济学来看，就是建立统一的劳动力市场，使劳动力自由流动，从社会学来看，社会流动是社会阶层之间的流动，是劳动力社会地位的变化。合理的社会流动，不管是垂直流动还是水平流动都有利于经济发展，社会稳定。在西北农村人力资源开发与贫困治理中，移民搬迁是最直接、见效最快的一种贫困治理。在课题组的调研中，宁夏的移民搬迁最为典型，政府主动出击，周全规划，将宁夏南部山区农村人口搬迁到红寺堡、平罗、中宁、永宁、银川等有黄河水浇灌的川区，从人力资源开发与贫困治理角度看，移民搬迁开阔了搬迁农民的视野，使其增长了知识、技能，改善了生活条件，实现了贫困治理。

二 企业

企业是西北农村人力资源开发与贫困治理的投资主体之一，要充分发

① 中华人民共和国中央人民政府：《政府工作报告》，（2019-03-16）［2019-12-12］，http://www.gov.cn/premier/2019-03/16/content_5374314.htm。

挥其懂市场、会经营的优势。"企业是一种可以降低交易成本、提高社会资源配置效率的资源配置机制。"① 企业的生产经营会对人力资源产生实质性的影响，企业是吸纳人力资源就业的主体。国有企业、外（合）资企业、民营企业及个体工商户等不同性质和类型的企业是西北农村人力资源开发与贫困治理的投资主体之一。"国有企业在关系国家安全和国民经济命脉的主要行业和关键领域占据支配地位，是经济结构调整、科学技术创新、科学可持续发展和增强国家综合竞争力的主力军，是国民经济高质量发展的关键力量"②，是企业扶贫主力军中的"王牌"；民营企业具有较好的"市场嗅觉和灵敏度"，能够"洞悉微观层面高效的资源配置方法"③，在"万企帮万村"战役中大显身手，积极为政府解忧，帮助扶贫对象脱贫；以经营第三产业为主的个体工商户已经成为我国吸纳农村剩余劳动力的主要阵地之一，其积极参与扶贫，助力西北农村人力资源开发与贫困治理。

企业作为西北农村人力资源开发与贫困治理投资主体，主要通过招聘西北农村人力资源进厂务工、对进厂务工的西北农村人力资源进行技能培训，使其能够长期持久就业，增加稳定收入，从而实现贫困治理。另外，企业在西北农村通过开发产业扶贫项目、创办扶贫车间等形式来开发西北农村人力资源，实现贫困治理之目标。

参与西北农村人力资源开发与贫困治理的企业，根据本企业的用工情况和西北农村人力资源的现实需求，会专门设置一些适合西北农村人力资源的就业岗位，以吸收西北农村人力资源就业。这必然会解决一些过剩的西北农村人力资源，这些过剩的农村人力资源在企业里就业、长知识、挣工资，迈上了致富之路。

随着经济全球化步骤加快，企业竞争日趋加剧。企业竞争的核心是产品，而成就产品的关键因素是人，提高员工知识水平和劳动技能是企业保

---

① 陆继霞：《中国扶贫新实践：民营企业参与精准扶贫的实践、经验与内涵》，《贵州社会科学》2020年第3期。

② 马立政：《国有企业是中国社会主义经济实践的中流砥柱——新中国70年来国有企业发展历程及主要经验》，《毛泽东邓小平理论研究》2019年第6期。

③ 郭俊华、边少颖：《西部地区易地移民搬迁精准扶贫的企业扶贫模式探析——基于恒大集团大方县扶贫的经验》，《西北大学学报》（哲学社会科学版）2018年第6期。

持核心竞争力的关键。因此，许多企业把员工的职业发展与企业的发展结合在一起，把提高员工知识和劳动技能，激发员工工作的积极性放在企业发展战略的重要位置。企业为了提高农村人力资源的劳动技能，一般会开展技能培训、以绩效考核及职业规划为内容的培训等。一方面，农村人力资源的知识水平和工作技能得到提升；另一方面，作为员工的农村人力资源素质与企业需求的匹配性不断提高，员工工作绩效提升的同时，企业适应能力也不断增强，有利于企业长远的发展。

另外，在西北地区农村人力资源开发与贫困治理投资中，扶贫企业主营业务多与农业相关，或是加工农产品，或是直接销售农产品，这些企业为了提高市场竞争力，往往要与农户或者农业合作社进行合作以保证产品质量。在这个过程中，扶贫企业通过资金支持、技术指导和技能培训等手段，帮助农户或农业合作社提高生产水平，实现了双方共赢。特别是对于农户而言，这种合作关系为其提供了就业机会，提高了劳动技能，增加了经济收入。这也在事实上开发了西北农村人力资源，实现了贫困治理之目标。

三　社会组织

社会组织是"联系政府和人民群众的桥梁与纽带，是维护社会稳定的'安全阀'，是政府职能转移的载体"[①]，在提供公共服务时具有创新、贴近基层、灵活、高效等"比较优势"[②]。改革开放以来，以社会团体、基金会和社会服务机构为主体的社会组织得到了快速发展，他们在组织社会资源、提供社会服务、协调社会利益、弥补社会裂隙、促进社会和谐等方面发挥了重要作用，成为社会发展不可或缺的重要建设力量。本书所说的社会组织即各类社会团体、基金会和社会服务机构（民办非企业单位）。截至2015年底，全国共有社会组织66.2万个，吸纳社会各类人员就业734.8万人，接收各类社会捐赠610.3亿元。[③]

作为西北农村人力资源开发与贫困治理主体之一的社会组织，在西北

---

① 《和谐社会》，《人民日报》2004年11月30日，第4版。
② 康晓光、郑宽、蒋金富、冯利：《NGO与政府合作策略》，社会科学文献出版社，2010，第146~147页。
③ 赵佳佳：《当代中国社会组织扶贫研究》，博士学位论文，吉林大学，2017。

农村人力资源开发与贫困治理中起到了积极作用。这些组织类型多样，性质方面涵盖专业性、兼业性、中介性等不同类别，主办方包括政府、民间的不同主体，并且他们所展开的扶贫项目或活动在社会上的影响力较大。相对来说，这些组织比较能够代表社会组织参与西北农村人力资源开发与贫困治理。

四　家庭（个人）

家庭（个人）是人力资源开发与贫困治理主体之一。家庭（个人）是人力资源生产、投资、受益的基本单位，可以说家庭（个人）对人力资源的投资是一贯的、持久的。斯金纳的强化理论强调，当人们的行为会带来比因行为而付出的代价更高的收益时，人们就会继续这种行为。根据殷红霞的研究，"农村教育投入与家庭及个人未来收入之间存在着相互制约、相互促进关系。家庭收入越高，子女受教育年限越长，其成才的机会越多；相应地，子女受教育年限越长，其独立生活能力越强，并以各种形式给家庭的回报越多，这个家庭就会越富有。从劳动力供给角度分析，对子女教育费用支付能力较强的家庭，其子女通过教育提升自己个人素质的机会越多，经过专业训练的较高素质的劳动者在劳动力市场上自然具有较强的竞争力和较大的就业空间。一个家庭通过对子女的教育投入进入了家庭发展的良性循环阶段。相反，低收入家庭在几乎完全相反的发展中陷入了恶性循环"①。

家庭（个人）进行人力资源开发投资，其结果是人力资本增加，收入提高。因此，家庭（个人）会继续进行人力资源开发投资，形成"投资—受益—再投资"的良性循环。当然，要提高家庭（个人）人力资源投资意愿，关键还是要培育和完善劳动力市场。劳动力市场具有自由流动、实时定价、多劳多得和投资受益正相关等特征。工资是劳动力的价格，工资反映人力资本的稀缺程度，一般情况下，稀缺的高素质的劳动力（人力资本含金量高）价格要高于低素质的劳动力（人力资本含金量低）

---

① 殷红霞：《西部地区农户家庭教育投资与收入变动关系的调查分析——以陕西关中地区为例》，《教育科学》2007年第5期。

价格。让劳动力市场成为人力资源配置、人力资源投资的指挥棒，决定家庭（个人）的资源配置。健康合理的劳动力市场对家庭（个人）在人力资源开发投资上的影响表现为：第一，进行人力资源投资（教育、培训等）后，将成为具有较高素质的稀缺劳动力资源，并以优势地位参与到激烈的竞争中，从而获得较高工资回报；第二，获得的回报一定是大于投资阶段所支付的直接成本和间接（机会）成本的，只有人力资源投资（教育、培训等）的回报率高，才能使更多的家庭（个人）愿意进行人力资源投资。

第二节　西北农村人力资源开发与贫困治理的对象

西北农村人力资源开发与贫困治理的对象就是指居住在西北农村的农村人口，主要包括劳动人口、非劳动人口以及乡镇从事行政区域经济发展工作的工作人员。本节主要是从西北农村人力资源的数量、质量和结构等视角出发，试图厘清西北农村人力资源开发与贫困治理对象这一概念。相对东南沿海来说，西北农村人力资源数量是较少的，但就经济落后的西北农村来说，人力资源数量还是较多的。农村人力资源质量就是指人的体质和智力素质，是单个农村人力资源的素质集合，也是整个劳动力队伍体质、技能及智力等方面的综合。西北农村人力资源结构主要包括性别结构、年龄结构和就业结构等。

一　西北农村人力资源开发与贫困治理对象的数量

（一）西北农村现存人力资源数量众多

2017 年，全国农村人口数量为 57661 万人，西北五省区农村人口共有 4871 万人，占全国农村人口的 8.45%。从农村人口比重方面来看，陕西、甘肃、青海、宁夏、新疆的农村人口比重均高于全国 41.48% 的平均水平，其中，甘肃、新疆两地农村人口比重为全部人口的一半以上，较全国平均水平分别高出 12.13、9.14 个百分点。从人口的出生率和死亡率来看，2017 年，全国人口出生率为 12.43‰，自然增长率为 5.32‰，西北五省区的平均人口出生率和自然增长率分别是 13.48‰、7.85‰，明显高出全国平均水平，人口增长趋势显著（见表2-1）。可以看出，西北农村人力资源绝对数量充足，有利于地区人力资源的供给和开发。

表2-1　2017年西北地区农村人口情况

地区	总人口数（万人）	农村人口（万人）	农村人口比重（%）	出生率（‰）	死亡率（‰）	自然增长率（‰）
全国	139008	57661	41.48	12.43	7.11	5.32
西北地区	10186	4871	47.82	13.48	5.63	7.85
陕西	3835	1657	43.21	11.11	6.24	4.87
甘肃	2626	1408	53.61	12.54	6.52	6.02
青海	598	281	46.93	14.42	6.17	8.25
宁夏	682	287	42.02	13.44	4.75	8.69
新疆	2445	1238	50.62	15.88	4.48	11.40

资料来源：2018年《中国统计年鉴》。

但是，从总人口数量来看，西北地区人口数量相较于东南沿海地区来说是相对稀少的。西北五省区面积共310.69万平方公里，约占全国陆地面积的1/3，但其总人口数约为全国总人口数的1/14。经济发达的东部沿海十省面积共95万平方公里，总人口数为55562万人，农村人口数量为18761万人，两者相比，西北五省区面积是东部沿海十省面积的3.27倍，但东部沿海十省的总人口数和农村人口数量分别是西北五省区的5.45倍、3.85倍。西北人口数量的相对稀少是农村人力资源开发中一个不容忽视的方面，对地区贫困治理造成了一定影响。

人力资源是指社会总人口中具有劳动能力的那部分人口，在其他条件不变的情况下，人力资源的数量和社会总人口数具有正相关关系。虽然西北地区人口数量相对于经济发达地区不具有优势，但就其绝对数量和增长速度而言，现存的农村人力资源数量仍较为充足，可开发空间较大。

（二）西北农村人力资源数量不断下降

21世纪以来，我国城镇化迎来了快速发展时期，西北农村人力资源数量也在发生着显著的变化。2000年，西北地区常住人口总数为9079.54万人，农村人口总数为6315.51万人，农村人口比重高达69.56%。到2017年，西北地区常住人口总数为10185.55万人，农村人口总数为

4869.43 万人，农村人口比重为 47.81%，近 20 年间，西北农村人口比重降低了 20 余个百分点。了解、把握西北农村地区人口数量的变动情况，对于研究西北农村人力资源开发与贫困治理具有重要的指导意义（见表2-2）。

表 2-2　2000~2017 年西北地区农村人口数量变动情况

年份	常住人口总数（万人）	农村人口总数（万人）	农村人口比重（%）
2000	9079.54	6315.51	69.56
2001	9138.86	6281.52	68.73
2002	9198.09	6233.75	67.77
2003	9257.13	6174.31	66.70
2004	9311.90	6110.55	65.62
2005	9384.65	6034.68	64.30
2006	9447.22	5956.27	63.05
2007	9513.23	5892.32	61.94
2008	9571.68	5837.61	60.99
2009	9623.04	5785.93	60.13
2010	9672.99	5552.21	57.40
2011	9723.52	5458.08	56.13
2012	9783.69	5326.03	54.44
2013	9842.46	5247.73	53.32
2014	9909.21	5140.41	51.88
2015	10008.59	5061.46	50.57
2016	10089.39	4967.25	49.23
2017	10185.55	4869.43	47.81

资料来源：2001~2018 年西北地区各省份统计年鉴。

（三）西北农村潜在人力资源数量充足

通常来说，一个国家或地区人口的年龄结构可以反映出该国或该地区人力资源的供给情况。劳动年龄内的农村人口比重越大，说明农村人力资源供给越大，非劳动年龄内的农村人口比重越小，说明农村人力资源供给越小。2018 年《中国人口和就业年鉴》通过 0.824‰ 的抽样比抽样调查了 2017 年全国人口变动情况，其结果如表 2-3 所示，2017 年西北农村劳动年龄人口数量的平均比重略高于全国平均水平，少儿抚养比较高，潜在的人力资源数量充足，供给将趋于增加。

表 2-3　2017 年西北农村人力资源年龄构成和抚养比

单位:%

地区	人口比重			抚养比		
	0~14 岁	15~64 岁	65 岁以上	总抚养比	少儿	老年
全国	19.39	67.39	13.22	48.39	28.77	19.62
西北地区	21.62	68.80	9.58	45.41	31.53	13.88
陕西	16.70	69.60	13.70	43.67	23.99	19.68
甘肃	19.05	69.94	11.01	42.97	27.23	15.74
青海	22.64	69.72	7.63	43.41	32.49	10.92
宁夏	21.93	68.42	9.61	46.14	32.07	14.07
新疆	27.77	66.29	5.95	50.86	41.89	8.97

资料来源：2018 年《中国人口和就业年鉴》。

从 0~14 岁的农村少年儿童人口比重来看，西北地区平均水平高于全国平均水平 2.23 个百分点，受经济发展和生育观念的影响，新疆比重最高，高出全国平均水平 8.38 个百分点；陕西比重最低，低于全国平均水平 2.69 个百分点。总体而言，西北地区潜在人力资源数量相对较多，但同时也反映出了地区贫困治理中的教育和就业压力。

从 15~64 岁的劳动年龄人口比重来看，西北地区平均水平高出全国平均水平 1.41 个百分点，陕西、甘肃、青海、宁夏等四省区分别超过全国平均水平 2.21、2.55、2.33、1.03 个百分点。现阶段劳动人口比重相对较高，有利于人力资源的开发和投资以及地区的经济发展工作。

从 65 岁以上的老年人口比重来看，西北地区平均水平低于全国平均水平 3.64 个百分点。其中，陕西老年人口比重最高，与全国平均水平基本持平；新疆老年人口比重最低，低于全国平均水平的一倍以上。相对于其他地区日益突出的人口老龄化问题，西北地区人力资源开发具有较大的优势。

从抚养比来看，西北地区平均总抚养比和老年抚养比低于全国平均水平，但是陕西与其他四省区的情况形成反差。陕西少儿抚养比较低，老年抚养比较高，地区人口老龄化问题相对严峻；其他四省区少年抚养比较高，而老年抚养比较低，少年抚养比与老年抚养比差距最大的为新疆地区，相差 32.92 个百分点，这与少数民族地区特殊的计划生育政策有很大的关系。

综上，西北农村劳动年龄人口相对较多，少儿抚养系数较大，老年抚养系数较小。一方面，有待开发的人力资源数量众多，潜在的人力资源数量较充足，有利于西北农村地区贫困治理；但另一方面，过高的少年儿童人口比重可能会增加地区教育和就业压力，影响现有农村人力资源的开发。

二 西北农村人力资源开发与贫困治理对象的质量

（一）西北农村人力资源受教育状况

1. 农村人口受教育程度低，城乡差距显著

2018 年《中国人口和就业年鉴》调查了全国 6 岁以上人口 1063757 人，其中城镇人口 623854 人、农村人口 439903 人。西北五省区共有 77417 人参与调查，包括城镇人口 40317 人、农村人口 37100 人。根据表 2-4 所示，西北农村人力资源受教育程度与全国农村水平及地区城镇水平均存在明显差距。

表 2-4 2017 年西北地区人口受教育情况

单位：%

地区	未上过学		小学		初中		高中		大专及以上	
	城镇	农村	城镇	农村	城镇	农村	城镇	农村	城镇	农村
全国	3.24	8.17	18.62	34.61	34.77	42.72	22.16	11.03	21.21	3.47
西北地区	3.89	11.25	20.70	39.57	29.85	35.71	20.90	9.28	24.65	4.19
陕西	3.59	9.32	18.82	31.07	31.90	44.57	21.64	11.09	24.05	3.94
甘肃	3.91	14.27	18.76	41.18	29.88	30.28	23.27	9.13	24.16	5.13
青海	7.05	14.41	30.63	48.90	29.37	25.72	14.31	7.18	18.63	3.85
宁夏	3.02	12.85	17.28	37.38	31.74	36.97	23.60	8.90	24.36	3.86
新疆	1.86	5.40	18.01	39.34	26.38	41.00	21.67	10.11	32.06	4.17

资料来源：2018 年《中国人口和就业年鉴》。

与全国农村水平相比，西北地区未上过学及小学程度的农村人口比例分别高出全国平均水平 3.08、4.96 个百分点，初中、高中程度的农村人口比例分别低于全国平均水平 7.01、1.75 个百分点，大专及以上程度的农村人口比例略高出全国平均水平 0.72 个百分点。全国小学及以下程度的农村人口比例为 42.78%，初中及以上程度的农村人口比例为 57.22%，后者比前者高出 14.44 个百分点；而西北农村人力资源中 50.82% 为小学及以下受教育程度，49.18% 为初中及以上受教育程度，前者比后者高出 1.64 个百分点。受教育程度与全国平均水平存在明显差距。

与地区城镇水平相比，差距更为显著。西北地区农村未上过学的人口比例比城镇高出 7.36 个百分点，小学程度人口比例比城镇高出 18.87 个百分点，初中程度人口比例高出城镇 5.86 个百分点，高中程度人口比例低于城镇 11.62 个百分点，大专及以上程度人口比例低于城镇 20.46 个百分点。农村人口受教育程度普遍偏低，初中及以上受教育程度人口比例为全部调查人口的 49.18%，而城镇同样受教育程度人口比例为 75.40%。城乡之间巨大的教育水平差距反映出农村教育发展落后，正是这一原因造成了西北农村人力资源文化水平较低的现状。

从各省区的人口受教育情况来看，陕西、甘肃、青海、宁夏、新疆五省区初中及以上受教育程度农村人口比例分别为 59.60%、44.54%、36.75%、49.73%、55.28%。可以看出，陕西和新疆农村的教育水平相对较高，超过一半的调查人口为初中及以上学历，且新疆未上过学的农村人口比例仅为 5.40%，较全国平均水平仍低出 2.77 个百分点。同时，新疆也是西北地区中城乡教育水平差距最大的地区，仅大专及以上程度的城乡人口比例就相差 27.89 个百分点。青海是西北五省区中教育水平相对较低的地区，初中及以上程度的农村人口比例低于西北地区平均比例 12.43 个百分点。西北各地区间的教育水平差异也是影响西北农村人力资源开发与贫困治理的一个重要因素，需要进一步的研究和分析。

2. 农村人口文盲比例大

参与 2018 年《中国人口和就业年鉴》关于 15 岁以上文盲人口情况调查的共有 952893 人，西北地区参与人数为 68738 人，其中城镇人口共 36534 人，农村人口共 32204 人。通过对比地区间及城乡间文盲人口情况，可以看出西北地区农村 15 岁以上文盲人口比例较大，人力资源素质相对偏低。

与全国平均水平相比，西北地区农村 15 岁以上文盲人口比例高于全国平均水平 3.26 个百分比，高出城镇平均水平 7.96 个百分比，文盲人口数相对较多。西北五省区农村 15 岁以上文盲人口比例最大的为甘肃，最小的为新疆，与人口受教育情况基本一致（见表 2-5）。农村教育水平直接影响着人力资源素质，西北农村人力资源受教育程度低，文盲人口比例大，给西北农村人力资源开发与贫困治理工作造成了不可逾越的障碍。

表 2-5 2017 年西北地区 15 岁以上文盲人口情况

单位:%

地区	总计	城镇	农村
全国	4.85	2.76	7.96
西北地区	6.94	3.26	11.22
陕西	5.50	2.89	8.94
甘肃	9.17	3.59	14.09
青海	9.63	5.99	13.92
宁夏	7.19	2.64	13.80
新疆	3.19	1.18	5.36

资料来源：2018 年《中国人口和就业年鉴》。

（二）西北农村人力资源身体素质状况

1. 人口预期寿命偏低

随着社会经济的不断进步，我国农村的医疗卫生和保障等各项事业得到了进一步的发展，使西北农村人力资源健康状况取得极大改善。根据第四、五、六次人口普查结果，从 1990 年到 2010 年，西北地区人口预期寿命平均增加了 7.37 岁，增幅高出全国平均水平 1.1 岁。但是，与全国平均水平相比，西北地区人口的预期寿命仍明显偏低。如图 2-1 所示，陕西是 2017 年西北地区中人口预期寿命最高的省份，为 74.68 岁，仍低于全国平均水平 0.15 岁，青海预期寿命偏低，低于全国平均水平 4.87 岁。人口预期寿命偏低，反映出西北地区人口健康状况存在弱势。值得关注的是，西北地区农村医疗条件相对较差、公共卫生事业发展相对薄弱，人口预期寿命距全国平均水平的差距显著。

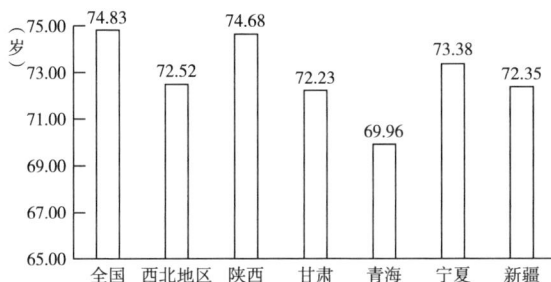

图 2-1　2017 年西北地区人口预期寿命

资料来源：2018 年《中国卫生健康统计年鉴》。

2. 营养摄入量较低

根据 2018 年《中国卫生健康统计年鉴》数据，2012 年 18 岁城市男青年的平均身高为 169.5 厘米，农村男青年的平均身高为 167.9 厘米，居民人均食品消费量可以反映出居民的营养摄入情况，食品的营养摄入直接关系着人口的身体素质。农村地区的食品消费量较低、质量较低，影响着农村人力资源的身体状况。表 2-6 为 2017 年西北地区农村居民家庭人均主要食品消费量。

表 2-6　2017 年西北地区农村居民家庭人均主要食品消费量

单位：千克

地区	粮食	食油	蔬菜	肉类	禽类	水产品	蛋类	奶类
全国	154.60	10.10	90.20	23.60	7.90	7.40	8.90	6.90
西北地区	152.18	9.92	64.84	16.76	3.74	1.00	4.62	9.26
陕西	142.60	11.00	64.40	10.80	1.70	1.00	5.70	7.60
甘肃	172.20	7.10	55.20	14.70	3.80	0.90	5.90	6.60
青海	136.90	9.50	45.10	24.90	2.80	0.80	2.90	11.40
宁夏	128.10	7.70	76.90	14.10	5.90	1.30	4.10	7.50
新疆	181.10	14.30	82.60	19.30	4.50	1.00	4.50	13.20

资料来源：2018 年《中国卫生健康统计年鉴》。

67

从 2017 年西北地区农村居民家庭人均主要食品消费量来看，西北地区农村居民家庭人均粮食和食油消费量与全国平均水平差距不大，奶类消费量超出全国平均水平 2.36 千克，蔬菜消费量低于全国平均水平 25.36 千克，肉类消费量低于全国平均水平 6.84 千克，禽类消费量低于全国平均水平 4.16 千克，水产品消费量低于全国平均水平 6.40 千克，蛋类消费量低于全国平均水平 4.28 千克。从西北五省区农村居民家庭人均主要食品消费量来看，与全国平均水平相差最大的地区是青海，除肉类和奶类消费量略高于全国平均水平外，其他食品消费量均与全国平均水平有一定的差距；与全国平均水平相差最小的为新疆，其粮食、食油、奶类消费量均高出全国平均水平。蔬菜、肉类、蛋类等食品对人类的健康水平有很大的影响，西北五省区农村居民家庭人均主要食品消费量偏低的现状反映出西北五省区农村人口的营养摄入量偏低，影响着农村人力资源的身体素质。

3. 疾病死亡率高

2017 年城乡居民主要疾病死亡率统计显示，中国城乡居民前 5 位主要疾病死亡原因为脑血管病、恶性肿瘤、心脏病、呼吸系统疾病、损伤和中毒外部原因等（见图 2-2）。城市与农村相比，只有恶性肿瘤一项的死亡率农村居民略低于城市居民，其他四项疾病的死亡率均呈现农村明显高于城市的状况。由全国数据可以推断西北农村居民的医疗健康水平需要特别的重视，提高西北农村人力资源的医疗保障水平，有助于发展致富。

（三）西北农村人力资源科技素质现状

西北地区农业科技水平偏低，制约着西北地区农村人力资源科技素质的提升。如表 2-7 所示，西北地区在理工农医学类高等学校的研发课题情况可以反映出地区农业科学研究和试验发展情况，西北五省区研发课题数在西部十省的总量中占据 34.37%，课题数量少、投入人员少、投入经费少的"三少"现状不利于提升西北地区农业发展的科技水平。西北地区农业植物新品种权的申请和授权数量同样较少，农业创新发展动力不足。从地区内部情况来看，陕西农业科研水平较高，地区研发课题占西北五省区总和的一半以上，与其他省份相比也具有明显优势；青海和宁夏地区农业科技水平相对较低。陕西高校分布集中，农学科研水平的提高对当地农村的科技发展有一定的带动作用，对于其他四省区而言，自然条件、

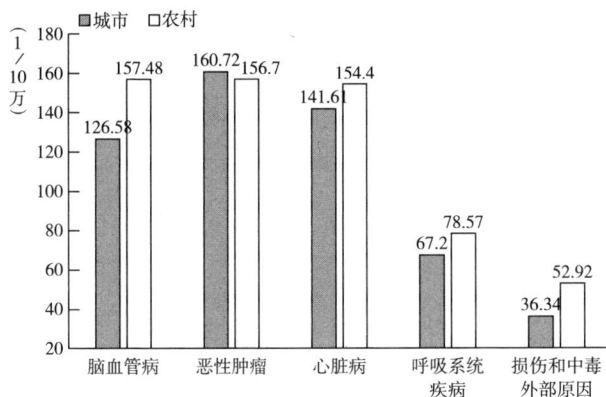

图 2-2　2017 年城乡居民主要疾病死亡率

资料来源：2018 年《中国卫生健康统计年鉴》。

经济基础、教育发展等多方面因素导致农业科技水平偏低，给地区农村人力资源的科技素质提升也带来了影响。

表 2-7　2017 年西北地区农业科技水平

地区	理工农医学类高等学校研发课题			农业植物新品种权	
	研发课题数（项）	投入人员（人年）	投入经费（万元）	申请数（项）	授权数（项）
全国	516752	276511	7996767	3488	1379
西北地区	41186	16121	391493	138	37
陕西	27813	9407	279689	60	12
甘肃	6114	2525	54196	53	8
青海	715	344	11166	0	1
宁夏	2444	1568	15505	10	5
新疆	4100	2277	30937	15	11

资料来源：2018 年《中国科技统计年鉴》。

三　西北农村人力资源开发与贫困治理对象的结构

（一）性别结构状况

根据 2018 年《中国人口和就业统计年鉴》数据，2017 年西北地区农村人口平均性别比（女=100）为104.03，低于105.07的全国平均水平，性别结构相对平衡，其中青海省性别比最高，是西北地区农村男女比例最不均衡的地区，陕西省性别比最低，是西北地区农村男女比例最为均衡的地区。

从2012～2017年西北地区农村人口性别比变化（见表2-8）来看，根据6年间西北地区农村人口性别变化的数据，西北五省区农村人口性别比从2012年至2017年始终保持在100以上，这说明西北地区农村女性人口始终多于男性人口。另外，五个省区的性别比总体均呈下降趋势，说明农村男性人口数量相比于女性人口数量是上升的。从农村人口的性别比状况可以看出农村人力资源中女性多于男性，但数量差距在不断缩小，这对于农村人力资源开发与贫困治理而言是有益的。

表2-8　2012～2017年西北地区农村人口性别比变化（女=100）

地区	2012年	2013年	2014年	2015年	2016年	2017年
陕西	104.99	106.49	111.46	102.98	101.78	103.00
甘肃	106.72	107.37	110.27	105.74	104.09	104.86
青海	107.43	107.05	105.70	107.23	103.06	105.25
宁夏	105.64	105.74	105.60	105.86	106.99	103.31
新疆	106.42	104.22	105.84	105.22	105.86	103.74

资料来源：2012～2018年《中国人口和就业统计年鉴》。

（二）年龄结构状况

根据2012～2017年西北地区农村人口年龄构成比例变化，2017年，西北地区农村人口年龄集中在15～64岁。65岁及以上农村人口在农村人口中比例最低，为10.36%，0～14岁农村人口占比为20.84%，15～64岁农村人口占比为68.80%。从2012年到2017年6年的人口年龄构成变化来看，15～64岁农村人口在西北农村人力资源中的比例逐年降低，从2012年的72.56%下降到了2017年的68.80%，其数量总体呈下降趋势，65岁及以上农村人口在西北农村人力资源中的比例整体逐年上升，从2012年的8.49%提高到了2017年的10.36%，其数量总体呈上升趋势。从变化趋势可以看出，西北地区农村人口老龄化的现象在不断加剧，这不利于西北地区农村人力资源开发与贫困治理（见图2-3）。

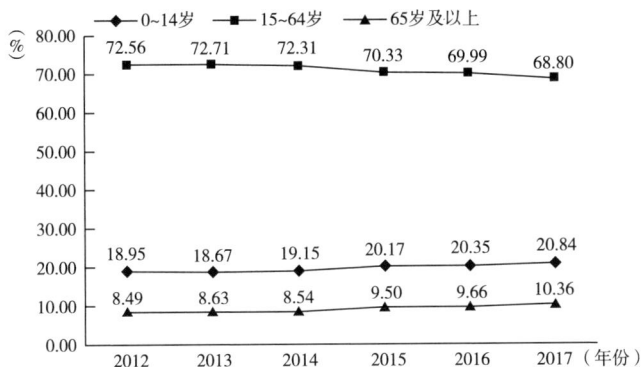

图 2-3　2012～2017 年西北地区农村人口年龄构成比例变化

资料来源：2013～2018 年《中国人口和就业统计年鉴》。

（三）就业结构状况

1. 农村就业形势较好

随着城镇化步伐加快，我国城镇化率已经达到 60%。城镇化率提高的显著结果之一就是农村人口不断减少。西北地区农村就业人数从 2012 年的 3376.99 万人下降到 2017 年的 3147.16 万人。根据 2012～2017 年西北地区农村就业人数占农村总人数比，西北地区农村就业形势是较好的。其中，甘肃的农村就业人数占农村总数的比值增加了 9.30 个百分点，青海增加了 7.50 个百分点，宁夏增加了 6.44 个百分点，新疆增加了 4.04 个百分点（见表 2-9）。随着精准扶贫政策的不断推进，西北贫困地区农村人口就业的主观动机增强、客观条件转好，越来越多的农村人口转移到城市，在城市务工经商，这在很大程度上解决了就业难题，助力西北农村人力资源开发与贫困治理。

表 2-9　2012～2017 年西北地区农村就业人数占农村总人数比

单位：%

地区	2012 年	2013 年	2014 年	2015 年	2016 年	2017 年
西北地区	63.41	64.01	64.47	64.17	64.26	64.63
陕西	69.20	68.52	66.82	63.56	62.69	61.02

续表

地区	2012 年	2013 年	2014 年	2015 年	2016 年	2017 年
甘肃	71.07	72.70	74.53	76.50	78.45	80.37
青海	67.42	68.17	70.58	71.16	72.46	74.92
宁夏	67.13	68.86	70.42	72.17	72.78	73.57
新疆	43.12	44.53	45.92	46.86	45.96	47.16

资料来源：2013~2018 年西北地区各省份统计年鉴。

2. 农村人力资源就业集中在第一产业

从 2017 年西北地区农村从业人员从事农业情况可以看出，西北农村人力资源就业主要集中在包括农林牧渔在内的农业行业，西北五省区农村人力资源从事农业生产与经营的人数占整个西北地区农村从业人员的 50%以上，特别是新疆地区，有高达 80%以上的农村从业人员从事农业相关行业（见表 2-10）。

表 2-10　2017 年西北地区农村从业人员从事农业情况

地区	从业人员（万人）	从事农业人员（万人）	从事农业占比（%）
西北地区	3159.48	2146.71	67.94
陕西	1011.10	773.50	76.50
甘肃	1131.37	656.37	58.02
青海	210.40	116.70	55.47
宁夏	210.74	121.69	57.74
新疆	595.87	478.45	80.29

注：农业包括农林牧渔业。
资料来源：2018 年西北地区各省份统计年鉴。

课题组对 2017 年甘肃、青海两省的农村人力资源就业行业情况进行分析，发现农村从业人员就业比例相对较高的五个行业为农业、工业、建筑业、批发与零售业、住宿和餐饮业。其中，甘肃从事工业和建筑业的人员占到全部农村从业人员的 15.04%，从事批发业与零售业、住宿和餐饮业的人员占到全部农村从业人员的 5.61%；青海从事工业和建筑业的人员占到全部农村从业人员的 21.05%，从事批发业与零售业、住宿和餐饮业的人员占到全部农村从业人员的 10.98%。可见，西北地区农村从业人员就业行业技术要求不高，主要从事以体力劳动为主的行业，而智力劳动行业是少之又少。从这个比例可以看出，西北农村人力资源开发与贫困治理对象整体文化素质较低，不利于开展西北农村人力资源开发工作（见表 2-11）。

表 2-11　2017 年西北地区部分农村人力资源就业行业情况

行业	甘肃		青海	
	人数（万人）	占比（%）	人数（万人）	占比（%）
农村从业人员	1131.37	100	210.40	100
农林牧渔业	656.37	58.02	116.70	55.47
工业	51.38	4.54	14.40	6.84
建筑业	118.81	10.50	29.90	14.21
批发与零售业	36.80	3.25	10.60	5.04
交通运输仓储和邮政业	30.60	2.70	0.80	0.38
住宿和餐饮业	26.65	2.36	12.50	5.94
信息传输、软件和信息技术服务业	4.25	0.38	0.80	0.38
其他	183.83	16.25	15.90	7.56

资料来源：2018 年《甘肃省统计年鉴》和《青海省统计年鉴》。

3. 农村人力资源就业向第二、三产业转移

随着生产力的进步，社会分工越来越细，但是三次产业划分还是比较为人们所认可的。第一产业为农林牧渔业；第二产业包括工业、建筑业；第三产业包括批发与零售业，交通运输仓储和邮政业，住宿和餐饮业，信息传输、软件和信息技术服务业，等等。课题组根据国家统计局的三次产业划分规定，将青海省和甘肃省农村人力资源就业行业进行划分，阐述了 2012~2017 年西北地区部分农村人力资源从业产业变动情况。表 2-12 显示，青海省第一产业农村从业人数 6 年减少了 41.27 万人，甘肃省第一产业农村从业人数 6 年来人数基本持平；第二产业从业人数呈上升趋势，青海省增加了 26.66 万人，甘肃省增加了 3.90 万人；第三产业从业人数同样小幅上升，青海省增加了 15.23 万人，甘肃省增加了 2.10 万人。

表 2-12　2012~2017 年西北地区部分农村人力资源从业产业情况

单位：万人

年份	青海			甘肃		
	第一产业	第二产业	第三产业	第一产业	第二产业	第三产业
2012	697.64	143.53	83.07	114.90	40.40	31.40
2013	678.90	149.58	85.01	115.20	40.80	32.00
2014	674.52	154.57	88.61	115.70	42.70	32.10
2015	668.07	159.89	92.64	116.40	43.70	32.20
2016	659.76	165.84	95.82	115.50	44.30	32.60
2017	656.37	170.19	98.30	116.70	44.30	33.50

资料来源：2013~2018 年《甘肃省统计年鉴》和《青海省统计年鉴》。

　　以青海省和甘肃省作为数据样本，对西北地区农村人力资源从业产业变动情况进行分析。如图 2-4 所示，可以很明显地看出第一产业农村从业人员比重在不断下降，第二、三产业农村从业人员比重在不断上升。这说明，西北地区农村人力资源就业在向第二、三产业转移，应当重视第二、三产业的劳动力需求，加快提高西北地区农村人力资源文化素质，助力西北地区农村人力资源向第二、三产业转移。

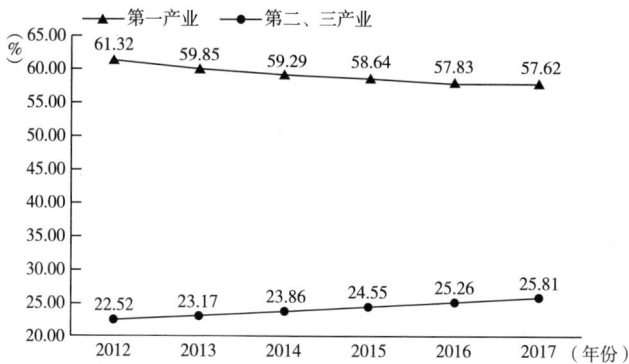

图 2-4　2012~2017 年西北地区农村人力资源从业产业变动情况

资料来源：2013~2018 年《甘肃省统计年鉴》和《青海省统计年鉴》。

第三节　西北农村人力资源开发与贫困治理的内容及目标

西北农村人力资源开发与贫困治理的内容是指为了提升西北农村人力资源的"人力资本含金量",进而实现贫困治理所采取的一系列手段、方法和途径。西北农村人力资源开发与贫困治理的目标概括来说就是让百姓过上好日子,实现乡村振兴,具体可以分为短期目标和长期目标。

一　西北农村人力资源开发与贫困治理的内容

关于农村人力资源开发与贫困治理内容方面的研究是比较丰富的。国外学者以舒尔茨等为代表,强调对人力资源进行投资能够促进经济社会发展。人力资源投资主要包括教育培训、医疗保健和有效流动等形式。国内学者对人力资源投资形式的研究有了延伸和发展。李政、胡中锋等学者认为,人力资源开发的内容包括智慧、智力、创造力、态度、健康和责任心等方面。[1] 程名望等认为,人力资源开发的内容是健康、基础教育、技能培训和工作经验等,因为这些所体现出来的人力资本对农户收入增长具有显著作用。[2] 杨丽丽认为,农村人力资源开发内容包括:德能、意能、智能、知识、技能、健康、体能等。[3] 陈波涌、唐智彬认为,农村人力资源开发的主要内容有:一是面向农村人口的智能开发,二是面向农村劳动力的技能培训,三是面向农村劳动力的劳动态度与职业精神的培养,四是面向农村人口的身心健康教育,五是面向农村人口的现代生活方式与现代文明的引导。[4]

我们带着如何让西北农村人力资源提升其"人力资本含金量",实现乡村振兴这一核心问题,进行了理论研究和走访调查。同时,根据国务院2018 年 9 月印发的《乡村振兴战略规划（2018—2022 年）》中提出的

---

[1] 李政、胡中锋:《大学生人力资源质量体系的构建——基于 WICS 领导力模型模型的实证研究》,《高教探索》2017 年第 9 期。

[2] 程名望等:《人力资本积累与农户收入增长》,《经济研究》2016 年第 1 期。

[3] 杨丽丽:《农村振兴战略与农村人力资源开发及其评价》,《山东社会科学》2019 年第 10 期。

[4] 陈波涌、唐智彬:《论精准扶贫背景下贫困农村地区人力资源开发内容与途径》,《湖南大学学报》（社会科学版）2017 年第 1 期。

"实行更加积极、更加开放、更加有效的人才政策，推动农村人才振兴，让各类人才在农村大施所能、大展才华、大显身手"战略，结合前人研究基础，我们认为，西北农村人力资源开发与贫困治理的主要内容可以概括为教育投资、健康投资和流动投资等三个方面。

（一）教育投资

百年大计，教育为本。"教育是一个国家经济发展的前提和基础"[①]，是"人力资本积累的最基本也是最主要的形式，受教育所获得的文化知识不仅本身就是人力资本的重要部分，而且受教育获得的文化知识的多少又进一步决定着从业者以教育以外的其他方式（如培训、迁移等）继续积累人力资本的潜力大小和效率高低，教育在整个人力资本积累体系中有着类似于'投资乘数'的效应"[②]。

当前我国农村人力资源总体受教育程度是比较低的。国家统计局2019年的相关数据表明，在全部农民工中，未上过学的占1.0%，小学文化程度占15.3%，初中文化程度占55.0%，高中文化程度占16.6%，大专及以上占11.1%。[③]西北农村人力资源受教育程度更低，因此加大西北农村人力资源投资中的教育投资力度是精准扶贫的当务之急。

达成贫困治理，实现乡村振兴战略，必须提高西北农村人力资源的"人力资本含金量"。而要提升西北农村人力资源的"人力资本含金量"，培训是重要抓手之一。政府培训是农民获得技能的主要渠道，当然，"干中学"也是获得知识、技能的重要方式。因此，农村职业教育要以市场为导向，有针对性地培养有文化、懂技术、会经营的新型职业农民。另外，要营造良好的自学、创业环境，让西北农村人力资源在创业中提升思维能力、知识水平和劳动技能。

（二）健康投资

身体是革命的本钱。人的身心健康状况是衡量人力资源水平的重要指

---

① 白菊红：《农村教育投资私人回报酬率测算》，《浙江大学学报》（人文社会科学版）2003年第7期。

② 钱雪亚、王润英：《农村高文化从业者的行为特征及其影响力》，《浙江社会科学》2000年第3期。

③ 中华人民共和国统计局：《2019年农民工监测调查报告》，（2020-04-30）［2020-07-12］，http：//www.stats.gov.cn/tjsj/zxfb/202004/t20200430_1742724.html。

标，是人力资本存量的重要组成部分，贫困人口的健康存量水平直接影响着他们的教育接受水平和生产效率水平，增加健康存量不但能使其避免因疾病而遭受的身体之苦，还有利于提高劳动者脱贫所需要的资产。西北农村医疗设施相对匮乏，社会保障程度相对低、范围相对窄，加上健康意识较淡薄，从而使西北农村人力资源抵御疾病、自然灾害等风险能力严重不足，进而阻碍了西北农村人力资源的生产效率和增收能力，长期处在亚健康、低水平的贫困生活状态下。[1] 贫困治理既要让西北农村人力资源具备良好的工作与生活条件，又要使西北农村人力资源的健康水平不断提高，推动西北农村人力资源树立科学的健康观念，以强健体魄和健康心理去更好地实现乡村振兴。因此，加大西北农村医疗投资力度，健全农村医疗保障制度可以有效增加西北农村人力资源的健康存量，消除西北农村人力资源因病致病和因病返贫的可能性，降低贫困群众家庭的脆弱性，提升西北农村人力资源的工作效率和劳动参与率，推动西北地区经济的全面发展和西北农村人力资源生活质量的显著提高。[2]

（三）流动投资

俗话说，树挪死，人挪活。人力资源是市场经济中最活跃的因素之一，"人口流动改变了人口结构和分布，引起了生产力分布和市场分布变化及人们的社会地位变动，从而改变了社会经济结构"[3]。人力资源合理配置是提升其"人力资本含金量"的重要方式。因此，要实现西北农村人力资源开发与贫困治理目标，必须鼓励西北农村人力资源的有效流动。这里谈的有效流动，主要是移民搬迁和劳动力自由流动。移民搬迁是指将生活在自然资源匮乏、环境恶劣之地的人口，搬到自然资源较为丰富、环境较好的地方，使其安营扎寨、永久居住、发家致富的一种政府行为，这种行为一般是由政府主导、实施，农民受益的扶贫开发模式。劳动力自由流动，从经济学上来讲就是建立统一的劳动力市场，使劳动力自由流动；

---

① 陈波涌、唐智彬：《论精准扶贫背景下贫困农村地区人力资源开发内容与途径》，《湖南大学学报》（社会科学版）2017年第1期。

② 潘明明、李光明、龚新蜀：《西部民族特困区农村人力资源开发减贫效应研究——以南疆三地州为例》，《人口与发展》2016年第2期。

③ 马金龙：《人口流动对区域经济发展的影响及对策——以固原市为例》，《学术交流》2006年第2期。

从社会学中的社会流动来讲，就是指劳动力社会地位的变化，即从某一社会阶层到另一社会阶层的变化。合理的社会流动，不管是垂直流动还是水平流动都有理于经济发展、社会稳定。

二 西北农村人力资源开发与贫困治理的目标

根据习近平总书记关于实施乡村振兴战略的讲话精神和《中共中央、国务院关于实施乡村振兴战略的意见》，结合西北农村实际情况，本书认为西北农村人力资源开发与贫困治理的目标可以分为短期目标和长期目标。

（一）短期目标

2015 年《中共中央、国务院关于打赢脱贫攻坚战的决定》全面部署实施"精准扶贫"战略，目标鲜明地提出了全方位解决中国贫困问题。西北农村是精准扶贫的"靶位"之一，找准"靶位"后，一定要瞄准"靶心"。在瞄准"靶心"精准施策时，一定要坚决反对"大水漫灌"和"输血"式扶贫，要实施以"扶智"优先，实现"造血"为目的的新型扶贫模式。就西北人力资源开发与贫困治理来说，我们的短期目标是增加西北农村人力资源的教育和技能培训机会，提升他们的知识技能水平，扩大西北农村人力资源的医疗保障范围，改善他们的健康状况，增强他们的体质，促进西北农村人力资源的有效流动，丰富他们的社会阅历和眼界见识，从而全面提高西北农村人力资源的"人力资本含金量"，使其有体力、有智力，无后顾之忧地奔赴贫困治理主战场，实现贫困治理之目标。

（二）长期目标

西北农村人力资源开发与贫困治理不是一蹴而就的，而是一个系统工程。它的长期性和系统性决定了其目标不是只图眼前，而是要高瞻远瞩，谋划长远。实现"农业强、农村美、农民富"的美好画卷是西北农村人力资源开发与贫困治理的长期目标。

"农业强"主要是指农业在国民经济中占有重要地位，特别是粮食问题。解决好粮食安全问题，就一定要把"刀把子"掌握在自己手里，不能把我国的粮食安全问题让别人来掌握。随着城镇化进程加快，近年来，"西北农村经营主体发生了很大变化，多数农民家庭改变了过去以自家承包地经营为主业的生产方式，以打工经商为主业，农业生产当作副业，'谁来种地'的问题令人担忧"①。西北农村人力资源开发与贫困治理的长期目标之一就是要解决好"谁来种地"和"会种地"的问题，走农业现代化之路，从而解决贫困问题。

"农村美"就是指保护好生态环境，促使人与自然和谐发展。西北农村人力资源开发与贫困治理就是要积极"引导和鼓励人力资本向农村流动和配置，大力推进农村绿色发展，推广绿色生活模式"②，在尊重自然规律的前提下，利用自然资源来发展致富。一些发达国家和地区的发展经验告诉我们，一定要保护环境，切记不要走先污染后治理的老路，绿水青山才是金山银山，走绿色生态发展之路，才能造福子孙后代。

"农民富"是西北农村人力资源开发与贫困治理的最终目的。"农民富"不仅是看农民的米袋子满不满、果盘子多不多和钱袋子鼓不鼓，更要看农民的头脑灵不灵。程名望等通过研究得出，人力资本对农户收入增长的总贡献率能够达到 38.57%，作用十分显著。③ 要实现西北农村人力资源开发的长期目标，必须加大对西北农村人力资源的投资力度，改变陈旧思想观念，树立现代人文精神，唯有如此，才能实现富裕生活的美好愿景。

---

① 孙学立：《农村人力资源供给视角下农村振兴问题研究》，《理论月刊》2018 年第 5 期。
② 赖德胜、陈建伟：《人力资本与农村振兴》，《中国高校社会科学》2018 年第 6 期。
③ 程名望等：《人力资本积累与农户收入增长》，《经济研究》2016 年第 1 期。

第三章 西北农村人力资源开发
与贫困治理举措

　　为了更准确全面地提出西北农村人力资源开发与贫困治理的对策，课题组以陕西、甘肃、青海、宁夏和新疆五省区为样本，重点以陕西的榆林市、甘肃的平凉市、青海的海西蒙古族藏族自治州、宁夏的固原市和新疆的昌吉回族自治州为访谈调研单元，从西北农村人力资源开发与贫困治理的主体、对象和环境三方面来分析西北农村人力资源开发与贫困治理的现状与困境，找出存在的问题与不足，以期对症下药，提出解决对策。

　　伴随着精准扶贫模式的形成，我国扶贫主体逐渐从单一的政府扶贫主体转变为政府、企业、社会组织和家庭（个人）等多元主体的社会扶贫体系。越来越多的社会力量参与西北农村地区扶贫资源的配置，形成社会扶贫大格局。政府是西北农村人力资源开发与贫困治理的核心主体，联合国粮农组织减贫项目官员安娜·坎波斯曾表示，"中国在贫困治理领域取得巨大成果是因为政府始终把扶贫工作摆在重要位置，并且在扶贫方面有清晰的目标"①。企业参与西北农村人力资源开发与贫困治理，是企业对社会责任的践行，企业不仅应承担满足自身盈利需求的经济责任，还应承担对贫困人口的关怀和帮助。企业具有独特的优势，在西北农村人力资源开发与贫困治理中发挥了积极作用。社会组织能够联系各种反贫困资源，搭建一个相对公平的西北农村人力资源开发与贫困治理发展平台，为贫困人口提供产业发展资本、就业增收渠道、教育医疗保障等各类具有真实利益的机会。社会组织扶贫不仅可以弥补政府与市场的"失灵"，还可以为

---

① 《中国减贫之路"优质高效"——国际人士积极评价中国脱贫攻坚成就》，《人民日报》2018 年 2 月 1 日，第 3 版。

西北农村人力资源带去精神力量，激发贫困人口的致富热情。作为贫困治理主体，家庭（个人）主要从教育培训、医疗保障和有效流动等三个方面投资，提升自身的人力资本含金量，努力奔向美好生活。

第一节　政府的举措

西北农村人力资源开发与贫困治理并不是一蹴而就的，它是一个循序渐进的过程。政府作为贫困治理核心主体，在扶贫模式转变和扶贫格局构建的过程中，推进了西北农村的贫困治理进程。不管是从"社会救济"到"精准扶贫"的演进，还是从"贫困地区"到"贫困人口"的下移，政府在贫困治理中重点关注的是贫困人口的脱贫致富，而对整个西北农村人力资源的关注不够。此外，西北农村人力资源开发与贫困治理的重点在于"充分利用和发掘农村人群生产力，提高农村人口的整体素质"[1]。

1949年以来，我国的治贫理念由单一经济带动转向"志智双扶"的内生性扶贫，治贫对象由贫困县逐层下移到贫困户，治贫路径从侧重资金投入转变到综合多元的方式，[2] 治贫层次的细化对于西北农村人力资源而言，同样是循序渐进、不断深入的过程。在这个过程中，离不开政府主导构建的扶贫模式规划，也有赖于政府以资金、技术、信息、人才等资源直接投入减贫的实践行动。中央政府将贫困治理作为"最高议程"，以制度性压力逐层下传至地方政府，在央地同构中形成体系化帮扶措施，[3] 形成了立体式、多方位的扶贫模式。政府主导扶贫指向贫困人口，在提升其文化素质、思想道德、医疗健康、就业技能的同时，实现西北农村人力资源群体的开发从而达到贫困治理之效果。在西北农村人力资源开发与贫困治理实践中，政府的主要举措包括颁法立规扶贫、注入资金扶贫、选派得力干部扶贫和扶贫不忘监管与评估等四个方面。

1. 颁法立规扶贫

西北农村人力资源开发与贫困治理的核心问题是对贫困治理资源的合

---

① 陈继宁：《论西部农村人力资源开发》，《兰州大学学报》（社会科学版）2007年第4期。

② 李晓园、钟伟：《中国治贫70年：历史变迁、政策特征、典型制度与发展趋势——于各时期典型扶贫政策文本的NVivo分析》，《青海社会科学》2020年第1期。

③ 谢小芹：《精准扶贫与地方政府行为转型》，《河北经贸大学学报》2020年第1期。

理分配，使有限的社会资源更有效地覆盖到农村，提升西北农村人力资源的素质与能力。我国政府于1986年开始制定现代意义上的扶贫政策，并通过政策的实施进行资源配置，取得了巨大成就。从2018年部分中央政策文件可以看出，关于促进西北农村人力资源开发与贫困治理的政策资源涉及范围十分广泛，包含教育、医疗、就业、产业、生态等多个方面。除中央文件之外，西北五省区的地方政府也通过政策工具直接作用于西北农村人力资源开发。比如陕西发布《印发陕西省电商扶贫政策措施的通知》，提出帮助农村贫困群体通过电子商务实现创业；宁夏制定《关于实施"护薪"行动全力做好拖欠农民工工资争议处理工作的通知》，依法保障地区农民工群体的劳动报酬权益。中央政府立足整体做出政策安排，地方政府结合省情区情落实文件精神，这些政策的践行展现了各级政府在西北农村人力资源开发与贫困治理中的主体作用。

伴随着精准扶贫模式的形成，我国扶贫主体逐渐从单一政府转变为政府、市场和社会的协同参与，越来越多的社会力量参与西北农村地区扶贫资源的配置，形成了社会扶贫大格局。这也意味着，政府引导各方力量加入脱贫攻坚，给西北农村人力资源开发与贫困治理带来了积极影响。

在国务院贫困地区经济开发领导小组成立之前，政府以单一主体身份组织社会捐助和各项经济活动。1986年，政府开始有组织、有计划地引导并支持社会力量加入扶贫事业。1987年出台的《国务院关于加强贫困地区经济开发工作的通知》，明确将市场的竞争机制引入贫困地区，以发达地区、大中城市、龙头企业带动地方贫困人口就业增收，做到"突破就贫困地区解决地区问题的小圈子"[1]。随后，劳动部和国务院贫困地区经济开发领导小组联合发文，提出要以"东西联合，城乡结合，定点挂钩，长期合作"的方式组织贫困地区劳动力跨地区流动。[2] 在东西互助、

---

① 《国务院关于加强贫困地区经济开发工作的通知》，（1987-10-30）［2019-11-14］. http：//www.chinalawedu.com/falvfagui/fg22016/454.shtml。

② 《劳动部、国务院贫困地区经济开发领导小组关于加强贫困地区劳动力资源开发工作的通知》，（1988-07-15）［2019-11-20］，http：//wangyanlawyer.chinalawedu.com/falvfagui/fg22016/8134.shtml。

定点扶贫的政策下，企业、社会组织，以及家庭（个人）逐渐参与到西北农村人力资源开发与贫困治理事业中。从《中国农村扶贫开发纲要（2001—2010 年）》中的"积极动员和组织社会各界"[①]，到《中国农村扶贫开发纲要（2011—2020 年）》中的"广泛动员社会各界参与扶贫开发"[②]，政府在继续发挥主导作用的同时，不断加大支持社会力量参与扶贫的力度。2014 年，《国务院办公厅关于进一步动员社会各方面力量参与扶贫开发的意见》发布，提出"完善人人皆愿为、人人皆可为、人人皆能为的社会扶贫参与机制，形成政府、市场、社会协同推进的大扶贫格局"[③]，进一步推动了社会力量共同参与扶贫开发，促进了社会扶贫资源的有效配置和使用，同时，各主体对西北农村人力资源开发与贫困治理的投资举措也逐渐精准化、专业化、科学化。可以看出，政府在政策的制定和实施中，对西北农村人力资源开发与贫困治理发挥了积极作用。

2. 注入资金扶贫

西北贫困人口缺少反贫困的内生动力是阻碍地区经济发展和农民持续增收的主要因素，为此，政府不断增加扶贫资金投入和财政支农支出，在提高贫困人口收入的同时，促进了西北农村人力资源开发与贫困治理。有研究表明，资金的投入与农户家庭人均纯收入呈正相关关系，扶贫资金投入可以缓解农户贫困状况，财政支农支出对家庭增收也具有积极作用。[④]在一篇关于新疆农村扶贫资金投入的研究中，学者以 SVAR 模型及脉冲响应说明扶贫资金的投入有效降低了新疆农村地区的贫困广度及深度。[⑤]可见，资金投入是减贫的有效保障。从具体的资金投入和使用方向来看，政府主要通过两个方面实现贫困治理的目的：一是增加人口收

① 《国务院关于印发中国农村扶贫开发纲要（2001—2010 年）的通知》，（2001 - 06 - 13）［2019 - 11 - 24］，http：//www. gov. cn/zhengce/content/2016 - 09/23/content_ 5111138. htm。

② 《国务院关于印发中国农村扶贫开发纲要（2011—2020 年）的通知》，（2001 - 06 - 13）［2019 - 11 - 24］，http：//www. gov. cn/gongbao/content/2011/content_ 2020905. htm。

③ 《国务院办公厅关于进一步动员社会各方面力量参与扶贫开发的意见》，（2014 - 12 - 14）［2019 - 11 - 26］，http：//www. cpad. gov. cn/art/2014/12/4/art_ 624_ 13558. html。

④ 陈卫洪、谢晓英：《扶贫资金投入对农户家庭收入的影响分析——基于贵州省 1990—2010 年扶贫数据的实证检验》，《农业技术经济》2013 年第 4 期。

⑤ 刘林、陈作成：《扶贫资金投入与减贫：来自新疆农村地区数据的分析》，《农业现代化研究》2016 年第 1 期。

入，比如甘肃政府注重产业扶贫资金的使用，2018 年白银市会宁县落实贫困户产业奖补资金 3.18 亿，向贫困村发放达标奖励资金 7200 万元，[①] 通过以奖代补的方式发展产业扶贫，提高农村人力资源的收入水平。二是提高农村人力资源的自我发展能力，例如青海海东市化隆县大力发展拉面经济，累计投资 1840 万元，对农村剩余劳动力进行以拉面技术为主的厨师职业培训，将 3.4 万农民工培养为有技术、能创业的实用型人才。[②] 此外，我国设有明确的扶贫资金管理规范，2011 年出台的《财政专项扶贫资金管理办法》指出，扶贫资金要向连片特困地区、西部地区、贫困少数民族和边境地区倾斜，西北农村从政策层面获得资金保障，使地方政府有了加大人力资本投入的激情，人力资本发展依赖的教育资金也越来越多，[③] 从而实现了西北农村人力资源素质的有效提升。

3. 选派得力干部扶贫

2015 年末，全国共有 48 万干部被派驻到贫困村，99% 的贫困村已经有选派的第一书记进驻，[④] 向贫困村派驻工作队继承了我国农村工作的优良传统。1986 年，国务院贫困地区经济开发领导小组成立不久，便提出"凡有条件的部委，都应该抽派干部，深入一片贫困地区，定点轮换常驻，重点联系和帮助工作"[⑤]；1994 年颁布的《国家八七扶贫攻坚计划（1994—2000）》提出，"中央和地方党政机关有条件的企事业单位，都应积极与贫困县定点挂钩扶贫，一定几年不变，不脱贫不脱钩"[⑥]；1997 年，中央发布了《关于进一步做好选派干部下乡扶贫工作的意见》，对扶贫干部的工作任务、选派管理等进行了明确要求，选派扶贫干部下乡成为

① 张文广：《会宁落实贫困户产业奖补资金 3.18 亿》，《甘肃农民报》2018 年 11 月 29 日。
② 青海省扶贫开发局：《海东市人才资源向贫困地区集聚》，（2017-01-10）［2019-11-27］，http：//fpj.qinghai.gov.cn/jcdt/10041.jhtml。
③ 范子英、高跃光：《财政扶贫资金管理、支出激励与人力资本提升》，《财政研究》2019 年第 3 期。
④ 王晓毅：《精准扶贫要搞好驻村帮扶》，（2016-07-07）［2019-11-27］，http：//www.xinhuanet.com/politics/2016-07/07/c_129123731.htm。
⑤ 《国务院办公厅关于转发贫困地区经济开发领导小组第二次全体会议纪要的通知》，《中华人民共和国国务院公报》1986，第 23、682~683 页。
⑥ 《国务院关于印发国家八七扶贫攻坚计划的通知》，（1994-12-30）［2019-11-27］，http：//www.cpad.gov.cn/art/1994/12/30/art_46_51505.html。

我国扶贫工作中的一项重要内容。2012 年颁布的《关于创新机制推进农村扶贫开发工作意见》明确了驻村工作队制度；2013 年实施的《中共中央、国务院关于打赢脱贫攻坚战的决定》提出了"第一书记"政策，上级政府向基层农村选派扶贫干部，既完善了村级反贫困的治理结构，又有利于动员各项资源进入贫困村，[①] 是政府主导西北农村人力资源开发与贫困治理的重要实践之一。例如，2012 年，甘肃开展了"双联行动"，以单位联系贫困村、干部联系特困户的方式，推进了农村基础设施、教育医疗、就业增收等一系列问题的解决，对贫困人口实现可持续发展产生了明显作用。[②] 此外，地方政府十分重视扶贫系统中的干部的业务素养水平，2012 年至 2017 年，青海共举办各类干部培训班（会）99 期（次），培训各级扶贫开发参与者 6035 人（次），并通过联合办学和实地考察等创新方式，提高干部教育培训的针对性和实效性。[③] 扶贫干部能力的提升，对西北农村人力资源增收致富也发挥了积极作用。

4. 扶贫不忘监督与评估

对西北农村人力资源开发与贫困治理工作进行监督是必不可少的。目前，政府主导的检验工作主要通过扶贫脱贫监督来实现，可以在有效保障我国脱贫攻坚制度体系落实的基础上，很大程度地反映出地区农村人力资源开发与贫困治理成效。清华大学学者付胜南基于赫维茨提出的机制设计理论分析了当前的扶贫监督体系结构，将其分为纵向层级监督和横向扩展式监督两个部分。纵向层级是指"中央—省（市）—县—乡"的分级管理结构，横向扩展包含职能监督、审计监督、纪检检查、法律监督、社会监管五个方面。[④] 比如，陕西省财政厅、陕西省农业农村厅印发《陕西省省级财政农业专项资金管理办法》，规定每预算年度结束后，财政部门要

① 王晓毅：《精准扶贫与驻村帮扶》，《国家行政学院学报》2016 年第 3 期。
② 国务院扶贫办、人民日报理论部联合调查组：《倾心竭力打好扶贫开发攻坚战——关于甘肃、贵州两省驻村帮扶工作的调查》，《人民日报》2014 年 6 月 22 日，第 5 版。
③ 青海省扶贫开发局：《完善培训机制 创新培训模式 全面提升扶贫干部教育培训针对性和实效性》，（2017-09-05）[2019-11-30]，http://fpj.qinghai.gov.cn/rsjy/9691.jhtml。
④ 付胜南：《精准扶贫监督体系的构建与完善——基于机制设计理论的视角》，《求索》2019 年第 3 期。

对农业专项资金进行监督审核，① 属职能监督；审计署 2018 年对 145 个贫困县进行扶贫审计，查出违纪违法、损失浪费、管理不规范等问题金额 39.75 亿元，② 属审计监督；新疆和田地区民丰县委巡察组发现当地拖欠村民甜瓜收购款 43 万元，并督促、协调得以解决，③ 属纪检检查；2018 年，国家检察机关严惩扶贫领域腐败，起诉侵吞、私分扶贫资金等犯罪 1160 人，④ 属法律监督；台盟中央对口甘肃省脱贫攻坚民主监督，开展调查研究和督促检查，⑤ 属社会监管。此外，国务院扶贫办委托第三方进行评估的方式也从社会层面发挥了重要的监督作用，通过高校和科研机构对国家精准扶贫工作进行评估，有利于改变地方政府的扶贫行为逻辑，驱使其主动了解并回应贫困人口的发展诉求。⑥ 政府主导的扶贫监督评估方式多样、成果显著，实现了西北贫困地区的脱贫摘帽，帮助西北农村贫困农户增收，实现了西北农村人力资源"人力资本含金量"的不断提升。

第二节　企业的举措

近年来，我国在脱贫攻坚战中取得了显著成绩，"全国农村贫困人口从 2010 年的 16567 万人下降到 2018 年的 1660 万人，贫困发生率从 2010 年的 17.2% 下降至 1.7%"⑦。骄人业绩的取得，得益于我党"动员全社会参与，发挥中国制度优势，构建了政府、社会、市场协同推进的大扶贫格

---

① 《陕西省财政厅 陕西省农业农村厅关于印发〈陕西省省级财政农业专项资金管理办法〉的通知》，（2019-01-25）［2019-12-01］，http：//xxgk.sf.gov.cn/xxgk/contentpdfview4.chtml？id=uMJnIr。

② 审计署：《2018 年第 46 号公告：145 个贫困县扶贫审计结果》，（2018-06-20）［2019-12-05］，http：//www.audit.gov.cn/n5/n25/c123562/content.html。

③ 《民丰县：43 万元瓜款牵动 131 群众心》，（2019-07-18）［2019-12-11］，http：//www.xjjw.gov.cn/show/502-138260.html。

④ 姜洪：《检察机关起诉侵吞、私分扶贫资金等犯罪 1160 人》，（2019-03-12）［2019-12-15］，https：//www.Spp.gov.cn/spp/zdgz/201903/t20190312_411479.shtml。

⑤ 吕宝林、金鑫：《台盟中央对口甘肃省脱贫攻坚民主监督座谈暨工作推进会在兰州召开》，《甘肃日报》2019 年 7 月 16 日，第 1 版。

⑥ 陆汉文、梁爱有：《第三方评估与贫困问题的民主治理》，《中国农业大学学报》（社会科学版）2017 年第 5 期。

⑦ 李小云、于乐荣、唐丽霞：《新中国成立后 70 年的反贫困历程及减贫机制》，《中国农村经济》2019 年第 10 期。

局，形成了跨地区、跨部门、跨单位、全社会共同参与的多元主体的社会扶贫体系"①。在这一体系中，企业扶贫是重要一级，也是西北农村人力资源开发与贫困治理的主力军之一。"国有企业在关系国家安全和国民经济命脉的主要行业和关键领域占据支配地位，是经济结构调整、科学技术创新、科学可持续发展和增强国家综合竞争力的主力军，是国民经济高质量发展的关键力量"②，是企业贫困治理主力军中的"王牌"；民营企业具有"市场嗅觉和灵敏度"，能够"洞悉微观层面高效的资源配置方法"③，在"万企帮万村"战役中大显身手，积极为政府解忧，帮助扶贫对象脱贫；个体工商户在脱贫攻坚战中也积极参与扶贫，大有作为。

市场是资源配置的重要手段之一，它能够通过非人格化的价格机制，引导市场主体在追求个人利益的过程中实现社会利益最大化。作为市场主体的企业，在西北农村人力资源开发与贫困治理中如何把握好政治嵌入性、文化嵌入性和认知嵌入性成为企业自身发展和发挥企业社会价值的重要关节点。企业的人力资源开发与贫困治理措施如下。

1. 加强基础设施建设，从"硬件"上实现贫困治理

西北农村贫困程度深、脱贫难度大，加之地理环境复杂、基础设施落后等对地区产业现代化的发展造成了约束。而企业的介入可以有效调整市场结构，以资本的投入和积累在产业发展中发挥引领作用，这对于西北农村人力资源而言，是一项具有普惠性、根本性的减贫开发措施。从维持基础生存到创造生产条件，企业在提供生产资料的过程中，极大地提升了西北农村人力资源脱贫解困的能力。

企业特有的资金、管理、技术等优势可以有效地为西北农村产业发展提供有效支持，随着产业扶贫力度不断加深，企业也在持续增加生产中所需的资本供给。"从广义来说，生产资料不仅包括农户生产中直接需要的

① 《习近平出席 2015 减贫与发展高层论坛并发表主旨演讲》，《人民日报》2015 年 10 月 17日，第 1 版。
② 马立约：《国有企业是中国社会主义经济实践的中流砥柱——新中国 70 年来国有企业发展历程及主要经验》，《毛泽东邓小平理论研究》2019 年第 6 期。
③ 郭俊华、边少颖：《西部地区易地移民搬迁精准扶贫的企业扶贫模式探析——基于恒大集团大方县扶贫的经验》，《西北大学学报》（哲学社会科学版）2018 年第 6 期。

部分，还包括为农户生产和交换带来便利的基础设施等。"① 企业在发展产业的同时，投资西北农村的道路、电力、通信等建设，以解除基础设施供给不足导致的产业发展受限问题。2018 年，国家电网在"三区两州"地区投资 81 亿元用于建设农网工程，共投电网工程 889 项。② 2019 年，甘肃铁塔公司帮助陇西县马河镇杨营村硬化村内道路 2196 平方米，建起了一条惠及 70 余户村民的增收致富产业道路，公司还集中建设智能灯杆、太阳能路灯杆，推进无线网络接入和移动通信网络覆盖，并参与全省各地的扶贫工作。③ 基础设施建设具有显著的乘数效应，是地区长期可持续发展的基础，也可以为西北农村开拓更广阔的投资空间，从而为西北农村人力资源开发与贫困治理提供后发优势。

2. 加大教育培训力度，从"软件"上实现贫困治理

当贫困人口无法提升自我发展能力，仅仅以间接参与经营的方式获取工资性收入时，企业无法对贫困人口形成有效的带动机制，与促进贫困户增能的初衷相背离。④ 所以说，提升人力资源质量不仅是西北农村人力资源开发与贫困治理的直接要求，也是稳定企业主体地位的重要保障。企业提升西北农村人力资源质量主要是通过人力资源投资来实现的，具体来说，包括教育支持、技能培训、健康服务等方式。

第一，教育支持。根据《第三次全国农业普查主要数据公报（第五号）》，从地区区分来看，西部地区的受教育程度在全国水平中相对较低，分别比东部和中部地区低 15.6、15.0 个百分点，教育发展水平落后；从农业发展程度来看，2016 年，西部农业生产经营人员中初中及以上受教育程度比重为 46.5%，而在规模农业经营户中，初中及以上受教育程度比重为 59.1%，比前者高出 12.6 个百分点。⑤ 可以看出，农业生产中

---

① 张春敏：《产业扶贫中政府角色的政治经济学分析》，《云南社会科学》2017 年第 6 期。

② 国家电网有限公司：《社会责任报告 2018》，（2019－02－01）［2020－03－02］，http：//www.sgcc.com.cn/html/files/2019－09/20/20190920152947618205277.pdf。

③ 武晓锐：《中国铁塔甘肃分公司陇西县杨营村扶贫产业路顺利开通》，《甘肃工人报》2019 年 11 月 28 日，第 1 版。

④ 田波、柳长兴：《人力资本视角下的"志智双扶"问题研究：后扶贫时代的扶贫治理》，《重庆理工大学学报》（社会科学）2020 年第 2 期。

⑤ 国家统计局：《第三次全国农业普查主要数据公报（第五号）》，（2017－12－16）［2020－03－25］，http：//www.stats.gov.cn/tjsj/tjgb/nypcgb/qgnypcgb/201712/t20171215_1563599.html。

的规模化水平与生产经营人员的受教育程度呈正相关关系，提高地区农村人口的教育质量，对地方产业经营和经济发展具有积极作用。比如东兴证券在对口帮扶新疆伊犁尼勒克县时，投资建设"班班通"网络教学设备、更新偏远学校的课桌椅、带农村学生体验爱心活动等，为补齐地区教育短板精准助力[1]；宁夏宝丰集团对地区内大学生实施"全覆盖、无差别化"的资助，平均每年资助 9.2 万贫困学子继续教育，为受助家庭创造新的经济增长点[2]。"发展农村教育，让每个农村孩子都能接受公平、有质量的教育，阻止贫困现象代际传递，是功在当代、利在千秋的大事。"[3] 企业投资教育扶贫，促进了人力资源的素质脱贫。

第二，技能培训。提升农村人力资源脱贫致富的技能和本领同样也是教育扶贫的重要内容之一。根据教育部等部门《关于实施教育扶贫工程的意见》，到 2020 年，我国要培养一大批新型农民和在二、三产业就业的技术技能人才。[4] 将西北劳动力培养成为高素质的新型农民，离不开专业的职业技能培训。以华电公司为例，企业注重通过技能培训使西北农民掌握现代化的农业发展技术，华电新疆公司面向乌恰、喀什开展扶贫工作，组织各类培训班 20 余期，对 3000 多名农牧民、基层干部、技术人员展开培训，[5] 加强对西北农村人力资源培训的贫困治理举措，是提升西北农村人力资源素质最直接的方式，以"授之以渔"的方式增强了地区劳动力的脱贫致富能力，有利于西北农村人力资源实现长期自主的就业增收。

第三，健康服务。农村人口的体力状况和健康水平是衡量人力资源质量的一个重要指标，医疗行业企业连接社会优质医疗资源，加强西北农村基本医疗卫生服务，可以有效提高西北农村人力资源健康水平。例如，微

---

① 杨晓波：《东兴证券：专注金融和教育扶贫 尽企业公民社会责任》，（2019－10－18）［2020－03－25］，http：//www.xinhuanet.com/fortune/2019－10/18/c_1210314808.htm。

② 廉军：《宁夏宝丰燕宝基金又吹响新一轮教育扶贫号角》，（2017－06－06）［2020－03－25］，http：//news.cnr.cn/native/city/20170606/t20170606_523389019.shtml。

③ 教育部课题组：《深入学习习近平关于教育的重要论述》，人民出版社，2019，第112页。

④ 《国务院办公厅转发教育部等部门关于实施教育扶贫工程意见的通知》，（2013－07－29）［2020－03－26］，http：//www.gov.cn/gongbao/content/2013/content_2489964.htm。

⑤ 常红：《华电新疆公司持续推进教育扶贫"人才工程"》，（2019－10－16）［2020－03－26］，http：//www.cnenergy.org/hzwz/201910/t20191016_757283.html。

医集团以"互联网+健康扶贫"的方式，在陕西清涧、子洲搭建全国基层医生远程医疗协作平台，提升了农村基层的公共卫生服务水平①；复兴公司以农村医生健康扶贫项目深入西部农村基层，通过调集多方社会资源构建农村健康保障网络。总之，企业从教育和医疗两个维度进行人力资源投资，依靠其回报率高、收益可靠的特点，可降低西北农村人力资源的返贫风险，在人力资本的积累中，直接促进了人力资源质量的不断提高，从而创造出西北农村人力资源开发与贫困治理的长久优势。

3. 搭建发展平台，以"产业"助力贫困治理

《2000/2001 世界发展报告——与贫困作斗争》中提出，将加强贫困人口的社会资本积累作为反贫困斗争的重要方式之一。② 贫困人口的生活和交往范围较小，社会关系具有较强的封闭性和同质性，很难从固化的社会交往中获取有助于贫困治理的稀缺资源。企业对西北农村人力资源进行投资开发，将分散的农户聚集起来，并注入新的外界资源，实质上拓宽了他们原有的社会关系，在集体交往中促进了社会资本积累，从而为其搭建了发展平台。

新华社记者曾对庆阳市镇原县马渠乡农民张平进行采访，张平在中盛公司的帮扶下实现脱贫致富，与公司提供的发展平台有很大的关系。"寻找致富路，张平不是第一次。2012 年之前，他在西安的超市里打工……每月 3000 多元的收入让他的生活捉襟见肘。……随着企业逐年做大做强，张平也在成长。在学习养殖技术 1 年多之后，他主动请缨，承包了公司的席扬养殖场并担任场长。在他和 37 名工人的精心照料下，2015 年出栏近 240 万只鸡，创造产值约 2500 万元，他自己年收入 20 多万元，还带动其他农民致富。"③

中盛公司为贫困人口搭建了发展平台，张华在这个平台中形成了新的社会关系网格，并从中获得了分配和占有生产资源的权利，而原本即使生

---

① 《"软硬兼施"，微医创新互联网+健康扶贫新形式》，（2019-05-09）［2020-03-27］，http://www.xinhuanet.com/money/2019-05/09/c_ 1124471916.htm。

② 《2000/2001 年世界发展报告》编写组：《2000/2001 年世界发展报告——与贫困作斗争》，《2000/2001 年世界发展报告》翻译组译，中国财政经济出版社，2001。

③ 程楠：《甘肃镇原：龙头企业带动贫困户融入农业产业化》，《农民日报》2016 年 10 月 15 日，第 4 版。

活在大城市中，也缺乏外力作用改变他苍白的社会关系网格，这也是大城市的社会环境无法直接带动农村人力资源脱离贫困状态的原因。企业介入西北农村人力资源开发与贫困治理中，同地方农民形成资源互动从而给创造新的生产力带来一定的收益与便利。一方面，新的发展平台更新了社会关系网络，可以降低发展的成本与风险，突破集体行为困境，[①] 促进产业的繁荣与发展。比如宁夏天元锰业集团通过稳定高效的就业吸纳能力使农村人口转化为产业工人，鼓励"打虎亲兄弟""上阵父子兵"的就业方式，着重引导亲情纽带在工作中发挥合理作用，[②] 这在促进农村人力资源摆脱贫困的同时也有利于企业各项事业的蓬勃发展。另一方面，西北农村人力资源在新的交往平台内加强了人际交流和信息交换，社会交往范围不断扩大。比如中国海洋公司委托甘肃省甘南藏族自治州开辟了"九色甘南行"旅游专线，首次试点便为当地创造直接旅游收入 130 余万元，企业以开发西北特色资源构建了地区与外界深层连接的平台，为当地农村人力资源可持续发展倾注了力量；此外，西北地区农副产品品质优良，但有限的销售渠道限制了地方产业的发展，中国海洋公司为员工购买帮扶地农副产品，并以"线上商城+线下产品体验中心"的模式销售扶贫产品，仅2019 年 1 月至 5 月，各渠道销售对口帮扶地农副产品共 534 万元。公司提供的销售平台推动西北农产品进入流通市场，并利用信息技术提高了市场化经营的深度和广度，有力地促进了当地农牧民增收致富。企业在践行精准扶贫中，不断提升农业产业化水平，提高产业运行效率，以联结者、促发者、行动者的角色，[③] 促进农村劳动力致富能力的不断提高，有力带动了西北农村人力资源的脱贫和持续发展。

第三节　社会组织的举措

彼得·德鲁克曾经说，"现代组织之所以存在，就是为了向社会提供某种特别的服务，所以它必须存在于社会之中，存在于社区之中，并与其

---

① 陆迁、王昕：《社会资本综述及分析框架》，《商业研究》2012 年第 2 期。
② 束蓉：《宁夏天元锰业"就业扶贫"迭代升级》，《华兴时报》2019 年 3 月 5 日，第 5 版。
③ 李先军、黄速建：《新中国 70 年企业扶贫历程回顾及其启示》，《改革》2019 年第 7 期。

他机构和人员相处，在一定的社会环境中展开其活动"①。也就是说，任何组织都具有组织目标和承担社会责任之使命。"贫困从本质上来说就是不平等"②，而社会组织能够联系各种贫困治理资源，搭建一个相对公平的西北农村人力资源开发与贫困治理发展平台，为贫困人口提供产业发展资本、就业增收渠道、教育医疗保障等各类能够满足真实利益的机会。另外，社会组织以公益初心参与精准扶贫，不仅在生产和生活中实现了农村人力资源的开发与贫困治理，还在公益传递中有效提升了农村人力资源致富的信心。这种公益传递会表现出一种"自然存在"的精神扶贫功能，对于西北农村贫困人口而言，更像是"陌生人的温暖"。日常生活中，陌生人的关心和帮助更能勾起深藏于人们内心的善。相较于政府统筹实施的扶贫举措，社会组织的扶贫措施更加具体且富有针对性。所以，社会组织扶贫不仅可以弥补政府与市场的"失灵"，还可以为西北农村人力资源带去精神力量，激发贫困人口的致富热情。

近年来，不管是中国扶贫基金会、中国青少年发展基金会、中国妇女发展基金会、中国农业科学研究院、西北农林科技大学等具有官方背景的社会组织，还是世界银行、国际红十字会、宁夏燕宝慈善基金会等具有非官方背景的社会组织，都积极参与到贫困治理的过程之中。在西北农村人力资源开发与贫困治理过程中，社会组织主要通过基础设施投资、教育培训和医疗保健等扶贫形式来提升西北农村人力资源竞争力，践行社会组织目标，承担社会责任之使命。

1. 基础设施投资贫困治理

"加强贫困地区基础设施建设，破除发展瓶颈制约，是实现贫困地区群众生存权、发展权的基础和前提。"③ 为了改善脆弱的西北生态环境，加强西北农村地区的基础设施建设，提高西北农村人居环境及人力资源的竞争力，社会组织开展了多种形式的扶贫项目。具有代表性的项目有，中

① 彼得·德鲁克：《管理：使命、责任与实务（使命篇）》，王永贵译，机械工业出版社，2006，第335页。

② Peter Townsend, The Concept of Poverty, London: Heinemann Press, 1971.

③ 中华人民共和国国务院新闻办公室：《中国的减贫行动与人权进步》，《人民日报》（海外版）2016年10月18日，第1版。

国扶贫基金会的贫困农户自立工程、中国妇女发展基金会的"母亲水窖"项目、世界银行项目等。中国扶贫基金会的贫困农户自立工程主要包括"人畜饮水""搬石造地""住房改造"等三大项目,"人畜饮水"项目主要用于资助西北干旱地区的贫困农户,使他们可以通过建造家庭用小型蓄水设施收集储存雨水,解决人畜饮水困难问题。自20世纪80年代以来,中国扶贫基金会的贫困户自立工程解决了西北偏远农村绝大多数的"人畜饮水"问题。中国妇女发展基金会于2000年开始组织实施"母亲水窖"项目,该项目响应西部大开发战略,帮助西部农村妇女及家庭解决饮用水困难问题。在当地政府的积极配合下,该项目取得了可喜成果,截至2014年底,"母亲水窖"在25个省(区、市)修建集雨水窖近13.9万口,小型集中供水工程1670处;在428所农村中小学校实施了"校园安全饮水"项目,为项目学校新建、改造饮水和卫生设施,配备净水设备,组织健康教育等。项目直接受益人口近280万人。①

世界银行是一个独特的全球性组织,为全球贫困治理事业做出了巨大贡献。从1995年起,我国政府利用世界银行贷款先后实施了很多项目,累计利用世界银行贷款资金约8亿美元,覆盖中国中西部最贫困的10个省区145个扶贫开发工作重点县,870多万贫困人口受益。其中,关注西北农村贫困治理,提高农民素质,改善农村环境的项目如下。

世界银行主要以贴息贷款的形式支援西北农村的开发和建设,如中国秦巴山区扶贫项目、中国内蒙古甘肃扶贫项目、中国农村贫困社区发展项目等。其中以农村教育基础设施投资方面特别见长,西北农村地区的教育领域或多或少都受益于世界银行贴息贷款项目。这对西北农村人力资源开发起到了积极有效的作用。

世界银行实施的中国宁夏荒漠化防治和生态保护项目(2012—2020),协助宁夏7个县(市、区)遏制荒漠化和土地退化趋势,恢复自然植被,改善当地社区的环境和生活条件,促进农民就业增收。实施贫困片区产业扶贫试点示范项目(2015—2021),"在四川、贵州、甘肃三省

① 《"母亲水窖"项目15年成果丰硕》,(2015-09-08)[2020-05-02],http://ccn.people.com.cn/n/2015/0908/c366510-27558167.html。

建立发展农民专业合作社 400 个，投资农业基础设施建设及服务，惠及农村人口 94.6 万人，其中建档立卡贫困人口 34.3 万人，少数民族人口 24.1 万人"①。这些项目的实施，直接或间接地开发了农村人力资源。

2. 教育培训贫困治理

无知比贫困更可怕。西北农村贫困人口不仅表现为经济收入低下，还存在科学技能素质和思想文化素质低下，这与地区教育滞后有很大的关系。教育对缩小贫富差距具有重要作用，因此，西北农村若想摆脱贫困必须要发展教育。"发展农村教育，让每个农村孩子都能接受公平、有质量的教育，阻止贫困现象代际传递，是功在当代、利在千秋的大事"②，关系着西北农村可持续发展，是实现乡村振兴的治本之策。当前，大多社会组织基本上都是以教育、健康等形式参与到社会建设这一伟大实践中来的。社会组织通过开发西北农村人力资源，进而达到贫困治理之目标的具有代表性的实践活动如下。

（1）教育方面。1989 年，中国儿童少年基金会的"春蕾计划"启动，以改善贫困地区办学条件、资助贫困地区失辍学女童继续学业为初心，带着使命、带着责任，一步一个脚印，一路走来。截至 2019 年，"春蕾计划"已交出这样一份成绩单："累计筹集社会爱心捐款 21.18 亿元，捐赠人数达到 2784 万人次，在全国范围内资助春蕾女童超过 369 万人次，捐建春蕾学校 1811 所，对 52.7 万人次女童进行职业教育培训，编写发放护蕾手册 217 万套。"③ 在"春蕾计划"的推行下，贫困女童个人和家庭命运发生改变，该计划也成为关爱女童教育最有影响力的公益品牌之一。

中国扶贫基金会的"新长城高中生自强班"项目和"新长城特困大学生自强"项目以家庭经济困难的高中生、大学生为帮助对象，鼓励学生自我管理，组建班委会，同学间相互帮助、相互鼓励，组织举办各种互动交流活动，减轻自强班同学的心理负担，帮助他们丰富知识。这一项目

---

① 《我们在哪里工作》，［2020－01－16］，https：//www.shihang.org/zh/country/china/overview#3。

② 《深刻把握全面深化改革关键地位 自觉运用改革精神谋划推动工作》，《人民日报》2015 年 4 月 2 日，第 1 版。

③ 中国儿童少年基金会：《"春蕾计划"实施 30 年成果报告》，（2019－10－11）［2020－01－20］，http：//www.cctf.org.cn/news/info/2019/10/11/5187.html。

更加精准地瞄准农村贫困家庭，关注贫困高中生群体，圆贫困高中生的上学梦，集中力量解决贫困地区的教育扶贫问题。"自 2007 年该项目实施以来，截至 2017 年底，项目累计覆盖 27 个省（自治区、直辖市），246 个县，在 274 所高中建立 554 个自强班，直接受益人次累计达 6.46 万人次，帮助 2.15 万余名高中生完成学业，培养学生们自强自立的精神。"①

宁夏燕宝慈善基金会在宁夏开展的资助大学生项目是西北农村人力资源开发与贫困治理项目中，最具特色的项目之一。党彦宝与夫人边海燕女士于 2011 年成立宁夏燕宝慈善基金会，主要投资教育、公益医疗、养老等领域，支持宁夏老龄事业发展，力促社会文明进步。宁夏南部山区属宁夏六盘山集中连片特困地区，是国家 14 个集中连片特困地区之一，素有"苦瘠甲天下"之称。2012 年，在对宁夏六盘山连片特困地区进行调研后，宁夏燕宝慈善基金会将"教育扶贫"作为重点，集中对这一地区 9 县区 5 乡镇考上大学的孩子，持续实施"全覆盖、无差别化"资助和对其他县区建档立卡贫困家庭考入全日制高等院校的本科新生进行奖励资助，每人每年 4000 元，连续资助 4 年；对全区建档立卡贫困户及城市贫困户高中、高职、中职学生进行奖励资助，每人每年 2000 元，连续资助 3 年；对部分本科连读硕士、硕士连读博士的学生进行奖励资助，每人每年 8000 元和 16000 元，让他们有更好的发展空间，成就更辉煌的人生。截至 2019 年底，已累计捐资 19.53 亿元，资助 19.79 万名学生②，资助学生遍布全国 500 多所大专院校，成为全国规模最大、覆盖面最广的教育扶贫项目之一。

（2）技能培训。西北农村人力资源开发与贫困治理的立足点在于培养稳定的社会生存能力，实现自主就业增收，换言之，如何做到"授之以渔"，是实现西北农村人力资源开发与贫困治理的关键。因此，以"造血""扶智"型可持续性发展为目标，社会组织在西北农村的贫困治理举措更加关注培养贫困人口的就业技能，提升贫困人口的致富能力，而技能

---

① 中国扶贫基金会：《新长城特困高中生自强班项目》，[2020-01-20]，http://www.cfpa.org.cn/project/GNProjectDetail.aspx? id=71。

② 《宁夏燕宝慈善基金会创始人简介》，[2020-01-22]，http://www.ybcf.cn/index.php? c=article&a=type&tid=31。

可以很好地为其构建出良性的、长期的致富道路。青海省中国藏毯协会在结古镇发展简易藏毯加工，为农村留守人员提供产业致富道路；新疆冲乎尔镇红叶林民俗家访旅游协会推动当地旅游产业发展，带动贫困户依靠旅游摆脱贫困。社会组织开展技能培训扶贫，不仅通过吸纳劳动力就业而展现出"蓄水池"效应，更是在改善农村经济发展环境的基础上，为贫困人口提供了可持续性发展的信息和技术支持，具有显著的"催化剂"作用。

社会组织的教育培训扶贫项目具有针对性强、效果显著等特点。这些项目的实施，激发了全社会对西北农村教育落后状况的关切，弥补了政府和市场在西北农村人力资源开发与贫困治理方面的"失灵"，推动了西北农村教育事业的发展，提升了西北农村人力资源的"人力资本含金量"，有利于发展致富，阻断贫困的代际传递。

3. 医疗保障贫困治理

经济发展不平衡导致医疗水平的不平衡。经济发达地区拥有优质医疗资源，而落后的西北农村地区缺乏优质医疗设施和优秀医护人员，医疗卫生服务体系比较落后。"落后不健全的医疗卫生服务体系，使一些易发多发的常见病得不到及时救治，影响了西北农村人力资源和家庭的生产生活状况。社会保障制度的不完善使西北农村家庭因病致贫和因病返贫的概率增加，大大降低了西北农村人力资源抵御风险的能力，第三次和第四次国家卫生服务调查结果都显示：疾病或损伤是导致农村贫困的第一位原因。"[①] 可以说，因病致贫、因病返贫是贫困治理的主要"敌人"之一。社会组织针对这一"敌人"，开展了形式多样的精准扶贫项目，特别是针对西北农村人力资源的现实状况，积极开发西北农村人力资源，提高西北农村人力资源的"人力资本含金量"，实现贫困治理之目标。

（1）普及健康意识，提高农村医务人员技能。西北农村人力资源的健康素养水平总体不高，健康理念相对落后。中国红十字会与澳大利亚红十字会长期合作，特别开展了新疆艾滋病防御项目。在线下主要通过开设艾滋病知识讲座，在线上主要以广播、电视及网络等形式多样的现代媒体

---

① 参见卫生部统计信息中心《第三次国家卫生服务调查分析报告》，2005，第 11 页。

普及预防艾滋病的知识，引导当地群众建立良好卫生习惯，提高了感染者及其家属的关爱护理能力。青海省慈善总会组织医院参加"健康之行"活动，为贫困人口提供免费义诊并进行防癌教育，直接提升了贫困人口的自我健康意识，有利于加强农村人力资源的健康管理水平。在西北农村，医疗设备少且陈旧，医护人员数量不足、水平低也是西北农村人力资源看病难、看病贵的重要原因。培养农村医生是改善农村医疗卫生条件及促进新型农村合作医疗体系建设的重要一环，也是西北农村人力资源开发与贫困治理的重要途径。中国红十字会实施的"农村医生培训计划"近年来取得了可喜成绩，"截至 2015 年底，共培训农村医生 5597 名"①。对这些农村医生进行培训本身就是对西北农村人力资源的开发，通过对这些农村医生的培训开发，提高他们的"人力资本含金量"，服务当地其他人力资源，从而达到对西北农村人力资源的深度开发，全面提高西北农村人力资源素质。

（2）西北农村人力资源疾病防治的实施。截至 2015 年底，因病致贫、返贫户占建档立卡贫困户比例达到 44.1%，涉及近 2000 万人，其中患有大病和慢性病人数 734 万。截至 2018 年末，全国农村贫困人口数量为 1600 多万，其中，因病致贫、因病返贫的人数达到了 561 万。在各地区贫困人口的致贫原因中，因病致贫的比例均相对较高，成为脱贫攻坚的一大难点。为响应国家脱贫攻坚的号召，动员社会力量参与扶贫工作，在国务院扶贫办及国家卫健委的指导下，中国扶贫基金会、阿里巴巴公益、支付宝公益及蚂蚁金服保险平台联合发起顶梁柱健康扶贫公益保险项目，针对精准扶贫战略设计，聚焦因病致贫、因病返贫问题。"顶梁柱公益保险项目以贫困家庭主要劳动力为受益主体，为现行贫困标准下 18~60 周岁建档立卡贫困户提供专属扶贫公益保险，降低因病致贫、因病返贫的发生率。项目于 2017 年 7 月启动，到 2020 年，覆盖贫困人口 1000 万人次。"②"2005 年 8 月，中国红十字基金会推出以儿童大病救助为核心的

---

① 中国红十字基金会：《2015 年度报告》，2016，第 11 页。
② 中国扶贫基金会：《顶梁柱健康公益保险项目》，［2020-01-22］，http://www.cfpa.org.cn/project/GNProjectDetail.aspx？id＝85。

'红十字天使计划'，到 2015 年，救助和资助的大病患儿超过 10 万人次。"①

（3）健全西北农村医疗设施。医疗设施缺乏、设备陈旧是制约西北农村医疗卫生能力的主要因素之一。许多社会组织在贫困地区通过建设或改善乡镇卫生院、配备先进的医疗设备、培训医护人员等，提高农村人力资源"人力资本含金量"。"据不完全统计，从 2005 年至 2010 年，中国红十字总会和中国红十字基金会在全国范围内共援建卫生院（站）、社区服务中心 4198 所。"② 中国妇女发展基金会开展的"母亲健康快车"项目，"截至 2017 年底，共有 2624 辆'母亲健康快车'在全国 30 个省（区、市）开展各种形式的医疗卫生健康服务，受益人数超过 6600 万人"③。上海韩哲一教育扶贫基金会在宁夏推广"互联网+医教扶贫"模式，在资金和医疗资源方面促进了西北农村的医疗事业发展。

（4）改善西北农村学生营养状况。实施农村学生营养计划，提高农村人力资源的"人力资本含金量"是建设人力资源强国的必然要求，也是脱贫致富的重要举措。2008 年，中国扶贫基金会启动爱加餐项目，通过营养加餐、爱心厨房和营养宣教等方式，改善贫困地区儿童的营养状况。"截至 2018 年，项目累计投入约 2.8 亿元，覆盖全国 14 省（自治区）46 市（州）96 县（市、区），受益学生近 93.6 万人次，为学生提供近 5100 余万份的营养加餐，配备 1748 所标准化的爱心厨房。此外，项目为全国 20 省 60.5 万人次儿童提供了 76.2 万包蜜儿餐，价值 1.5 亿元。"④

"2015 年，世界卫生组织根据 144 个国家 20 年的卫生数据，评选出在降低孕产妇和婴幼儿死亡率方面的 10 个高绩效国家，中国是其中之一"⑤，社会组织所开展的医疗卫生项目功不可没。在这些项目的帮扶下，西北农村人力资源的健康状况也得到很大的改善。

① 中国红十字基金会：《2015 年度报告》，2016，第 19 页。
② 徐晖、李春光编《中国农村扶贫开发年鉴 2011》，中国财政经济出版社，2011，第 452 页。
③ 中国妇女发展基金会：《母亲健康快车》，[2020-01-22]，https：//www.cwdf.org.cn/index.php? m=content&c=index&a=Lists&catid=99。
④ 中国扶贫基金会：《爱心加餐项目》，[2020-01-22]，http：//www.cfpa.org.cn/project/GNProjectDetail.aspx? id=53。
⑤ 《我国被评为妇幼健康高绩效国家之一》，《中国妇女报》2015 年 10 月 12 日，第 A1 版。

第四节　家庭（个人）的举措

家庭（个人）既是人力资源开发与贫困治理的主体，也是受益对象。自从实施精准扶贫以来，我们取得了巨大成就，"截至 2018 年底，贫困地区农村居民户均住房面积为 145.1 平方米，居住在钢筋混凝土房或砖混房的农户比重为 67.4%，比 2012 年上升 21.3 个百分点；饮水无困难的农户比重为 93.5%，比 2013 年提高了 12.6 个百分点；贫困地区有文化活动室的行政村比例达到 90.7%，有卫生站（室）的行政村比重达到 93.2%，贫困地区自然村通电接近全覆盖，87.1% 的农户所在自然村上幼儿园便利，89.8% 的农户所在自然村上小学便利"[①]。西北农村贫困治理取得的成绩也是可喜可贺的。本节从教育培训、医疗保障和有效流动三个方面梳理西北农村人力资源开发与贫困治理举措。

1. 教育培训方面

西北农村要实现乡村振兴，出路何在？新农村建设中最稀缺的是知识资源，发展的最大制约因素也是知识资源；农村人口最稀缺的资本是人力资本，最缺乏的机会是获得教育的机会，最缺乏的能力是知识能力；对农村人口最大的剥夺是教育剥夺、知识剥夺。因此，向贫困宣战，应由过去的单纯关注收入贫困更多地转向关注知识贫困，投资人力资本，提高农村人口获取、吸收和交流知识的能力，为农村人口提供获取收入和进一步发展的基础。[②]

（1）教育投资。新中国成立 70 多年来，我国小学学龄儿童的净入学率从 20% 提升到 99.95%，[③] 正是教育的发展弥补了农村人口科学文化知识匮乏的短板，在缓解知识贫困的基础上增强了农民自我生存和发展的能力，提升了农村人力资源的质量和效率。虽然教育发展极大程度地依赖于

---

① 国家统计局住户调查办公室：《2019 中国农村贫困监测报告》，中国统计出版社，2019。
② 刘尧：《农村知识贫困与新农村人力资源开发》，《中国地质大学学报》（社会科学版）2008 年第 2 期。
③ 陈海峰：《70 年来中国小学学龄儿童净入学率从 20% 升至 99.95%》，（2019-09-26）[2020-03-23]，http://finance.chinanews.com/gn/2019/09-26/8966246.shtm。

政府支持，但是"家庭仍旧是社会资源的主要分配单位"①，且越来越多的西北农村家庭希望借教育自救来"改变命运"。所以，在西北农村人力资源开发与贫困治理的过程中，家庭（个人）是最基本的投资主体，教育是家庭（个人）投资最基本的方式。1997年，宁夏农民家庭的教育文化支出占年消费支出的7.47%。② 2017年，这个数字上升到12.1%。③ 20年来，宁夏农民家庭的教育支出明显增加，而同期的农村居民受教育水平也显著提高。1997年，宁夏全区农村居民中文盲人口比重高达23.5%，大中专及以上教育程度人口比重仅为0.7%；而2017年，文盲人口比重下降到了12.6%，大中专及以上教育程度比重上升为4.4%。④ 可以看出，农村家庭的教育支出增加与农村人口教育水平提高是同步的。同时，教育水平的提升对于改善家庭生活条件具有明显优势，有学者对西部农村女性人力资源投资做过专项研究，数据表明"西部农村女性劳动力的受教育年限与她们的收入水平有很大的相关性"⑤。农村家庭持续增加教育投资支出，逐渐扩大人力资源的教育优势，不断提高农村人力资源的"人力资本含金量"，有利于打破内部贫困的恶性循环。家庭（个人）作为西北农村人力资源开发与贫困治理最基本的主体，通过教育投资使越来越多的农村人口参与到正规教育中，提升了西北农村人力资源的受教育水平，这对阻断贫困的代际传递起到了重要作用。

（2）技能投资。美国用70余年的时间建立了职业农民技能培训体系，以教育和实践相融合的方式向农民传授农业实用技能并推广农业技术，将大批青壮年农民群体培育为新型职业农民，可见，技能提升在农村人力资源开发中具有重要作用。西北农村人力资源在精准扶贫和乡村振兴战略的交汇中遇到了新的发展契机，"不求人人升学，但求人人成功"的

---

① 刘保中：《"扩大中的鸿沟"：中国家庭子女教育投资状况与群体差异比较》，《北京工业大学学报》（社会科学版）2020年第2期。
② 国家统计局农村社会经济调查司：《1998中国农村统计年鉴》，中国统计出版社，1998，第255页。
③ 国家统计局农村社会经济调查司：《2018中国农村统计年鉴》，中国统计出版社，2018，第296~297页。
④ 宁夏回族自治区统计局、国家统计局宁夏调查总队：《宁夏统计年鉴》，中国统计出版社，2018，第280~281页。
⑤ 黄雯：《西部农村女性人力资源开发研究》，博士学位论文，西北农林科技大学，2008。

教育理念成为农村人力资源发展的指向标，为使普通农村劳动力转换为"有文化、懂技术、善经营、会管理的新型职业农民队伍"，首先要使其掌握相应的专业技能。家庭（个人）在提升技能方面主要通过参与技能培训和职业教育两方面来进行投资。家庭（个人）接受技能培训可以提高农村人力资源的劳动技能，促进人力资本的积累，从本质上来说是一种人力资本的投资行为。有研究表明，收入低下的农民参加劳动力技能培训的相对成本较低，且技能培训对其脱贫具有显著效益，[1] 所以西北农村人力资源参加技能培训是摆脱贫困的一个重要手段。家庭（个人）选择职业教育也属于一种教育投资，有学者在调研中发现，中国农村学生选择中职学校80％的原因是"学一门技术，以便将来找到好工作"[2]，教育发展落差造成了西北农村的不利处境，而职业教育为西北农村家庭提供了一个摆脱弱势的有效手段，[3] 家庭（个人）在职业教育中可以接受专业的技术培养，加之学费与普通高中相差无几但能尽快掌握进入劳动力市场的资本，职业教育投资成为西北农村家庭（个人）实现人力资源开发达到贫困治理的重要方式。

（3）"干中学"的自我教育及家庭教育。"干中学"也是西北农村家庭（个人）人力资源投资的一个重要方式，西北农村人力资源致富不仅来自各类生产要素的增加，还有相当一部分源于生产和生活中所积累的知识和技能。人力资源知识的积累和能力的增长会引起"劳动生产率的提高和技术外溢"[4]。西北农村人力资源将新技术贯彻到实践环节，不仅使西北农村人力资源提升自身的"人力资本含金量"，而且取得了生产的最大效益。"干中学"带来的能力提升不仅仅表现为掌握新的科学技术，更重要的在于主动学习意识增强、环境适应能力提高。西北农村人力资源摆脱传统观念，树立主动致富的信心，克服社会交往中的固有限制，以积极的心态接受生活环境的各种变化，带来了西北农业产业化发展水平的有效

---

① 连大鹏、许月明：《贫困山区农民参加技能培训影响因素的决策模型与实证分析》，《贵州农业科学》2014年第6期。

② 黄斌、徐彩群、姜晓燕：《中国农村初中学生接受中职教育的意愿及其影响因素》，《中国农村经济》2012年第4期。

③ 马建富：《关于和谐社会职业教育特征及其发展的思考》，《教育与职业》2006年第9期。

④ 周燕：《干中学效应、国际分工格局和动态比较优势》，《中国经济问题》2010年第5期。

提高，以及农村人力资源自主选择就业的机会不断扩大，对西北农村人力资源开发与贫困治理具有正向的激励作用。

此外，家庭教育也是家庭（个人）发挥主体作用的一个重要方面。每一个家庭成员都是家庭教育的主体，家庭成员之间的相互影响是农村人力资源成长发展的起点，特别是父母或其他成年人对未成年子女进行的教育，是"对人的一生影响最深的一种教育"。而与其他地区相比，西北农村家庭教育发展相对落后，工作开展情况也并不深入，甚至一度出现留守儿童家庭教育缺失的问题。但近年来，西北农村地区越来越多"农村母亲"选择留守陪读，这意味着农村家庭教育观念正在转变，"农民对家庭教育的意识和重视程度逐渐增加，农村父母在主观上更加重视子女的教育投入和家庭责任"①，而且这种投入不再仅仅是经济上的供给，家庭在精神和时间上的投入逐渐增加。这些变化将进一步强化家庭（个人）在西北农村人力资源开发与贫困治理中的主体地位。

2. 医疗保障方面

人口的身心健康状况是人力资源水平的重要指标，是人力资本存量的重要组成部分，正如世界银行在《世界发展报告（1993）》中指出，"良好的健康状况有利于个人的劳动生产率的提高"，健康存量的增加可以有效地提升人力资源的"人力资本含金量"。有学者解释道，健康水平的提高意味着死亡率的降低，从而影响了人口年龄结构，提高了居民工作年限，带来了人均收入的增加。② 家庭（个人）既是健康消费者，更是健康投资者。对于西北农村人力资源而言，家庭（个人）是健康保障链条的起点，一方面，家庭（个人）的遗传、习惯、环境等因素直接影响着农村人力资源的健康状况，不适宜的膳食结构和生活方式会增加农村人力资源的患病风险；另一方面，家庭（个人）是调配农村人力资源健康保障资源中最原始的角色，直接关系着农村人力资源疾病治疗与防范的基础保障来源。健康是影响西北农村人力资源效用最大化的重要因素，家庭

---

① 朱战辉：《城市化背景下农村教育转型与农民家庭策略——基于已婚青年妇女陪读现象的经验考察》，《中共宁波市委党校学报》2020 年第 1 期。

② A，Deaton，"Health，Inequality，and Economic Development，" *Journal of Economic Literature*，2003（41）：113-158.

（个人）主体的健康投资主要体现在提高健康水平和防范医疗风险两个方面。

（1）提高健康水平。韩明春等学者通过实证研究，健康资本的投入对个人收入的增加具有积极作用，并且西部地区的健康投资收入增长效益更加明显。[①] 学者方齐云等的实证研究结果也同样表明，西部人口在健康投资中获得收入增长效益更为显著，此外，相比于城市，健康投资在农村的效益更大。[②] 可见，增加西北农村家庭（个人）健康投资，是促进地区人力资源开发与贫困治理的有效举措。甚至有学者指出，与教育投资进行比较，健康投资对提升西北农村人力资源"人力资本含金量"的边际作用更大。[③] 在调研中发现，家庭（个人）提高西北农村人力资源健康水平的方式主要体现在三个方面。

第一，从家庭消费支出情况来看。2017 年，西北五省区农村家庭平均医疗保健支出为消费总额的 11.96%，[④] 相比 1997 年 4.69%[⑤] 的比重上涨了 7.27 个百分点，是除交通和通信支出外，增长趋势最为明显的支出项目。根据学者孙焱林等关于"个人医疗保健支出每提高 1%，农民收入可提高 0.103%"[⑥] 的研究结论可以得出，西北农村家庭（个人）增加医疗保健支出，是促进西北农村人力资源就业增收的重要方式。即使先天的身体情况占据着健康人力资本的重要组成部分，但后天积极的健康投资可以有效维护人力资源的健康状况，从而使人力资源获得教育与就业的健康资本，增加有效劳动时间，提高劳动生产效率，这对西北农村人力资源开发与贫困治理意义重大。

---

① 韩民春、刘甲炎：《健康投资的收入增长效应及城乡和地域差异化研究》，《中国卫生经济》2013 年第 7 期。

② 方齐云、吴光豪、郭庆宾：《健康投资的减贫效益：基于城乡和区域差异视角》，《中国卫生经济》2015 年第 9 期。

③ 程名望等：《农村减贫：应该更关注教育还是健康？——基于收入增长和差距缩小双重视角的实证》，《经济研究》2014 年第 11 期。

④ 国家统计局农村社会经济调查司：《2018 中国农村统计年鉴》，中国统计出版社，2018，第 296~297 页。

⑤ 国家统计局农村社会经济调查司：《1998 中国农村统计年鉴》，中国统计出版社，1998，第 255 页。

⑥ 孙焱林、王中林：《健康投资结构的收入增长效应：基于地区及城乡差异的比较分析》，《中国卫生经济》2014 年第 8 期。

第二，从家庭食品消费结构来看。西北农村家庭（个人）的营养摄入水平逐渐提高。2000 年，甘肃农村家庭人均主要食品消费前五位为粮食（256.53 千克）、蔬菜（44.62 千克）、肉类（10.01 千克）、食油（5.95 千克）、酒类（2.3 千克），[①] 2018 年，人均主要食品消费前五位为粮食（161.6 千克）、干鲜瓜果类（73.2 千克）、蔬菜（63.4 千克）、肉类（17.3 千克）、食用油（8.2 千克），蛋类及其制品的人均消费也从 1.88 千克上升为 5.9 千克，[②] 多样化的食品消费趋势丰富了西北农村人力资源的营养摄入状况。过去，西北农村生活水平低下，人体所需的必要营养无法满足，直接影响着西北农村人力资源的身体机能状况，而随着食品消费和营养状况的逐渐改善，西北农村人力资源的劳动能力和劳动效率将不断提高，为西北农村人力资源开发与贫困治理打下坚实的健康基础。

第三，从个人健康意识转变来看。韦艳等学者曾对陕西省农村中老年人健康状况进行研究，调研发现，"关于健康投资方面合理搭配饮食的农村中老年人占 53%，有高达 89% 的农村中老年人经常锻炼身体，有 44% 的农村中老年人定期检查身体"[③]。良好的健康状况是西北农村人力资源开发与贫困治理的重要前提，明确的健康意识是提高健康水平的关键因素，西北农村家庭（个人）从树立自我健康管理意识出发，改变个人卫生习惯、改善生活居住环境、养成健康生活方式，有利于西北农村人力资源健康存量的进一步增加。

（2）防范医疗风险。与经济发达地区的农村人力资源相比，西北农村人力资源的自然生活环境恶劣，营养供给比例不协调，面临的健康风险也相对较高，而普遍贫困的家庭经济带来了"小病拖，大病抗"的治疗心理，从而导致人力资源健康状况的不断恶化。在"因贫致病"之外，"因病致贫"也会引起西北农村人力资源的人力资本受损，疾病会增加医疗支出，减少就业收入，阻碍人力资源的内生发展能力，加深了贫困人口的脱贫难度和返贫风险。2012 年，世界卫生组织指出，中国发生灾难性

① 国家统计局：《2001 中国统计年鉴》，中国统计出版社，2001，第 329 页。
② 国家统计局：《2019 中国统计年鉴》，中国统计出版社，2019，第 200～201 页。
③ 韦艳、方祎、郭佳佳：《农村中老年人健康投资对健康状况的影响研究——基于陕西省的调查发现》，《西安财经学院学报》2017 年第 6 期。

卫生支出的比率为13%，致贫比率为7.5%，还存在多种不利因素增加农村或贫困家庭的支出风险，[①] 疾病和贫困之间形成了恶性循环。

家庭（个人）参加医疗保险是阻断恶性循环的一种投资方式，新型农村合作医疗为防范贫困人口医疗风险提供了有力保障。有研究指出，"医疗保险对农村老年人疾病风险担心度有显著的正向影响"[②]，并且加入新农合可以减轻农民的医疗负担，增强其日常生活能力，整体上提高了农村人力资源的健康水平，特别是对中西部农村人口而言，具有更为显著的积极作用[③]。西北农村家庭（个人）投资新型农村合作医疗保险，对于患病人口而言，可以解决常见疾病（以慢性病为主）的日常治疗问题，缓解大病的巨额医疗费用造成的经济负担，直接提高了西北农村人力资源的健康存量；对于健康人群而言，医疗保险降低了西北家庭接受医疗卫生服务的边际成本，减少了家庭的预防性储蓄从而增加了投资人力资本其他方面的财务可及性，间接维护了西北农村人力资源开发与贫困治理的稳定性。

此外，随着西北农村家庭（个人）健康意识的不断提高，"保险作为一种风险分摊的保障模式已经引起农民的重视"[④]，越来越多的西北农村人力资源选择加入商业保险以防范未知的医疗风险。2015年，甘肃省健康险累计实现保费收入25.96亿元，同比增长65.79%；城乡居民大病保险已覆盖全省86.3%的人口，截止到2015年12月，有28.16万群众享受到了大病保险补偿。[⑤] 甘肃省保险市场情况从侧面反映了商业保险的购买意愿在逐步提高，也能看出商业保险对缓解医疗风险的积极作用。总之，西北农村家庭（个人）以投资保险规避医疗风险，对"病来如山倒"造成的西北农村人力资源开发与贫困治理危机具有一定的抵抗作用。

---

① Ye Li, Qunhong Wu, et al.，《中国灾难性卫生支出和因病致贫影响因素分析》，（2012-09-01）［2020-03-23］，https：//www.who.int/bulletin/volumes/90/9/12-102178-ab/zh/。

② 于长永：《传统保障、医疗保险与农村老年人疾病风险担心度》，《中国人口科学》2018年第4期。

③ 黄晓宁、李勇：《新农合对农民医疗负担和健康水平影响的实证分析》，《农业技术经济》2016年第4期。

④ 史清华、顾海英、张跃华：《农民家庭风险保障：从传统模式到商业保险》，《管理世界》，2004年第11期。

⑤ 中国保险年鉴编委会：《2016中国保险年鉴》，中国保险年鉴社，2016，第906页。

3. 有效流动方面

有效流动包括移民搬迁和劳动力流动。移民搬迁是指将生活在自然资源匮乏、环境恶劣之地的人口，搬到自然资源较为丰富、环境较好的地方，使其安营扎寨、永久居住、发家致富的一种行为，这种行为一般是由政府主导、实施，农民受益的扶贫开发模式。劳动力流动从经济学上来讲就是建立统一的劳动力市场，使劳动力自由流动。从社会学中的社会流动来讲，就是指劳动力社会地位的变化，即从某一社会阶层到另一社会阶层的变化。合理的社会流动，不管是垂直流动还是水平流动都有利于经济发展和社会稳定。农村劳动力合理流动对 GDP 增长率的贡献份额一般在 16%～20%[1]。西北农村人力资源存量大，家庭（个人）是分配利用这部分富余农村人力资源的主要决策者，应让他们积极流动，走向城市，扎根城市，从而踏上致富之路。

（1）移民搬迁。英国海外发展部（DFIF）在 2000 年提出了可持续生计分析框架（SLA），他们认为"生计包含了人们为了谋生所需要的能力、资产以及所从事的活动。只有当一种生计能够应对、并在压力和打击下得到恢复；能够在当前和未来保持乃至加强其能力和资产，同时又不损坏自然资源基础，这种生计才是可持续的"[2]。根据该框架，可以将农户家庭所拥有的资源禀赋划分为五类生计资本：自然资本、金融资本、物质资本、人力资本和社会资本。[3] 关于移民搬迁的研究，很多学者从生计资本角度进行了调研分析，李聪等发现移民搬迁为陕南农户利用和配置生计资本提供了有效途径，移民在搬迁后通过生计资本创造收入的能力更强。[4] 孔凡斌等将搬迁户与未搬迁户进行对比，认为搬迁可以提高贫困人口的物

① 张广婷、江静、陈勇：《中国劳动力转移与经济增长的实证研究》，《中国工业经济》2010 年第 10 期。

② Dfid, *Sustainable Live Lihoods Guidance Sheets*, London Depaitm for International Development, 2000: 68-125.

③ R. Chambers, G. Conway, Sustainable Rural Livelihoods: Practical Concepts for the 21st Century, Brighton, England: Institute of Development Studies, 1992.

④ 李聪、刘若鸿、许晏君：《易地扶贫搬迁、生计资本与农户收入不平等——来自陕南的证据》，《农业技术经济》2019 年第 7 期。

质资本、人力资本、金融资本和社会资本。① 移民搬迁不仅改善了西北农村人力资源的居住环境，在资产、教育、能源以及社会关系等方面解决了多维贫困的难题，还在强化了移民家庭的生计资本的基础上，达到了西北人力资源开发与贫困治理的根本目的。西北农村家庭（个人）不仅仅是移民搬迁的受益者，更是参与者、行动者。

一方面，虽然移民搬迁很大程度上依赖于政府，但西北农村家庭（个人）是移民搬迁行为的基本组织单位。首先，"移民决策对农户的影响取决于农户的生计决策，而生计决策的基础便是生计资本"②，可见，西北农村家庭（个人）生计资本与移民搬迁成效有很大关系。其次，搬迁使移民家庭的自然条件和社会条件发生了整体的改变，从而引起了生活方式和谋生手段的被动调整，所以西北农村人力资源开发与贫困治理要依托家庭（个人）主体"充分利用迁入区的各种社会资源，强化、再造自身的生计资本系统，从而形成多元的生计方式"③。最后，判断移民搬迁是否成功，要建立在西北移民家庭（个人）生计是否"通过一种可持续的方式得到改善或者至少恢复到搬迁前的水平"的基础上④。所以，家庭（个人）占有与积累生计资本的能动作用是西北农村移民搬迁取得成效的根本性力量，移民搬迁对西北农村人力资源开发与贫困治理的促进作用离不开家庭主体行为的影响，家庭（个人）对搬迁后再造人力资源的自我发展能力具有重要意义。

另一方面，只有西北农村家庭（个人）移民搬迁的意愿与行为相一致时，移民搬迁才能真正使贫困人口获益。在陕西安康的生态移民调查中发现，农村家庭（个人）的人口数量与结构、家庭（个人）收入以及原

① 孔凡斌、陈胜东、廖文梅：《基于双重差分模型的搬迁移民减贫效应分析》，《江西社会科学》2017年第4期。

② 李健瑜、陈晓楠：《可持续生计视域下生态移民工程效果探析——基于陕南599份农户问卷的实证分析》，《干旱区资源与环境》2018年第12期。

③ 束锡红、聂君、樊晔：《精准扶贫视域下宁夏生态移民生计方式变迁与多元发展》，《宁夏社会科学》2017年第5期。

④ Sarah Rogers, Mark Wang, Environmental resettlement and social dis/re-articulation in Inner Mongolia, China, Population and Environment, 2006, 28（1）.

有的居住环境都会对移民意愿产生影响①，青海藏区的研究结论表明，文化融入、社会参与、公平感知和身份认同与移民生计转型意愿具有显著的正向关联②，而影响宁夏回族生态移民意愿的因素还包括宗教信仰、生态环境和家庭土地面积及质量等③。是否移民关系到每个家庭成员的利益，其意愿与选择是整个家庭的共同决定，可以说，移民搬迁能否在西北农村取得理想的贫困治理成效，与家庭（个人）的主体因素具有十分密切的关系。

（2）劳动力流动。根据对新劳动力迁移经济学的理解，家庭（个人）是劳动力流动和迁移的基本单位。家庭（个人）面对农业与非农业生产经营中的收入差异，在利益驱动下选择了富余农村人力资源外出，以增加经济来源来应对家庭（个人）收入不稳定的风险，从而实现家庭（个人）持续增收的自我保障。西北农村客观存在大量的富裕人力资源，外出流动的行为在部分村庄成了青年人的惯性选择，家庭（个人）的人力资源流动决策形成了事实上的人力资源重组，为西北农村人力资源开发与贫困治理创造了活力。

西北农村人力资源流动起始于 20 世纪 80 年代，"这一时期的农村劳动力转移主要发生在一些经济较为发达、人口稠密、农业劳动生产率高、乡镇企业发展较好的地区，通过经营家庭副业和进入当地乡镇企业就业的方式实现就地就近转移"④，当时西北农村人力资源还无法进入城市人力资源市场，人力资源转移展现出"离土不离乡"特点。20 世纪 90 年代，我国社会掀起了大规模跨区域的"民工潮"，越来越多的西北农村人力资源投入经济发达的城市中，但同时又遭遇着来自人力资源市场的不平等对待，从而沦为竞争中"无权的弱势群体"⑤。进入 21 世纪以后，流动的西

---

① 时鹏、余劲：《农户生态移民意愿及影响因素研究——以陕西省安康市为例》，《中国农业大学学报》2013 年第 1 期。

② 崔冀娜、王健、张晓慧：《青海藏区移民生计转型意愿及其代际差异研究》，《西南民族大学学报》（人文社科版）2018 年第 9 期。

③ 冯雪红、聂君：《宁夏回族生态移民迁移意愿与迁移行为调查分析》，《兰州大学学报》（社会科学版）2013 年第 6 期。

④ 宋林飞：《农村劳动力的剩余及其出路》，《中国社会科学》1982 年第 5 期。

⑤ 江立华：《论城市农民工的平等竞争权问题》，《华中师范大学学报》（人文社会科学版）2002 年第 4 期。

北农村人力资源以"80 后"和"90 后"为主，家庭（个人）做出人力资源流动决策已经不再完全出于金钱的追求，生活环境、发展前景等因素被纳入人力资源流动的影响因素，从而人力资源流动为西北农村人力资源所带来的利益优势也不断扩张。

就个人角度而言，人力资源流动是提高西北农村人力资源人均收入的重要举措。在调研中发现，农民的工资性收入在不断增加，特别对于贫困人口而言，工资性收入的增加很大程度上成为脱贫摘帽的主要因素。并且，农村人力资源在外出务工中积累了工作的技能与经验，扩大了社会交往的关系网络，增强了人力资源在劳动力市场中的竞争力，使西北农村人力资源个体的致富能力不断提升。对于家庭而言，根据学者蒲艳萍对西部289 个自然村的调查结果，"西部农村有外出务工户年均总收入为无外出务工户的 1.45 倍，且有外出务工户家庭收入中 73.73% 来自务工收入"，而家庭收入增加也促进了家庭支出提高，"有外出务工户的生活支出占总支出的比重比无外出务工户高 9.65 个百分点""有外出务工户对教育的投入较无外出务工户高 684.3 元"[①]，家庭生活支出的提高可以使西北农村家庭享受一定福利，教育投入的扩大有利于培养子女的自我发展能力。可见，西北农村人力资源流动带来的务工收入对改善家庭生活条件、缓解家庭贫困具有积极作用。

此外，随着乡村振兴战略的深入，西北农村发展不断注入了新的资源活力，越来越多外出务工的人力资源做出了返乡决策。西北农村人力资源在城市的就业经历中积累了物质资本和人力资本，回流后在家乡就近展开与"外出时就业行业相关的创业活动或从事其他工资性就业"[②]，加之带来的"智力回流"[③]，构成了对人力资源流出地区的其他人力资本补偿，促进了西北农村经济社会发展，这对西北农村人力资源开发与贫困治理同样具有十分重要的意义。

---

① 蒲艳萍：《劳动力流动对西部农村经济发展的影响——基于西部 289 个自然村的调查问卷分析》，《中国经济问题》2010 年第 6 期。

② 殷江滨：《劳动力回流的驱动因素与就业行为研究进展》，《地理科学进展》2015 年第 9 期。

③ 潘晨光、娄伟：《中国农村智力回流问题研究》，《中国人口科学》2003 年第 5 期。

第四章　西北农村人力资源投资与贫困治理成效的相关性分析

西北农村是实施精准扶贫的主阵地之一，精准扶贫实施以来，西北农村贫困治理取得巨大成绩。本章在梳理西北农村贫困治理相关文献和课题组访谈调研的基础上，选取了 2011～2018 年陕西、宁夏、甘肃、青海、新疆西北五省区的相关数据，对家庭（个人）人力资源投资与贫困治理的相关性进行了比较分析。并据此，构建了西北农村人力资源投资与贫困治理指标体系。西北农村人力资源投资指标主要包括教育投资、健康投资、流动投资等三个一级指标，在这三个一级指标下设立若干个二级指标；将贫困人口规模下降速度、农村居民人均可支配收入、农村居民人均消费支出和城镇化率等加权赋值后构成西北农村人力资源贫困治理指标。运用 SPSS 软件统计数据，对西北农村人力资源投资与贫困治理进行实证研究。

第一节　家庭（个人）人力资源投资与贫困治理成效的比较分析

西奥多·W. 舒尔茨认为，加大教育、健康、劳动力流动的支出可以开发人力资源，提高人力资本。[①] 在研究西北农村人力资源开发与贫困治理过程中，我们首先要找到影响人力资源开发的因素，其次是确认这些因素与贫困治理的关系。西北农村人力资源开发与贫困治理的投资主

---

① 西奥多·W. 舒尔茨：《改造传统农业》，梁小民译，商务印书馆，1987，第56页。

体是政府、企业、社会组织和家庭（个人），由于企业和社会组织对人力资源投资促进贫困治理的作用比较分散，数据难以统计，所以本节仅运用家庭（个人）对人力资源投资与贫困治理的相关数据来分析西北农村人力资源投资与贫困治理的关系。

一　数据来源

数据的真实可靠性是研究信度和效度的保证。为了使研究结果具有可信度和有效性，本书采用《中国统计年鉴》中的农村居民人均可支配收入和《中国农村统计年鉴》中的地区农村居民消费支出相关数据对家庭（个人）人力资源投资与贫困治理的关系进行比较分析。

（一）西北五省区农村居民人均可支配收入

西北农村人力资源贫困治理的关键要看"钱袋子"，也就是农村常住居民人均可支配收入。基于此，我们根据国家统计局住户收支与生活状况调查数据，统计了 2011~2018 年西北农村常住居民人均可支配收入（见表 4-1）。2013 年以前，国家统计局一般用农村居民人均纯收入来说明农村人均收入情况，2013 年及以后，则用农村常住居民人均可支配收入来代替农村居民人均纯收入指标。因此，表 4-1 中 2011 年和 2012 年的数据是农村居民人均纯收入，而 2013~2018 年的数据是农村常住居民人均可支配收入。由于农村居民人均纯收入是农村常住居民人均可支配收入剔除生产支出的那部分收入，可以说，这两个指标具有正相关关系。为了便于研究，表 4-1 将 2011 年和 2012 年的农村居民人均纯收入视作农村常住居民人均可支配收入来进行比较分析。

表 4-1　2011~2018 年西北农村常住居民人均可支配收入

单位：元

	2011 年	2012 年	2013 年	2014 年	2015 年	2016 年	2017 年	2018 年
陕西	5027.87	5762.52	7092	7932	8689	9396	10265	11213
甘肃	3909.37	4506.66	5589	6277	6936	7457	8076	8804
青海	4608.46	5364.38	6462	7283	7933	8664	9462	10393
宁夏	5409.95	6180.32	7599	8410	9119	9852	10738	11708

续表

	2011 年	2012 年	2013 年	2014 年	2015 年	2016 年	2017 年	2018 年
新疆	5442.15	6393.68	7849	8724	9425	10183	11045	11975
西北平均	4879	5642	6919	7725	8420	9110	9917	10819

注：2011 年和 2012 年的数据是农村居民人均纯收入，2013~2018 年的数据是农村常住居民人均可支配收入。

资料来源：2011~2018 年《中国统计年鉴》。

（二）西北农村人力资源投资与贫困治理比较分析

通过查阅大量文献资料，借鉴学者们常用的分析方法，同时考虑到数据的时效性和获取的难易程度，课题组选取了《中国农村统计年鉴》2011~2018 年地区农村居民消费支出构成表作为研究基础，此表将农村居民可支配收入分为食品烟酒支出、衣着支出、居住支出、生活用品及服务支出、交通通信支出、文教娱乐支出、医疗保健支出和其他用品及服务支出等八大项。人力资源投资概括来讲也就是教育投资、健康投资和流动投资三个方面。《中国农村统计年鉴》地区农村居民消费支出构成表中的交通通信支出、文教娱乐支出和医疗保健支出与人力资源投资密切相关。一般来说，这三项支出越大，说明人力资源投资越大，而人力资源投资越大，意味着越有希望通过人力资源开发实现贫困治理。本书主要研究西北农村地区，所以课题组根据陕西、甘肃、青海、宁夏和新疆五省区的数据，选取了 2011~2018 年西北五省区农村人力资源人均文教娱乐支出、医疗保健支出、交通通信支出分别表示西北农村人力资源的教育投资、健康投资、流动投资。2011~2018 年西北农村人力资源投资与贫困治理比较分析见表 4-2。

表 4-2　2011~2018 年西北农村人力资源投资与贫困治理比较分析

年份	交通通信支出（元）	占总支比（%）	文教娱乐支出（元）	占总支比（%）	医疗保健支出（元）	占总支比（%）	人均可支配收入（元）
2011	447.64	10.26	303.56	7.00	400.48	9.20	4879
2012	578.04	11.38	338.24	6.76	494.68	9.80	5642
2013	873.16	12.92	674.34	10.22	739.02	10.98	6919
2014	957.00	12.90	746.38	10.32	789.70	10.70	7725

年份	交通通信支出（元）	占总支比（%）	文教娱乐支出（元）	占总支比（%）	医疗保健支出（元）	占总支比（%）	人均可支配收入（元）
2015	997.10	12.58	864.86	11.00	895.34	11.26	8420
2016	1229.50	14.30	942.74	11.10	1006.32	11.74	9110
2017	1371.26	14.86	986.70	10.76	1104.66	11.96	9917
2018	1437.20	14.36	1141.18	11.50	1194.56	12.02	10819

注：2011 年和 2012 年的数据是农村居民人均纯收入，2013~2018 年的数据是农村常住居民人均可支配收入。

资料来源：2011~2018 年《中国农村统计年鉴》。

二　比较分析

（一）西北农村常住居民人均可支配收入与人力资源投资额逐年增加

具体分析中以 2011 年作为基期，并剔除价格因素的影响。根据表4-1，自 2011 年以来，西北农村常住居民人均可支配收入是逐年增加的。其中，2013 年增长最快，比 2012 年增长了 1277 元，2014 年和 2017 年增长比较适中，平均比上一年增加了 806 元、807 元，2015 年和 2016 年增长比较慢，平均比上一年增长了 695 元、690 元，2018 年增长较快，比 2017 年增长了 902 元。就具体省区来说，新疆农村常住居民人均可支配收入最高，宁夏其次，陕西和青海紧随其后，甘肃最低。

根据表4-2，以文教娱乐支出代表教育投资、以医疗保健支出代表健康投资和以交通通信支出代表流动投资进行家庭（个人）人力资源投资分析发现，2011~2018 年，西北农村人力资源投资整体呈增长趋势，虽然部分年份的投资有所下降，甚至呈现负增长，但是，总体上不改上升趋势。在教育、健康和流动三项投资中，流动投资增幅最大，从 2011 年的 10.26% 增加到了 2018 年的 14.36%。三项投资在西北农村人力资源投资中所占比例，流动投资最高，教育投资最小，健康投资居中。具体来看，在以文教娱乐为主要内容的教育投资方面，2017 年的教育投资比 2016 年低了 0.34 个百分点。在以交通通信为主要内容的流动投资方面，2014 年的支出比是 12.90%，2015 年的支出比是 12.58%，连续两年的投资都低

于 2013 年的 12.92%。在以医疗保健为主要内容的健康投资方面，只有
2014 年比 2013 年低了 0.28 个百分点，其他各年份都呈上升趋势。

（二）西北农村人力资源投资与贫困治理呈正相关关系

结合分析表 4-1 和表 4-2，2013 年，西北农村常住居民人均可支配
收入增长巨大，以教育、健康和流动为主要内容的人力资源投资也显著提
高，教育投资比 2012 年增长了 3.46 个百分点，健康投资比 2012 年增长
了 1.18 个百分点，流动投资比 2012 年增长了 1.54 个百分点。2014~2016
年三年的农村常住居民人均可支配收入增长最慢，相应的人力资源投资也
是最低的。2015 年的流动投资呈现负增长，比 2014 年低了 0.32 个百分
点，2016 年的教育投资和健康投资增幅很小，比 2015 年分别增加了 0.10
个百分点和 0.48 个百分点。可见，西北农村常住居民人均可支配收入与
人力资源投资有正相关关系，加大西北农村人力资源投资力度，对增加西
北农村常住居民人均可支配收入具有显著影响。

第二节　西北农村人力资源投资与贫困治理成效的实证分析

不管是古典政治经济学代表人物威廉·配第、亚当·斯密，还是
人力资源学派的彼得·德鲁克、西奥多·W. 舒尔茨、贝克尔、卢卡
斯等人都强调人力资源投资对经济发展和贫困治理具有重要作用。人
力资源投资的主体主要有政府、用人单位及劳动者家庭，其中最大的
投资者为政府部门。用人单位及劳动者家庭进行在职培训、学历教育
等也属于人力资源投资，但这些投资行为极为分散，相关精确数据无
法获取。因此，受制于相关数据的缺失及数据收集条件的限制，可采
用累计成本法，选取 2011~2018 年西北五省区的财政教育支出，农
村居民文教娱乐支出，大中专院校数，乡村受高中以上教育程度人口
比例，财政医疗卫生与计划生育支出，农村居民医疗保健支出，卫生
机构床位数量，农村卫生人员数量，农村居民交通通信支出，公路线
路里程数，农村就业人员中第二、三产业就业比例和农村人口人均经
营性收入等作为西北农村人力资源投资的相关数据，对西北五省区农
村人力资源投资水平进行核算。

一 研究框架

西奥多·W.舒尔茨认为，加大教育、健康、劳动力流动的支出可以开发人力资源，提高人力资本。[1] 西北农村人力资源开发与贫困治理研究的核心就是通过对农村人力资源的合理开发与有效配置，达到致富之效果。人力资源投资是人力资源开发的核心内容，贫困治理能力是检验人力资源投资效益的重要指标。基于此，本书构建了西北农村人力资源投资与贫困治理指标体系。西北农村人力资源投资指标主要由教育投资、健康投资和流动投资三个一级指标构成。西北农村人力资源贫困治理指标主要由贫困人口规模下降速度、农村居民人均可支配收入、农村居民人均消费支出和城镇化率等四项指标构成（见图4-1）。

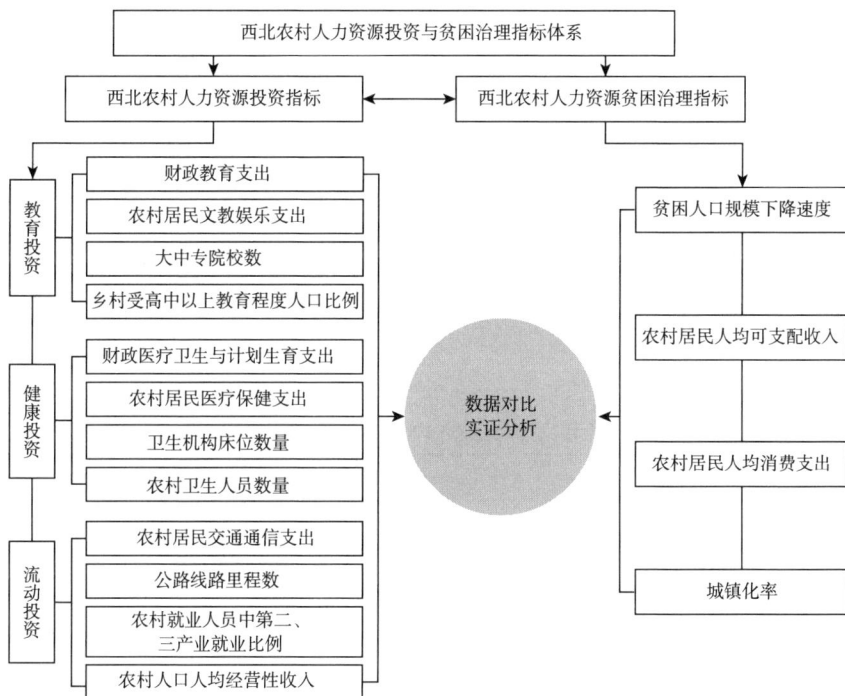

图 4-1 西北农村人力资源投资与贫困治理指标体系

---

① 西奥多·W.舒尔茨：《改造传统农业》，梁小民译，商务印书馆，1987，第56页。

二 评价指标体系构建

（一）西北农村人力资源投资与贫困治理指标

1. 西北农村人力资源投资指标

本书结合采集数据情况，将西北农村人力资源投资系统分为一级指标和二级指标。一级指标为分别为教育投资、健康投资和流动投资。在一级指标教育投资下构建二级指标，包括财政教育支出、农村居民文教娱乐支出、大中专院校数、乡村受高中以上教育程度人口比例。由财政医疗卫生与计划生育支出、农村居民医疗保健支出、卫生机构床位数量和农村卫生人员数量构成健康投资的二级指标。由农村居民交通通信支出，公路线路里程数，农村就业人员中第二、三产业就业比例和农村人口人均经营性收入构成流动投资的二级指标（见表4-3）。建立评价函数：

$$HR = (E+H+T)/3;$$

$$E = \sum aiwij'; H = \sum bixij'; T = \sum ciyij';$$

其中，HR为西北农村人力资源投资能力，E、H与T分别为教育投资能力、健康投资能力、流动投资能力的评价函数；ai、bi、ci分别为各子系统中每个指标的权重；wij'、xij'、yij'为各项指标标准化后的值。

表4-3　西北农村人力资源投资指标体系

一级指标及权重	二级指标及权重
教育投资，权重0.4	财政教育支出（亿元），权重0.3
	农村居民文教娱乐支出（元），权重0.4
	大中专院校数（个），权重0.1
	乡村受高中以上教育程度人口比例（%），权重0.2
健康投资，权重0.3	财政医疗卫生与计划生育支出（亿元），权重0.2
	农村居民医疗保健支出（元），权重0.4
	卫生机构床位数量（个），权重0.2
	农村卫生人员数量（万人），权重0.2

一级指标及权重	二级指标及权重
流动投资，权重 0.3	农村居民交通通信支出（元），权重 0.4
	公路线路里程数（公里），权重 0.2
	农村就业人员中第二、三产业就业比例（%），权重 0.1
	农村人口人均经营性收入（元），权重 0.3

资料来源：《中国统计年鉴》《中国贫困监测报告》以及西北五省区统计年鉴等。

2. 西北农村人力资源贫困治理指标

西北农村人力人力资源贫困治理指标主要由贫困人口规模下降速度、农村居民人均可支配收入、农村居民人均消费支出和城镇化率四项指标构成（见表4-4）。另外，本书还引进《中国贫困监测报告》中的"贫困发生率"这一指标对西北农村人力资源贫困治理指标进行验证。

表 4-4　西北农村人力资源贫困治理指标体系

具体指标	权重
贫困人口规模下降速度（%）	0.2
农村居民人均可支配收入（元）	0.3
农村居民人均消费支出（元）	0.3
城镇化率（%）	0.2

资料来源：《中国统计年鉴》《中国贫困监测报告》以及西北五省区统计年鉴等。

（二）权重设置

指标的权重确定可采用专家赋值法或熵值赋权法进行，以增加研究结果的效度与信度，本书采用专家赋值法设置西北农村人力资源投资指标权重。第一步邀请了人力资源投资和贫困治理方面的 5 位专家，对西北农村人力资源投资指标系统中各层次评价指标的相对重要性进行评价；第二步是与 5 位专家反馈与沟通评价结果，最后确定大家都认可的评价结果；第三步是根据评价结果构建判断矩阵，计算评价指标体系各指标权重，并进行一致性检验。西北农村人力资源投资指标与西北农村人力资源贫困治理指标权重如表 4-3、表 4-4 所示。就一级指标而言，5 位专家均认为西北农村人力资源投资指标中的教育投资的权重为 0.4，健康投资和流动投资

在西北农村人力资源投资中具有同等重要的作用，它们的权重均设为
0.3。西北农村人力资源贫困治理指标中，贫困人口规模下降速度、农村
居民人均可支配收入、农村居民人均消费支出和城镇化率的权重分别为
0.2、0.3、0.3、0.2。对一级指标权重进行一致性检验，发现一级指标权
重设置科学合理。就二级指标而言，教育投资的四个二级指标权重依次为
0.3、0.4、0.1、0.2，健康投资的四个二级指标权重依次为 0.2、0.4、
0.2、0.2，流动投资的四个二级指标权重依次为 0.4、0.2、0.1、0.3。
且二级指标权重也通过了一致性检验，各指标的权重设置较为科学合理。

（三）指标标准化

将各个指标标准量化成能够比较计算的 0~10 之间的无向量指标，可
采用以下公式：

$$X'_{ij} = \frac{X_{ij} \times 10}{X_{i\,\max\,j}}$$

式中，X_{ij} 与 X'_{ij} 表示象原 j 上指标 i 的原始值和量化值；$X_{i\,\max\,j}$ 表示指
标 i 在所有象原中的最大值。

三　人力资源投资与贫困治理相关性分析

本书采用多元线性回归模型。多元线性回归方程适用于多个解释变量
与被解释变量之间的关系分析，多元线性回归模型的数学表达式为：

$$y = \beta_0 + \beta_1 x_1 + \beta_2 x_2 + \cdots + \beta_p x_p + \varepsilon$$

上式是一个 p 元线性回归方程，其中含有 p 个解释变量。β_0 为回归常
数，β_1、$\beta_2 \cdots \beta_p$ 为回归系数，ε 为随机误差。该式表明，被解释变量 y 的
变化来自两个部分，第一部分为各个解释变量 x_1、$x_2 \cdots x_p$ 的变化；第二部
分来自随机扰动项 ε。本书在分析人力资源投资与贫困治理相关性及影响
因素时，将采用多元线性回归模型进行评估。

（一）教育投资与贫困治理成效相关性分析

教育投资主要由财政教育支出、农村居民文教娱乐支出、大中专院校
数、乡村受高中以上教育程度人口比例等构成。本节运用 Python 软件进

行教育投资与贫困治理成效相关性分分析。

1. 正态分布判断

判断变量是否近似服从正态分布的标准是：如果散点都比较均匀地散落在直线上，就说明近似服从正态分布，否则就认为数据不服从正态分布。如图 4-2 所示，散点均落在直线的附近（95%置信区间），没有较大的偏离，故认为财政教育支出、农村居民文教娱乐支出、大中专院校数、乡村受高中以上教育程度人口比例变量近似服从正态分布。

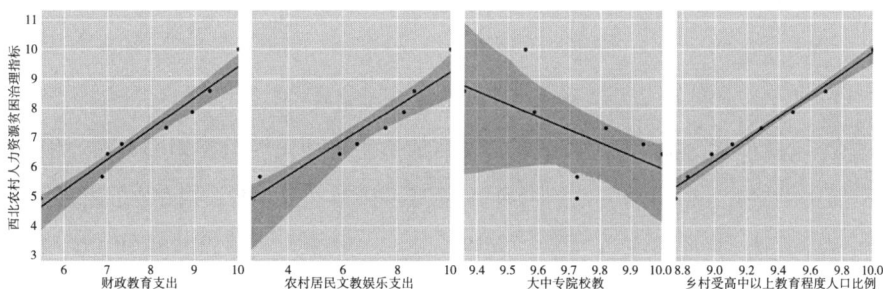

图 4-2　教育投资与贫困治理成效 Q-Q 图

2. 相关性检验

通过 Python 软件进行 Pearson 相关系数和可视化方法识别，如图 4-3 结果所示，自变量中财政教育支出、农村居民文教娱乐支出、乡村受高中以上教育程度人口比例变量与西北农村人力资源贫困治理指标之间存在较高的相关系数，相关系数均达到 0.9 以上，而大中专院校数与西北农村人力资源贫困治理指标之间存在负相关性。如图 4-4 所示，各变量之间的散点矩阵图几乎为一条向上倾斜的直线，说明各变量之间确实存在很强的线性相关。

3. 模型拟合

教育投资与贫困治理成效模型拟合，R 表示拟合优度（Goodness of Fit），用来衡量估计的模型对观测值的拟合程度。它的值越接近 1 说明模型越好。本次拟合不管是 R^2 还是调整后的 R^2 都在 95%以上，说明本次回归模型的拟合效果是很好的，调整后的 R^2 比调整前的 R^2 更准确一些，表 4-5 中的最终调整 R^2 为 0.993，表示自变量一共可以解释因变量 99.3%的变化（variance）。

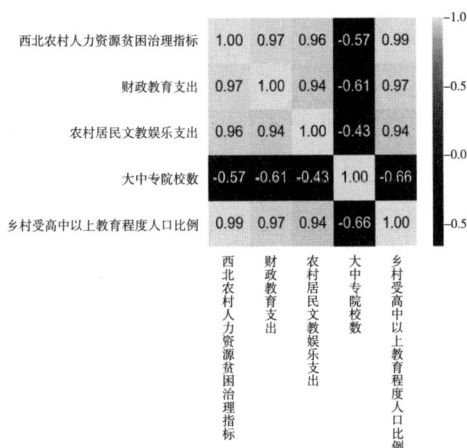

图 4-3 Pearson 相关系数

德宾-沃森检验简称"D-W检验",是目前检验自相关性最常用的方法,但它只能用于检验一阶自相关性。当 D-W 值显著接近 0 或 4 时,则存在自相关性,而接近 2 时,则不存在(一阶)自相关性。一般来说越接近 2 越好,说明自变量的自相关性越不明显。D-W 检验值为 1.926,接近于 2,说明模型设计很好。详见表 4-5。

表 4-5 模型摘要

模型摘要[b]						
模型	R	R²	调整后 R²	标准估算的误差	显著性 F 变化量	D-W
1	.999[a]	0.997	0.993	0.13365	0.000	1.926

a. 预测变量:常量、乡村受高中以上教育程度人口比例、大中专院校数、财政教育支出、农村居民文教娱乐支出。

b. 因变量:西北农村人力资源贫困治理指标。

4. 方差分析

Anova 表示方差分析结果,主要看 F 值和 Sig 值两个,F 值为方差分析的结果,是对整个回归方程的总体检验,指的是整个回归方程有没有使用价值,其 F 值对应的 Sig 值小于 0.05 就可以认为回归方程是有用的。另外,从 F 值的角度来讲,F 值是回归方程的显著性检验,表示的是模型中被解释变量与所有解释变量之间的线性关系在总体上是否显著。

从方差分析结果来看,我们可以看出方差分析的显著性为 0.000,小

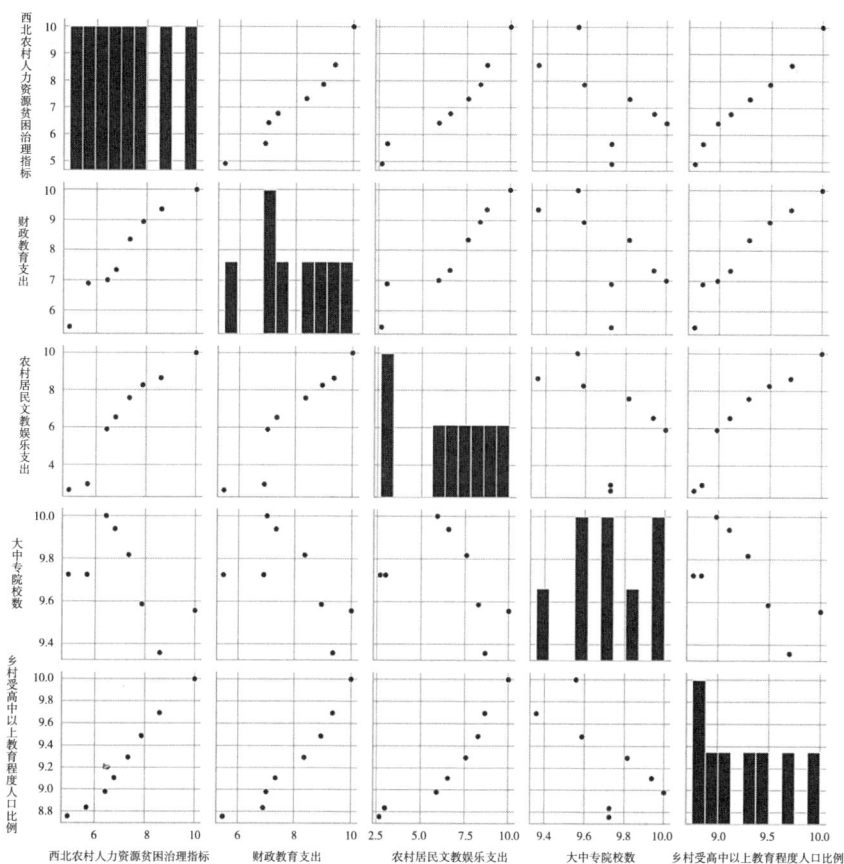

图 4-4　散点矩阵

于 0.05，说明在本次分析中西北农村人力资源贫困治理指标和乡村受高中以上教育程度人口比例、大中专院校数、财政教育支出、农村居民文教娱乐支出之间存在显著的线性关系，详见表 4-6。

表 4-6　Anova 分析结果

Anova[a]					
模型		平方和	自由度	均方	F	显著性
1	回归	18.549	4	4.637	259.613	.000[b]
	残差	0.054	3	0.018		
	总计	18.603	7			

a. 因变量：西北农村人力资源贫困治理指标。

b. 预测变量：常量、乡村受高中以上教育程度人口比例、大中专院校数、财政教育支出、农村居民文教娱乐支出。

5. 模型结果

运用 Python 软件进行多元线性回归分析，从表 4-6 的模型分析结果来看，总体上方程的 F 检验值为 259.613，在 0.05 的水平上是显著的，因此该模型具有统计学意义。多元线性回归方程为：

西北农村人力资源贫困治理指标 = -45.798 + 3.939×乡村受高中以上教育程度人口比例 + 1.539×大中专院校数 + 0.302×财政教育支出 - 0.132×农村居民文教娱乐支出

表 4-7　模型分析结果

系数[a]

模型		未标准化系数		标准化系数	t	显著性
		B	标准误差	Beta		
1	常量	-45.798	9.137		-5.012	0.015
	财政教育支出	0.302	0.145	0.279	2.086	0.013
	农村居民文教娱乐支出	-0.132	0.094	-0.213	-1.400	0.026
	大中专院校数	1.539	0.484	0.198	3.183	0.050
	乡村受高中以上教育程度人口比例	3.939	0.631	1.050	6.241	0.008

a. 因变量：西北农村人力资源贫困治理指标。

从教育投资方面来看，系数值大于零，说明财政教育支出、大中专院校数、乡村受高中以上教育程度人口比例对西北农村人力资源贫困治理的提升有显著的正向影响。在其他条件不变时，乡村受高中以上教育程度人口比例每增加 1 个单位，西北农村人力资源贫困治理指标就会提升 3.939 个单位；大中专院校数每增加 1 个单位，西北农村人力资源贫困治理指标就会提升 1.539 个单位；财政教育支出每增加 1 个单位，西北农村人力资源贫困治理指标就会提升 0.302 个单位；农村居民文教娱乐支出每下降 1 个单位，西北农村人力资源贫困治理指标就会提升 0.132 个单位。综上所述，西北农村的教育投资水平越高，西北农村人力资源贫困治理就越容易。

（二）健康投资与贫困治理成效相关性分析

健康投资主要由财政医疗卫生与计划生育支出、农村居民医疗保健支出、卫生机构床位数量和农村卫生人员数量等构成。

1. 正态分布判断

判断变量是否近似服从正态分布的标准是：如果散点都比较均匀地散落在直线上，就说明近似服从正态分布，否则就认为数据不服从正态分布。如图4-5所示，散点均落在直线的附近（95%置信区间），没有较大的偏离，故认为财政医疗卫生与计划生育支出、农村居民医疗保健支出、卫生机构床位数量和农村卫生人员数量变量近似服从正态分布。

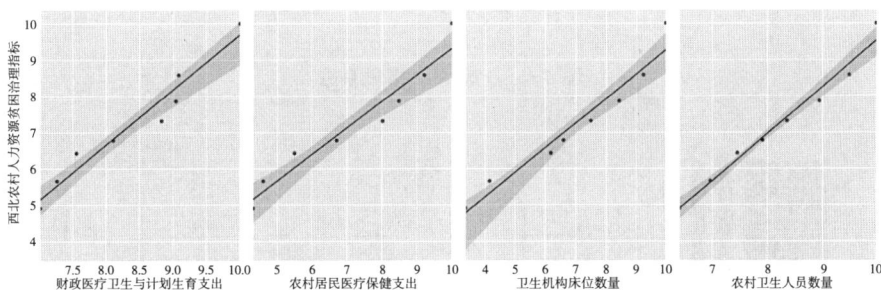

图4-5　健康投资与贫困治理成效 Q-Q

2. 相关性检验

通过 Python 软件进行 Pearson 相关系数和可视化方法识别，如图4-6结果所示，自变量中财政医疗卫生与计划生育支出、农村居民医疗保健支出、卫生机构床位数量和农村卫生人员数量与西北农村人力资源贫困治理指标之间存在较高的相关系数，相关系数均达到 0.95 以上。如图4-7所示，各变量之间的散点矩阵图几乎为一条向上倾斜的直线，说明各变量之间确实存在很强的线性相关。

3. 模型拟合

健康投资与贫困治理成效模型拟合，不管是 R^2 还是调整后的 R^2 都在95%以上，说明本次回归模型的拟合效果是很好的，调整后的 R^2 比调整前的 R^2 更准确一些，表4-8中的最终调整 R^2 为 0.981，表示自变量一共可以解释因变量 98.1% 的变化。D-W 检验值为 2.232，接近于2，说明模型设计很好，详见表4-8。

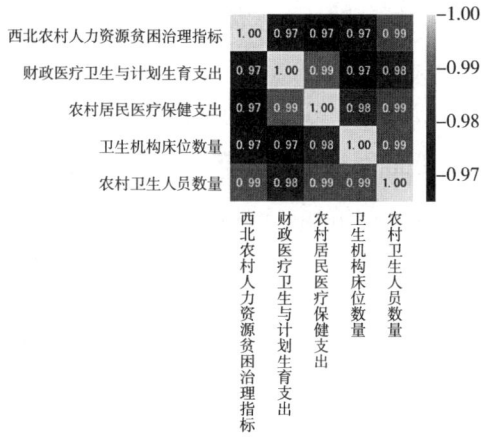

图 4-6 Pearson 相关系数

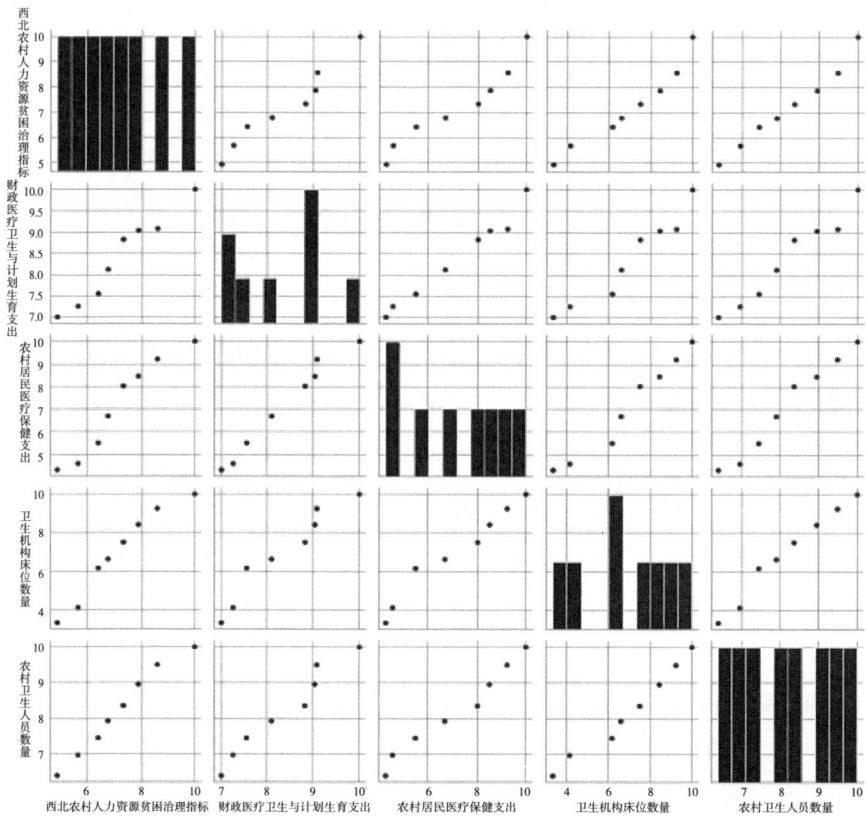

图 4-7 散点矩阵

表 4-8　模型摘要

模型	R	R²	调整后 R²	标准估算的误差	显著性 F 变化量	D-W
				模型摘要[b]		
1	.996[a]	0.992	0.981	0.22445	0.002	2.232

a. 预测变量：常量、农村卫生人员数量、财政医疗卫生与计划生育支出、卫生机构床位数量、农村居民医疗保健支出。

b. 因变量：西北农村人力资源贫困治理指标。

4. 方差分析

从方差分析结果来看，我们可以看出方差分析的显著性为 0.002，小于 0.05，说明在本次分析中西北农村人力资源贫困治理指标和农村卫生人员数量、财政医疗卫生与计划生育支出、卫生机构床位数量、农村居民医疗保健支出之间存在显著的线性关系，详见表 4-9。

表 4-9　Anova 分析结果

模型		平方和	自由度	均方	F	显著性
				Anova[a]		
1	回归	18.431	4	4.608	91.467	.002[b]
	残差	.151	3	.050		
	总计	18.582	7			

a. 因变量：西北农村人力资源贫困治理指标。

b. 预测变量：常量、农村卫生人员数量、财政医疗卫生与计划生育支出、卫生机构床位数量、农村居民医疗保健支出。

5. 模型结果

运用 Python 软件进行多元线性回归分析，从表 4-9 的模型分析结果来看，总体上方程的 F 检验值为 91.467，在 0.05 的水平上是显著的，因此该模型具有统计学意义。多元线性回归方程为：

西北农村人力资源贫困治理指标＝－10.348＋1.506×农村卫生人员数量＋1.256×财政医疗卫生与计划生育支出＋0.112×卫生机构床位数量－0.855×农村居民医疗保健支出

表 4-10　模型分析结果

模型		未标准化系数		标准化系数	t	显著性
		B	标准误差	Beta		
1	常量	−10.348	3.286		−3.149	0.050
	财政医疗卫生与计划生育支出	1.256	0.585	0.806	2.146	0.012
	农村居民医疗保健支出	−0.855	0.374	−1.128	−2.288	0.010
	卫生机构床位数量	0.112	0.247	0.162	0.455	0.048
	农村卫生人员数量	1.506	0.572	1.153	2.633	0.028

系数[a]

a. 因变量：西北农村人力资源贫困治理指标。

从健康投资方面来看，系数值大于零，说明财政医疗卫生与计划生育支出、卫生机构床位数量和农村卫生人员数量对西北农村人力资源贫困治理的提升有显著的正向影响。在其他条件不变时，农村卫生人员数量每增加 1 个单位，西北农村人力资源贫困治理指标就会提升 1.506 个单位；财政医疗卫生与计划生育支出每增加 1 个单位，西北农村人力资源贫困治理指标就会提升 1.256 个单位；卫生机构床位数量每增加 1 个单位，西北农村人力资源贫困治理指标就会提升 0.112 个单位；农村居民医疗保健支出每下降 1 个单位，西北农村人力资源贫困治理指标就会提升 0.855 个单位。综上所述西北农村在健康投资上投资力度越大，西北农村人力资源贫困治理就越容易。

（三）流动投资与贫困治理成效相关性分析

流动投资主要是由农村居民交通通信支出，公路线路里程数，农村就业人员中第二、三产业就业比例和农村人口人均经营性收入等构成。

1. 正态分布判断

判断变量是否近似服从正态分布的标准是：如果散点都比较均匀地散落在直线上，就说明近似服从正态分布，否则就认为数据不服从正态分布。如图 4-8 所示，散点均落在直线的附近（95% 置信区间），没有较大的偏离，故认为农村居民交通通信支出，公路线路里程数，农村就业人员中第二、三产业就业比例和农村人口人均经营性收入变量近似服从正态分布。

2. 相关性检验

通过 Python 软件进行 Pearson 相关系数和可视化方法识别，如图 4-9

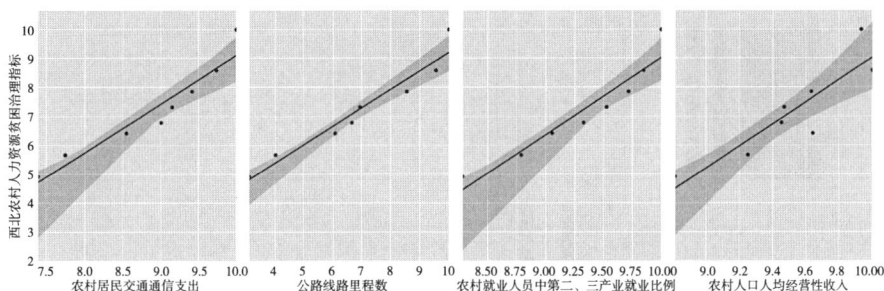

图 4-8　流动投资与贫困治理成效 Q-Q 图

结果所示，自变量中农村居民交通通信支出，公路线路里程数，农村就业人员中第二、三产业就业比例和农村人口人均经营性收入与西北农村人力资源贫困治理指标之间存在较高的相关系数，相关系数均基本到 0.90 以上。如图 4-10 所示，各变量之间的散点矩阵图几乎为一条向上倾斜的直线，说明各变量之间确实存在很强的线性相关。

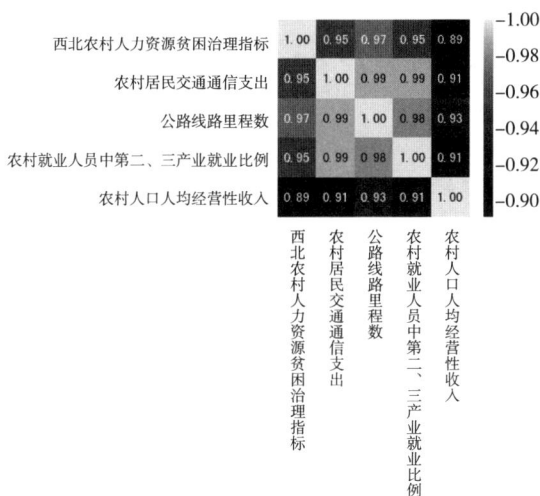

图 4-9　Pearson 相关系数

3. 模型拟合

流动投资与贫困治理成效模型拟合，不管是 R^2 还是调整后的 R^2 都在

127

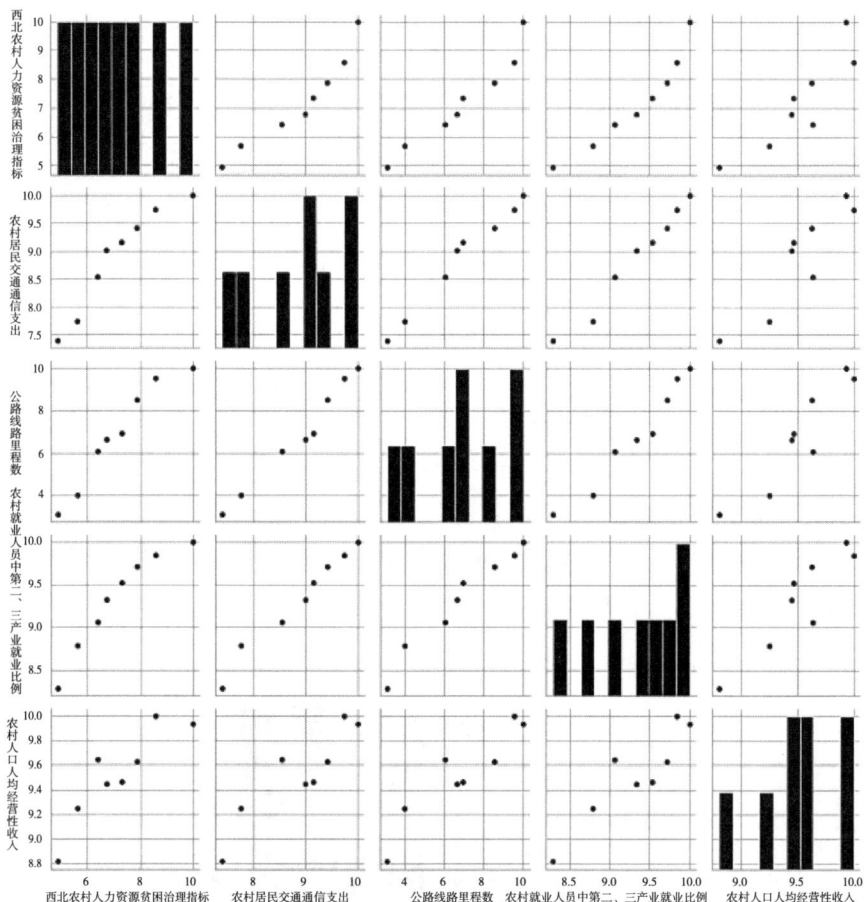

图 4-10　散点矩阵

85%以上，说明本次回归模型的拟合效果是很好的，调整后的 R^2 比调整前的 R^2 更准确一些，表 4-11 中的最终调整 R^2 为 0.859，表示自变量一共可以解释因变量 85.9%的变化。D-W 检验值为 1.577，接近于 2，说明模型设计很好，详见表 4-11。

4. 方差分析

从方差分析结果来看，我们可以看出方差分析的显著性为 0.036，小于 0.05，说明在本次分析中西北农村人力资源贫困治理指标和农村就业人员中第二、三产业就业比例，公路线路里程数，农村人口人均经营性收入，农村居民交通通信支出之间存在显著的线性关系，详见表4-12。

表4-11　模型摘要

			模型摘要[b]			
模型	R	R^2	调整后 R^2	标准估算的误差	显著性 F 变化量	D-W
1	.969[a]	0.940	0.859	0.61137	0.036	1.577

a. 预测变量：常量，农村就业人员中第二、三产业就业比例，公路线路里程数，农村人口人均经营性收入，农村居民交通通信支出。

b. 因变量：西北农村人力资源贫困治理指标。

5. 模型结果

运用 Python 软件进行多元线性回归分析，从表4-12的模型分析结果来看，总体上方程的 F 检验值为 11.679，在 0.05 的水平上是显著的，因此该模型具有统计学意义。多元线性回归方程为：

西北农村人力资源贫困治理指标 = 4.332+0.844×农村就业人员中第二、三产业就业比例+0.752×公路线路里程数-0.458×农村人口人均经营性收入-0.653×农村居民交通通信支出

表4-12　Anova 分析结果

				Anova[a]		
	模型	平方和	自由度	均方	F	显著性
1	回归	17.461	4	4.365	11.679	.036[b]
	残差	1.121	3	0.374		
	总计	18.582	7			

a. 因变量：西北农村人力资源贫困治理指标。

b. 预测变量：常量，农村就业人员中第二、三产业就业比例，公路线路里程数，农村人口人均经营性收入，农村居民交通通信支出。

从流动投资方面来看，系数值大于零，说明农村就业人员中第二、三产业就业比例和公路线路里程数对西北农村人力资源贫困治理的提升有显著的正向影响。系数值小于零，说明农村人口人均经营性收入和农村居民交通通信支出对西北农村人力资源贫困治理的提升有显著的负向影响。在其他条件不变时，农村就业人员中第二、三产业就业比例每增

加 1 个单位，西北农村人力资源贫困治理指标就会提升 0.844 个单位；公路线路里程数每增加 1 个单位，西北农村人力资源贫困治理指标就会提升 0.752 个单位；农村人口人均经营性收入每减少 1 个单位，西北农村人力资源贫困治理指标就会增加 0.458 个单位；农村居民交通通信支出每减少 1 个单位，西北农村人力资源贫困治理指标就会增加 0.653 个单位。综上所述西北农村的有效流动水平越高，西北农村人力资源贫困治理就越容易。

表 4-13　模型分析结果

系数[a]						
模型		未标准化系数		标准化系数	t	显著性
		B	标准误差	Beta		
1	常量	4.332	20.837		0.208	0.018
	农村居民交通通信支出	−0.653	2.226	−0.371	−0.294	0.007
	公路线路里程数	0.752	0.698	1.139	1.078	0.000
	农村就业人员中第二、三产业就业比例	0.844	2.662	0.301	0.317	0.017
	农村人口人均经营性收入	−0.458	1.734	−0.107	−0.264	0.008

a. 因变量：西北农村人力资源贫困治理指标。

（四）西北农村人力资源投资与贫困治理关系的 Granger 验证

近年来，西北地区无论是农民收入还是人力资源投资支出都呈增长趋势，但两者是否存在互相促进的关系，也就是说，人力资源投资是否可以带来收入的增长，同时，收入的增长是否又能促进人力资源投资水平的提高还有待考证。

本书通过 2011～2018 年西北农村人均收入（RJSR）、交通通信（JTTX）、文教娱乐（WJYL）、医疗保健（YLBJ）的年度数据，并采用向量自回归模型（VAR），来分析西北农村人力资源投资与贫困治理的关系。VAR 模型基于统计特性，采用方程的形式，不需要考虑模型中的内生变量。因此，该模型的可靠性高于单一方程模型。在建立 VAR 模型之前，需要对各种变量进行平稳性检验，如果变量是平稳序列，则 VAR 模型建立。若变量为非平稳序列但均为同阶单整，则应对变量进行协整检验，以确定变量间是否存在长期稳定关系。

1. 平稳性检验

在拟合 VAR 模型之前，需要对变量进行平稳性检验，只有要拟合的内生变量都是平稳的或者同阶单整的才可进行 VAR 模型的拟合。但在平稳性检验之前需要先对各变量取对数，以消除时间序列的异方差的影响。进行单位根检验时，若存在单位根则序列不平稳；反之，不存在单位根则序列平稳。判断是否平稳主要看详细拟合结果的最后两个部分，即检验统计量的值（value of test-statistic）和对应的显著性水平下检验统计量的临界值（critical values for test statistics），单位根检验的原假设是序列存在单位根，若统计量的值和临界值为负，统计量的值大于临界值是接受原假设；若统计量的值和临界值为正，统计量的值大于临界值是拒绝原假设。因此，对 LNRJSR、LNJTTX、LNWJYL、LNYLBJ 变量的单位根进行检验，LNRJSR 的检验统计量的值 -5.7883 在 1%、5%、10% 的显著性水平下都小于临界值（-4.04、-3.45、-3.15），则拒绝原假设而接受不存在单位根的假设，说明 LNRJSR 序列是平稳的；LNJTTX 的检验统计量的值 -6.2578 在 1%、5%、10% 的显著性水平下都小于临界值（-4.04、-3.45、-3.15），则拒绝原假设而接受不存在单位根的假设，说明 LNJTTX 序列是平稳的；LNWJYL 的检验统计量的值 -6.3085 在 1%、5%、10% 的显著性水平下都小于临界值（-4.04、-3.45、-3.15），则拒绝原假设而接受不存在单位根的假设，说明 LNWJYL 序列是平稳的；LNYLBJ 的检验统计量的值 -6.0803 在 1%、5%、10% 的显著性水平下都小于临界值（-4.04、-3.45、-3.15），则拒绝原假设而接受不存在单位根的假设，说明 LNWJYL 序列是平稳的，详见表 4-14。各变量序列没有明显的波动聚集或则上升下降的趋势，比较平稳，如图 4-11 所示。

表 4-14　单位根检验结果

变量	value of test-statistic is	critical values for test statistics	p-value	结果
LNRJSR	-5.7883 11.3597 17.0392	1pct　5pct　10pct tau3 -4.04 -3.45 -3.15 phi2　6.50　4.88　4.16 phi3　8.73　6.49　5.47	0.00	平稳***
LNJTTX	-6.2578 13.2737 19.9088		0.00	平稳***
LNWJYL	-6.3085 13.5188 20.2782		0.00	平稳***
LNYLBJ	-6.0803 12.5438 18.8149		0.00	平稳***

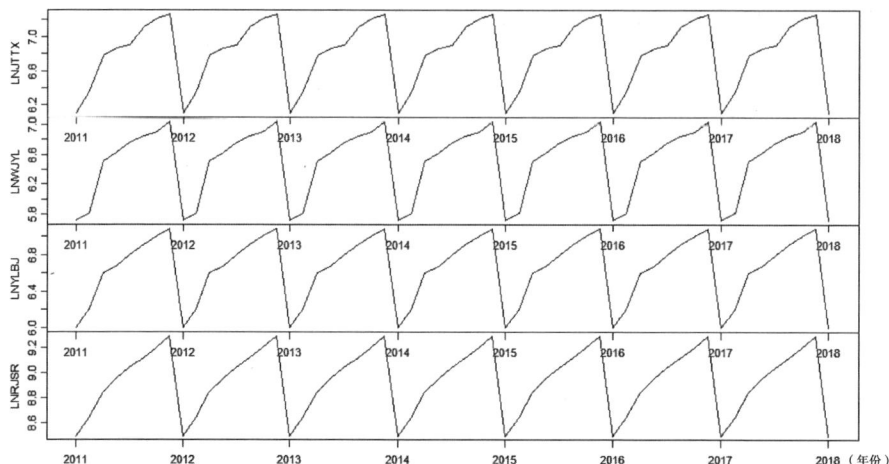

图 4-11 变量的时序

2. 滞后阶数的确定

由于 Granger 检验对滞后期长度非常敏感，在拟合 VAR 模型之前还需要确定拟合几阶 VAR 模型，也就是确定滞后阶数。为了获得最佳的滞后期数，通过 R 语言软件进行计算，以 AIC 和 SC 信息准则为标准，选取滞后 2 阶作为最佳滞后期，详见表 4-15。

表 4-15 VAR 模型最佳滞后阶数的判定结果

	selection	criteria							
		1	2	3	4	5	6	7	8
AIC (n)	2	-5.21E+01	-2.75E+02	-2.75E+02	-2.74E+02	-2.73E+02	-2.73E+02	-2.72E+02	-2.71E+02
	selection	criteria							
		1	2	3	4	5	6	7	8
HQ (n)	2	-5.18E+01	-2.75E+02	-2.74E+02	-2.73E+02	-2.72E+02	-2.71E+02	-2.70E+02	-2.69E+02
SC (n)	2	-5.14E+01	-2.74E+02	-2.73E+02	-2.71E+02	-2.70E+02	-2.69E+02	-2.68E+02	-2.66E+02
FPE (n)	2	2.30E-23	2.92E-120	5.81E-120	1.20E-119	2.58E-119	5.97E-119	1.53E-118	4.56E-118

3. 模型拟合

若自相关图里的自相关系数很快衰减为 0，则序列平稳；若自相关系数没有快速减为 0，一般认为自相关系数低于 2 倍标准差，即图 4-12 中虚线以下时即为 0，而且呈现出拖尾的特征，故判断序列为非平稳序列。本次拟合模型通过 R 语言软件画出序列的时序图，观察序列是否平稳。画出序列的自相关函数图（ACF）和偏自相关函数图（PACF），通过自相关图判断序列是否平稳。

通过对滞后 2 阶的最佳滞后期进行模型拟合，发现模型时序图与残差图序列比较平稳，通过自相关函数图和偏自相关函数图，发现 2 阶序列为平稳序列，且自相关图显示自相关系数在滞后 1 阶后就快速减为 0，进一步表明序列平稳。如图 4-12 所示。

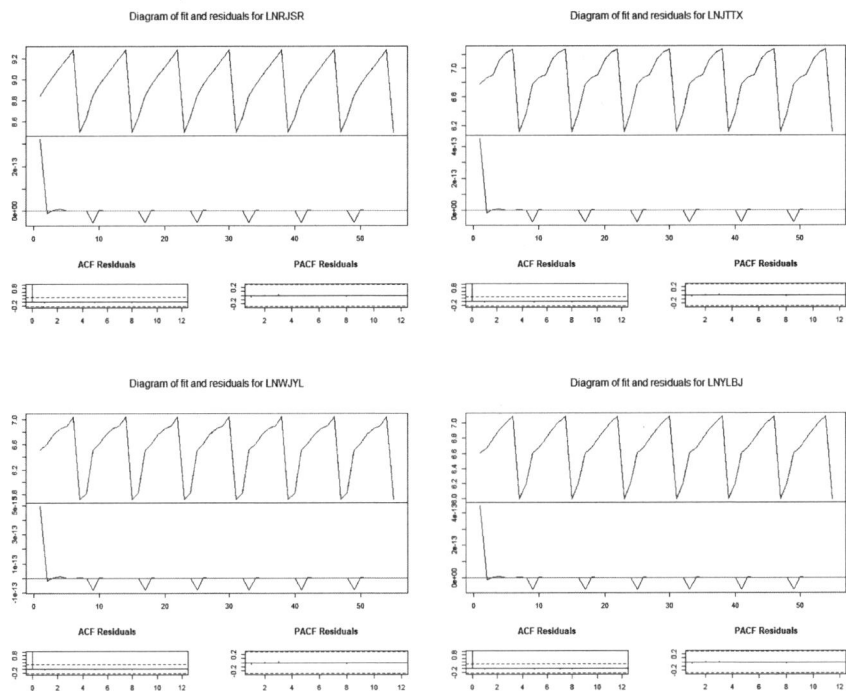

图 4-12　时序图、残差图、自相关函数图和偏自相关函数图

通过 R 语言软件拟合交通通信、文教娱乐、医疗保健对西北农村人均收入的模型。模型如下：

模型一：$LNRJSR = a_0 + a_1 LNJTTX$

模型二：$LNRJSR = b_0 + b_1 LNWJYL$

模型三：$LNRJSR = c_0 + c_1 LNYLBJ$

其中，a_0、a_1、b_0、b_1、c_0、c_1 为待估参数。通过 R 语言软件计算得到三个模型的待估参数，如表 4-16 所示。从回归结果可以看到，三个模型的参数估计不仅通过显著性检验，且决定系数均比较高。D-W 检验值均接近于 2，模型拟合较好。因此，三个模型可以表达为：

模型一：$LNRJSR = 4.43489 + 0.66094 LNJTTX$

模型二：$LNRJSR = 5.39554 + 0.54402 LNWJYL$

模型三：$LNRJSR = 4.22784 + 0.70858 LNYLBJ$

由回归模型一可得，西北农村的交通通信对人均收入的弹性系数是0.66094，说明在其他条件不变时，交通通信支出每增加 1%，就会使人均收入增加 0.66094%。由回归模型二可得，西北农村的文教娱乐对人均收入的弹性系数是 0.54402，表示当其他条件不变时，文教娱乐支出每增加1%，就会使人均收入增加 0.54402%。由回归模型三可得，西北农村的医疗保健对收入的弹性是 0.70858，表示当其他条件不变时，医疗保健支出每增加 1%，会使收入增加 0.70858%。

表 4-16　模型参数结果

	Estimate	Std. Error	t value	Pr (>|t|)	Adjusted R-squared	D-W
a_0	4.43489	0.08256	53.72	<2e-16 ***	0.9816	1.8439
a_1	0.66094	0.0121	54.64			
b_0	5.39554	0.10426	51.75	<2e-16 ***	0.9539	1.9832
b_1	0.54402	0.01597	34.07			
c_0	4.22784	0.07069	59.8	<2e-16 ***	0.9876	1.8024
c_1	0.70858	0.01062	66.74			

4. 诊断性检验

"OLS-CUSUM" 给出的是残差累积和，在该检验生成的曲线图中，残差累积和曲线以时间为横坐标。图中绘出两条临界线，如果累积和超出这两条临界线，则说明参数不具有稳定性。现对模型有效性，即系统平稳性进行检验。如图 4-13 所示，使用 "OLS-CUSUM"，发现 LNRJSR、LNJTTX、LNWJYL、LNYLBJ 模型参数均未超过临界线，说明模型系统具有稳定性。

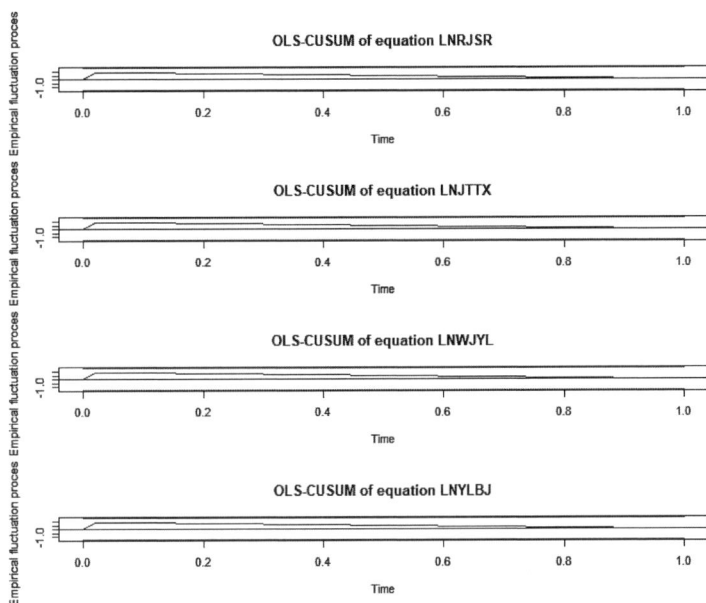

图 4-13　"OLS-CUSUM" 曲线

5. 基于 VAR 模型的 Granger 因果检验

为明确自变量与因变量间的相互因果关系，更有效地分析西北农村人均收入对交通通信、文教娱乐、医疗保健的影响，接下来进行 Granger 因果检验。

从表 4-17 的 Granger 因果检验结果不难看出：交通通信、文教娱乐、医疗保健是人均收入的 Granger 原因，但人均收入并不是交通通信、文教娱乐的 Granger 原因。说明西北农村人力资源投资可以促进西北农村人均收入的增加，但西北农村人均收入的增加并不显著带来西北农村人力资源投资水平的提高。综上所述，不仅从计量经济模型分析结果可知，在西北农村，投资人力资源可以正向促进人均收入的增加，而且 Granger 因果检验结果也得出了类似的结论，人力资源投资显著影响着人均收入的提高。

表4-17　2011~2018年西北农村人力资源投资与贫困治理关系的 Granger 因果检验

滞后期数	零假设	F 值	P 值	结论
2	RJSR 不是 JTTX 的 Granger 原因	6.2321	0.003832**	接受
2	JTTX 不是 RJSR 的 Granger 原因	3.5376	0.05656	不接受
2	RJSR 不是 WJYL 的 Granger 原因	13.9	1.584e-05***	接受
2	WJYL 不是 RJSR 的 Granger 原因	20.882	0.0555	不接受
2	RJSR 不是 YLBJ 的 Granger 原因	11.378	0.08466	不接受
2	YLBJ 不是 RJSR 的 Granger 原因	9.7622	0.07635	不接受

本章小结

通过实证分析可以得出结论，西北农村的教育投资水平、健康投资水平和流动投资水平越高，越有利于促进西北农村人均收入增加。教育投资是人力资源投资最主要的形式，教育投资可以提高西北农村人力资源的可行能力。健康投资是西北农村人力资源开发的重要内容之一。身体健康"不仅仅是没有疾病或身体不虚弱，而是一种生理上、心理上和社会上的完好状态"①。西北农村人力资源的身心健康不容忽视，切实做好对他们身心健康的保护、提升才能谈得上致富。工欲善其事，必先利其器。流动投资是西北农村人力资源投资的主要内容之一。与东部发达地区相比，西北人均公路线路里程数和农村居民交通通信支出都比较低。可见，较低的人口流动阻碍了西北农村人力资源的提升与发展。

因此，加大西北农村人力资源投资力度，特别是加大教育投资力度、提高健康水平、提升流动效率是促使西北农村人口贫困治理的重要抓手。应努力促进脱贫成果与乡村振兴有效衔接，从而实现农业强、农民富、农村美的美好愿景。

---

① 潘锦棠：《性别人力资本理论》，《中国人民大学学报》2003年第3期。

第五章　国内外农村人力资源开发与贫困治理经验借鉴

以史为鉴，可知兴替。西北农村人力资源开发与贫困治理实践相对于国内发达地区和国外发达国家农村人力资源开发与贫困治理实践而言是落后于时代步伐的。为了能迎头赶上，学习借鉴国内发达地区和国外发达国家农村人力资源开发与贫困治理的历史显得尤为必要。他山之石，可以攻玉。以重庆、广东、江苏为代表的国内发达地区和以德国、美国、日本、韩国等为代表的国外发达国家农村人力资源开发与贫困治理实践是非常成功的，这些地区和国家的农村人力资源开发与贫困治理实践，有力地助推了当地经济社会发展。本书对重庆、广东、江苏等发达地区和农业发展独特的美国进行了走访调研，对德国、日本、韩国等发达国家有关农村人力资源开发的文献资料进行了梳理研究，总结它们的成功经验，以期为西北农村人力资源开发与贫困治理在理论与实践上提供经验借鉴。

第一节　国内发达地区农村人力资源开发与贫困治理经验

广东是我国经济社会发展最好的省份之一。虽然广东以工业发展见长，但是其农业发展也独具特色，在解决"三农"问题，特别是农民问题上，形成了以职业教育精准对接农村人力资源，以农村人力资源开发带动整个农业发展的广东模式。重庆是我国西部地区唯一的直辖市，也是相对其他三个直辖市而言农村人口比重最高的直辖市。在农村人力资源开发与贫困治理方面，重庆市根据自身优劣势，发展出了移民搬迁与产业扶贫相得益彰的重庆模式。江苏是我国城乡发展最为协调的省份之一，在人力资源开发与贫困治理方面，江苏结合自身实际情况，形成了培训转移与非农就业相结合的江苏模式。

一 广东职业教育精准对接农村人力资源

作为我国第一大经济体的广东省地处祖国大陆南部，是全国海域面积大于陆地面积的省份之一，全省土地总面积 17.9725 万平方公里，约占全国陆地面积的 1.87%。海域面积 42 万平方公里，是陆地面积的 2.3 倍。大陆海岸线长 4114 公里，居全国首位。有海岛 1963 个，总面积 1513.17 平方公里。2019 年末，全省常住人口 11521.00 万人，其中乡村人口 3295.01 万人，占常住人口的比重为 28.60%，城镇常住人口 8225.99 万人，占常住人口的比重（常住人口城镇化率）为 71.40%。广东具有独领风骚的人力资源、丰富的水利资源和品种多样的矿产资源。改革开放以来，广东经济突飞猛进，一路高歌，领跑中国经济数十年。广东省的特殊发展历史使得其城乡之间的贫富差距不断扩大，社会问题频现，特别是在 21 世纪初期，广东农村"空心化"、土地"荒芜化"问题十分严重。面对这一问题，广东省委省政府提出了发展工业不忘农业，发展城市不落农村，重点发展职业教育，打造一支懂农业、爱农村、为农民的乡村发展队伍，以队伍带动农村发展新理念。[①]

（一）科技下乡人才下乡，助力农村发展

1. 科技下乡

科学技术是第一生产力。农村发展离不开科学技术的推动。针对根深蒂固的小农思想和安于现状靠天吃饭的思维定式，广东省政府实施了科技下乡政策，从思想和技术上解放农村生产力。首先，引进先进技术，让科技企业进驻农村，让更高端的技术、更先进的设备、更优质的项目能够落地农村。利用丰富的农村人力资源与先进设备的优势互补，带动农村发展。其次，将科技培训"落户"农村。建设了一批高质量的科技培训基地，让农民科技人员能够接受持续性的、有规律的、可以实操的培训。在

---

① 广东省人民政府地方志办公室、广东省统计局：《省情概况》，（2018-11-12）[2020-04-23]，http://www.gd.gov.cn/zjgd/sqgk/rkyy/index.html。

培训过程中还可以让他们去发达地区进行观摩，提升他们内在的责任感和使命感，迸发出改变落后面貌的强大动力。最后，开展科技扶贫活动。广东省在20世纪80年代就开始了科技扶贫，与科技人才以及科研院所进行深入合作，成就了一批非常好的项目，带来了非常好的社会效益。科技扶贫不仅能够增加科技投入，还能够推动农村特色产品的开发和深加工，调整产业结构，优化资源配置，集中社会闲散资金，搞好人力资源的开发。所以产业扶贫、科技扶贫与农村人力资源开发有异曲同工之妙。广东省应依靠科技进步引导贫困地区的产业结构升级，加速农村工业技术的研究和应用，扶持建立一批企业管理水平高的乡镇企业。[①]

2. 人才下乡

为了支持农村发展，广东省委省政府提出了人才下乡战略。应发挥党员模范带头作用。在全省，将一些做得好的企业和"专业合作社"作为标杆和学习的榜样，给予"致富带头标兵"荣誉，广为宣传。与此同时，全省实施党员"带富工程"。标兵的树立和"带富工程"的实施，激活了农村潜力，特别是给农村人力资源注入了活力，广大农村展现出相互竞争的良好氛围。要让马儿跑得快，就要给马儿草吃。为了让人才能够安心服务"三农"，广东省委省政府在人才保障方面做出了许多尝试，并取得了良好效果。对于常驻农村的人才，在住房、医疗、配偶工作、党团关系、工龄、职称等方面都给予一定福利和优惠政策，尽可能地解决他们的后顾之忧。比如，广东省政府实施落户当地乡镇和农村的人员工作25年以上就可以享受退休金提高5%的待遇政策。广东省的一些市县还规定，连续在乡镇农业技术部门工作30年以上，退休金按原工资标准发放。这些措施，保障了农民技术员的待遇，可以稳定科技队伍，防止人才流失。

3. 以事业留人

"专业合作社"发展是农村未来发展的趋势。就广东省农村现状来看，人才短缺成为"专业合作社"发展的巨大障碍之一。为了解决农村人力资源开发的问题，为专业合作社提供造血的能力，广东省各地积极推进专业合作社发展，实施以事业留人战略。以广东省江门市为例，2012

---

① 邱林、万忠：《广东农业科技扶贫的对策》，《农业科技管理》1998年第8期。

年以来，该市出台了一系列关于财政、税收、金融、信息、人才等方面的措施，让专业合作社数量不断增长。江门市组织培训专业合作社经营管理人员和专业合作社辅导员，培养了一批专业合作社人才。[1] 在《国家中长期人才发展规划纲要（2012—2020年）》提出加快培养农业产业化发展急需的企业经营管理人员，培养专业合作社带头人和经纪人的过程中，不断选拔龙头企业负责人和专业负责人等人才，给予重点培养，让他们能够在政策允许的情况下尽可能地向专业合作社方向发展。特别是一批科技人员和高校毕业生也被吸纳到人才选拔中，在工作中给他们提供优先评定职称等各种便利、福利和服务。另外，发展农村观光休闲生态农业创收留人。依托优越的自然环境，广东很多地区开始发展农村观光休闲生态农业，休闲观光生态农业属于第三产业，与旅游业和服务业等产业相互融合。[2] 第三产业的发展带动了当地农村人力资源的开发，让农民能够获得除农业以外的就业，同时提高了他们的知识技能和服务水平。

（二）大力发展职业教育，提升农村人力资源素质

广东省因地制宜地提出了基础教育和职业化教育的双向发展战略，鼓励农民参与继续教育、职业教育和成人教育。针对广东农村"空心化"现状，重点发展职业教育，提升农村人力资源素质。

1. 增加职业培训机构

就职业教育来说，广东省具有得天独厚的优势。珠三角地区劳动力吸纳能力强，常常出现"用工荒"的困境。为了解决这一困境，广东省大力发展农村劳动力培训，针对用工需求，开设了导游、厨师、制造技术等实用技能培训，着力培训农村劳动力劳动技能，为他们在城市打工提供技能保障。广东的职业教育规模在全国来说是第一位的，占1/10。其中的县级职业教育也成为主力，占到广东省职业教育的一半以上。因此，大力发展县级职业教育对于广东农村人力资源开发有非常重要的现实意义。基于广东省比较好的教育优势，以及珠三角地区的经济发展程度，广东提出

---

[1] 向佐春：《广东农民合作社SWOT分析——以江门市为例》，《五邑大学学报》（社会科学版）2014年第3期。

[2] 刘少坤、阳树英、饶远：《客都梅州市休闲农业旅游资源分析及规划》，《中国农业资源与区划》2017年第12期。

了一系列的优惠政策，如对于贫困农村的子女教育，实行零学费入学，毕业后包分配等培养模式。每年有超过4万名贫困农村家庭的孩子享受到职业教育的实惠，解决了他们家庭的燃眉之急和可持续发展问题。

2. 校企合作，定点培训

广东省的职业教育发展得非常好，这与当地企业的大力支持不无关系。广东的校企合作为职业教育打开了新通道。学校根据企业的人才需求联合办学，保证培训质量和针对性，通过培训，毕业生带着企业所需的技能顺利到岗，为企业发展增砖添瓦。学校加强对学员各方面问题的引导和关注，包括生活、心理、专业、技能等方面的辅导。同时企业和学校保持有效的沟通，及时调整培训的思路和方向。学校定期对市场进行调查研究，科学设置课程，根据市场的变化及时调整课程的方向和培训的时间。鼓励拥有更高水准的学员继续进修，比如鼓励他们进行深造等。总之，在政府、企业、机构和学员的共同努力下，广东的职业教育办得红红火火，农村人力资源的素质和技能稳步提高。

职业学校不仅能够满足年轻学子接受职业教育的梦想还能够为农村的剩余劳动力提供及时有效的帮助和培训。剩余劳动力每年参加在职培训和技能培训的人数都大幅增长。比如广东省雷州市和博罗县，近年来有上万名农村青年接受了职业技能培训，掌握了所需要的职业技能。[①] 他们毕业之后在自己的岗位上，能够获得更高的收入，不仅改变了自己的生活，还能带动他人共同富裕。

3. 运用现代技术，使技能培训多样化

培训一般以在职培训为主。培训的最大特点就是针对性强。针对在职人员上班时间和培训时间的冲突，根据培训针对性强的特点，广东要求培训机构运用现代技术，实施名师挂牌授课机制，使技能培训不走样，实现学习效果佳的良性循环。广播电视大学（以下简称"电大"）是诸多教育培训机构中的优秀代表。学员通过网络、手机、电脑就可以在家完成课程培训和学习。电大的教育培训为解决农民的时间不固定、学习时间少等

---

① 邱林、万忠：《广东农业科技扶贫的对策》，《农业科技管理》1998年第8期。

现实问题提供了很好的解决办法。[①] 另外，电大通过名师挂牌授课机制，保证了授课效果，使学员学有所得，学有所用。

(三) 加强劳动力培训，鼓励返乡创业

2014年，李克强总理在达沃斯论坛上提出"大众创业，万众创新"，鼓励社会大众创新创业，推动人类社会文明健康发展。广东在农村发展实践中，积极加强劳动力培训，鼓励返乡创业，推动农村发展。

为了解决农业部门人才短缺的现状，广东省政府和高校进行嵌入式合作，构建起农民合作人才培养的常态化体系。广东省相对比较富裕，历年来对教育的投入比较大，而且拥有非常丰富的高校教育资源。这些资源可以通过各种整合方式来强化农村人力资源开发。例如，在农业院校中设置合作社学院，培训基地与高校合作开设合作社相关课程。把大学生作为培养的对象，开设合作培养班，让他们提前融入农村经济建设的角色中来。针对不同地区农村实际人才缺口，精准教育，点对点完成人才培养。在劳动力培训方面，广东省中山市的举措独具特色。在近几年市政和企业的带动下，中山市的失业率降低了很多，而且把劳动力进行了转移，大批的农村剩余劳动力转向了城镇，他们在城镇就业，各司其职，搞活了中小企业的发展。

农村外出务工人员是农村人力资源的重要组成部分，发挥好他们的作用，有助于当地农村经济社会发展。近年来国家和各省（区、市）都积极响应号召，鼓励外来务工人员返乡创业，为他们提供一些政策和资金上的支持。以广东省为例，广东省贫富差距比较大，大量的农村人口外出打工，他们积累了一定的资金，掌握了一些技术，但是苦于没有政策引导，只能长期在外打工。为此，广东省清远市认识到了这一优势，充分发挥外出务工人员的资源优势，给他们提供更便利的创业条件，让他们能够积极地返乡创业，把技术和资金用在建设家乡上面，取得了很好的效果。

除了技术和资金优势以外，农民工返乡创业还有其他不可比拟的优势。一方面，他们有乡土情结，能够长期稳定地待在自己的家乡，以长远

---

① 黎静：《电大远程教育为农村劳动力转移培训服务的思考——以广东省中山市为例》，《教师教育论坛》（哲学社会科学版）2011年第1期。

的规划去做一些项目，对于当地的经济发展有一定的帮助。另一方面，与外地投资者相比，返乡的农民对当地的自然环境和资源更加熟悉，还有一定的人脉，所以他们的创业成功率会更高。

广东省河源市是农民工返乡创业大潮中涌现出的杰出代表。河源市位于广东省东北部、东江中上游。位于河源市腹地的灯塔盆地，是粤北、粤东和珠三角的交汇地带，毗邻全国第二大城市群——珠港澳城市群。作为广东省的粮仓，灯塔盆地在农产品供应、出口方面有巨大的市场。灯塔盆地得天独厚的地理位置让其很快发展为国家现代农业示范区。在当地政府的大力支持、科技部门的科技服务和多行业多部门的努力下，真正帮助返乡农民创业致富。在近年来的返乡创业过程中有 20 多万农民工回乡创业，这个数字是当地外出打工人员的 17%。并且返乡创业农民的收入普遍较高，高出当地农民平均收入的 30%。另外，河源市又因其特殊表现成为农民工创业创新示范基地。①

越来越多的农村青年人涌向城市，致使农村的"空心化"和"老龄化"问题越来越严重。青壮年的缺失也是农村经济发展滞后的一个原因。为了防止人才流失，农村除了要做好返乡创业的引导和政策宣传以外，还要让那些还没有走出家门的青年人能够踏实安心地在家乡打造自己的天地。这就需要优化农村的基础设施，特别是道路、通信网络，此外也要推动产业集聚，让农村拥有更大规模的新型农业，以及一些新型产业，为青年人提供有竞争力的就业岗位。

二　重庆的农村人力资源开发与贫困治理经验

重庆位于我国西南部，是我国西部地区唯一一个直辖市，在四个直辖市里面，重庆行政面积最大，达 8.24 万平方公里，其中农村占 95%，山区丘陵占 98%，辖 804 个乡镇（177 个乡、627 个镇）8031 个行政村。截至 2018 年末，重庆市户籍总人口 3403.64 万人，其中乡村 1746.00 万人，占 51.3%；常住人口 3101.79 万人，其中乡村 1070.00 万人，占 34.5%，常住人口城市化率 65.5%。主城区城镇化率 90.51%。重庆市矿产丰富，

---

① 谢恒：《欠发达地区农民工返乡创业问题思考》，《中国市场》2014 年第 51 期。

河流众多，集大城市、大农村、大山区、大库区于一体。① 重庆市根据实际情况，着力打造内陆开放高地，在积极发展高端制造业的同时着力构建现代化农业体系，发展"一圈"即城郊都市型农业示范区、"渝东北翼"库区生态农业走廊和"渝东南翼"山地特色农业基地，打造特色劳务品牌和劳务能人，积极探索适合自身发展的农村人力资源开发与贫困治理机制。

（一）移民搬迁，促进人力资源开发

20 世纪 90 年代初，百万三峡儿女响应国家兴建长江三峡水利枢纽工程的号召，"舍小家，为国家"，告别故土，举家异地搬迁。1984 年，国家提出"开发性移民"方针，并在三峡库区进行试点。三峡工程百万移民搬迁自 1995 年正式启动，到 2009 年累计搬迁移民 135 万人，大部分移民都安置在三峡库区及其周边地区，只有 14 万余人进行了跨省搬迁。百万移民任务的 85% 由重庆市承担，在这个过程中，重庆市重建各类房屋，调整搬迁淹没工矿企业，建设基本农田，累计完成动态移民项目投资近440 亿元。②

三峡库区新建县城的基础设施逐渐完善，教育、卫生等社会事业快速发展，库区移民的生产、生活条件不断向好。移民搬迁后，为解决城乡移民就业难题，重庆市还在库区启动了消除三峡移民"零就业家庭"计划。目前，重庆三峡库区就业困难的城镇移民"零就业家庭"已经全部消除。③

三峡库区产业的迅速发展离不开国家政策的支持。由国家设立的三峡库区产业发展基金在缓解库区产业"空虚"方面发挥了重要作用，在一系列优惠政策支持下，库区新增了一大批骨干龙头企业，形成了库区特色产业，移民收入不断提高，库区产业经济持续发展。

全国各地积极的对口支援对促进三峡库区经济发展起到了积极作用。如今，千里库区正在形成具有三峡库区特色的支柱产业和新兴产业。北京汇源集团落户三峡库区，在万州等区县建设柑橘产业基地，配套兴建苗木

---

① 重庆市人民政府：《重庆数据》，［2020-04-23］，http：//data. tjj. cq. gov. cn/govindex. htm。
② 李沛君：《三峡移民人力资源开发与致富能力建设研究》，《科学咨询》2003 年第 11 期。
③ 梁福庆：《三峡工程外迁移民安置研究》，《中国工程咨询》2016 年第 5 期。

繁育中心和 100 万吨果汁加工厂，带动库区数万移民就业增收。浙江娃哈哈、上海白猫、江苏常柴、山东如意纺织、云南玉溪等一大批优势企业和名牌产品落户三峡库区，由此带动的新兴产业正在成为三峡库区经济重要的增长点。① 三峡库区已经由过去的贫困洼地发展成重庆地区经济增长最快的区域。

（二）加大劳务培训，发展劳务经济

重庆市将引导基础教育提升和技术相关培训作为着力点，不断强化农民的个人素质，提高他们的竞争力。重庆市积极进行教育投资和文化建设。近年来，重庆的基础教育发展良好，高等教育和职业教育都领先西部各省，重庆市乡镇文化站的数量也正在逐步增加。重庆市通过教育投资和文化建设，提高农村人口素质，潜移默化地浸润人们的心田，培育他们的自觉性和更高尚的情操，从而使他们提高对美好生活的追求。

1. 身体素质提升

重庆市针对农村医疗保障体系、农村教育培训，以及人才市场的开发等不断完善体制机制。② 在保障农民的身体素质方面，重庆市采取了以下三方面的措施。一是改善农村医疗卫生条件，增加村卫生站和卫生所，让农民足不出户就可以享受到更公平的医疗条件和服务。二是为了从根源上保证人口质量，提高人口素质，完善落实人口和计划生育的相关工作，为新农村建设创造良好的人口环境。注重引导和管理，提倡正确的婚育观，杜绝重男轻女的思想，强化婚前孕前身体检测，不断提升农村新生儿的健康水平。三是在农村建设更多的运动场地和健身广场，方便农村百姓基本的体育锻炼，增强人民群众体质。

2. 打造品牌劳务

为了让农村人力资源能够更多地向第二、第三产业进行转移，重庆市实施"阳光工程"，该工程的核心思想就是对农村人力资源进行培训，提高农村人力资源的各项技能。拥有技能的农村人力资源不但就业

---

① 黄宏磊、何跃：《三峡库区人力资源开发与移民后期扶持研究》，《重庆邮电大学学报》（社会科学版）2008 年第 2 期。
② 杜焕英、吴江：《重庆农村人力资源开发的提升空间与机制设计》，《乡镇经济》2009 年第 10 期。

机会大大提高，而且实现了收入增加。重庆市农民培训之后的就业率达92%，且月平均收入增加了300多元。重庆市在农村人力资源培训上，以培训劳务能人，打造品牌劳务为着力点，取得了很好的效果。特别是近年来，形成了一些独具特色的劳务品牌，如"重庆月嫂""石龙技工""富侨保健"等。全国各地的建筑工地都能见到重庆农民工。重庆农民工勤劳肯干，再加上技能娴熟，打造了"重庆名片"。良好的口碑使重庆劳务在就业市场上大受欢迎。另外，重庆市实施能人带动就业战略，通过培训经纪人，以能人牵头，信息互通，组建团队，直接从发包方揽活，提高收入。①

三　江苏农村人力资源开发与贫困治理经验

江苏省地处中国东部沿海地区中部，地势平坦，河湖众多，土地肥沃，拥有"苏湖熟，天下足"的美誉。江苏矿产资源丰富，有133种矿产资源，其中铌钽矿、凹凸棒石黏土、泥灰石、方解石、二氧化碳气等矿产资源储量位列全国第一位，连云港市东海县被称为"中国水晶之都"。江苏教育发达，高校林立，人力资源雄厚，江苏省"211工程"高校达11所，居全国之首。截至2018年末，全省常住人口8050.70万人，比2017年末增加21.40万人，增长0.27%。在常住人口中，男性人口4051.15万人，女性人口3999.55万人。江苏省社会经济发展领先全国，工业经济一枝独秀，城乡差距较小，工业、农业、服务业发展均衡和谐，全国百强县数量居全国之首。江苏省重视农村人才的管理和服务，从事种植、养殖、营销、加工、运输、农机等工作具有技术专长的人员，以及农村致富带头人、在民间技术服务中业绩突出的人员、农村经纪人等统统被纳入人才的范畴。在政府全力支持及农民自我革新的推动下，江苏农村人力资源得到充分、高效的利用和开发，农民过上了满意的生活，农村文明进程不断加快。江苏省农村和县域经济发展的成功经验值得我们探究和学习。

（一）加大教育投入，提高农村人力资源素质

思想是地球上最美的花朵。只有实现农民思想上的解放才有农村彻底

---

① 王文锋：《河南省农村人力资源开发研究》，北京林业大学，2013。

的脱贫致富。针对农村人力资源思想守旧、恋家守土，无开拓精神，以及缺乏劳动技能等问题，[①] 江苏省委省政府以加大教育投资，提高农村人力资源素质为抓手，在夯实基础教育的同时，加大职业教育力度，着力提升农民文化素质和市民意识，让融入城市生活的农民能够在生活方式、思想观念、价值观、人生观等方面从封闭走向开放，从小农经济意识走向市场经济意识。为了响应省委省政府的号召，江苏省农业类院校积极与农村融合，打造了一批符合市场需求的研修班和系列课程，使农民通过培训实现高技术、高学历的目标。江苏省农业类院校始终秉持开展农民满意的教育的宗旨，采取农忙停学与农闲开课相结合、网上课堂与田间课堂相统一等更加灵活的人才培养方式，培养了一大批有技术、有文化、会管理、懂经营的高素质农民人才。

隶属江苏省农业农村厅的江苏农牧科技职业学院是一所以培养农牧科技类技术技能人才为主的国家首批骨干高职院校。近年来，该校在农民培训和教育方面取得了一定的成绩，荣获了"全国新型职业农民培育示范实训基地"和江苏省"新型职业农民培育先进单位"。其承担的人力资源开发功能愈发明显。该校每年承担各级各类培训 1 万人次以上，完成成人高等学历教育 4000 人左右，产生了较好的社会效益。

江苏省丰县在发展职业技术教育和农村成人教育上，充分发挥农村经济组织的教育示范作用，以多形式、多途径、多机制积极发展农村职业技术教育，成为开发农村人力资源的典型样板。丰县农村以培育"综合型素质农民"为目标，创造性实施回乡初高中毕业生再教育与分配对接创新工程，让初高中落榜生重新回到课堂学习科学技术，提高创业本领。在成人教育方面，主要是传授一些文化、农业科技、专业技术、实用技术以及法律知识等。例如，近年来，丰县共举办回乡初高中毕业生实用技术讲座近 3000 期，培训 3 万余人，全县应届回乡初高中毕业生参培率达到了 100%，合格率为 99%；完成初等职业教育 2 万人，高中阶段教育 1 万人，大专以上层次教育 2000 人；推广科技项目 160 项，

---

① 许泉：《江苏三大区域农村人力资源开发的差异分析及策略选择》，《中国农业教育》2016 年第 6 期。

建立科技示范基地 56 个。① 这些通过培训的人员都在各地农村经济发展中发挥了重要作用。

（二）政府全力做好保障工作

长期以来城乡在医疗、教育、经济、社会保障等方面发展不均衡，带来很多发展问题。江苏在应对这些发展问题时，牢牢树立"做好农民好帮手"的理念，积极加大各类教育投资，开展形式多样的技能培训，完善社会保障体系。目前，江苏农村的基础教育、职业教育、继续教育等教育培训机制完善，人均受教育年限超过 14 年。农村接受高等教育的人数增速超过城镇。农民在人居环境、医疗、教育、可持续发展等方面都有更高的诉求和认知，对于整体农村文明建设也大有裨益。在农民教育和培养中不断提高的素质给农村的经济发展带来翻天覆地的变化，更多的致富带头人参与到新技术、新产业的运营中。传统靠天吃饭的农业发展模式发生变化，新型农民更加懂得从科技上做文章。

江苏农村人力资源开发紧紧围绕数量和质量两方面展开，两手抓，两手都要硬。政府主要围绕政策制定、资金保证、监督服务三个方面采取措施。农村人力资源开发以及剩余劳动力转移都需要政府提供政策、户籍等方面的支持，减少城乡流动的限制。比如在就业登记方面给予较为宽松的政策。这些政策都是为了保障农民在城市拥有公平就业和落户的权利。② 江苏政府对于农村人力资源的管理和服务达到了很高的水平，他们强化农村信息管理和人力资源的服务和培训，让有关农村人力资源开发的所有工作可以稳定有序地进行。早在 2015 年江苏省人力资源和社会保障厅就开始对农村的电子商务创业园建设提出指导意见，他们对创业孵化基地建设和非农业电子商务都给予肯定和支持。支持方式有租金、水电暖费用减免和给予一次性补助。此外针对电子商务发展，在技术培训、企业维权、就业等方面也有相应的政策扶持。

（三）壮大农村经纪人队伍，加快农村剩余劳动力转移

农村经纪人是江苏省解决"三农"问题的重要抓手之一。江苏省不

---

① 丁运超：《江苏省丰县农村人力资源开发研究》，《经济师》2004 年第 11 期。
② 杜萍：《基于主成分分析法的江苏市域农村人力资源开发绩效评价》，《安徽农业科学》2008 年第 20 期。

断发展和壮大农村经纪人队伍，对农村经纪人进行信息、技能、法律法规等方面的培训强化，提升江苏农村经纪人的整体素质。在规范管理和组织的过程中，建立农村经纪人协会，将分散的农村经纪人整合起来，规范其发展，由各自为战转变为合作共赢。健全的农村经纪人信用档案制度维护了经纪人的合法权益，让其在推动农村生产生活等方面发挥更大的作用。农村经纪人队伍的建设让农民能够进行农业产业化经营，实现江苏农村经济的快速发展。

农村剩余劳动力转移在苏州农村人力资源开发中也起到了非常重要的作用。农民从事非农业生产不但增加了可支配收入，而且还提升了自己的专业技能和素质，促进了农村人力资源开发。面对从事农业生产的人数不断减少的现实，盘活土地资源，大力发展集约化生产方式，提高生产效率，最终也增加了收入。这种剩余劳动力的转移对留在农村的农民和外出的农民都有益处。在这个过程中不仅解决了本地农民的就业问题，还吸引了一大批外地人来江苏村镇就业。

（四）灵活的人才管理

江苏将人力资源开发重心放在了人才建设上。首先，努力营造爱才、惜才的社会环境，规范和健全各项配套措施，坚持将人才工作与江苏经济社会发展部署共谋划。其次，不断完善人才工作制度，大力推进人才方法创新，以解放思想、更新观念为先导，为优秀人才脱颖而出创造良好的环境和条件。再次，鼓励人才"柔性流动"，支持全国各地高等院校、科研机构中的管理和科技人才到江苏兼职、挂职。各类在江苏兼职、挂职的人才与地方龙头企业形成利益共同体，风险共担、利益共享，使人才的合法收入得到有力保障。同时，鼓励省内外专业技术人才通过多种形式在江苏创业、兴办企业，并享受现有的税收减免优惠政策。此外，江苏重视人才载体建设，鼓励和支持江苏企业、高等院校和科研机构创办更多的博士后科研流动站、工作站、工程技术研究中心、重点实验室、科研开发基地等。

第二节　国外发达国家农村人力资源开发与贫困治理经验

一　德国的农村人力资源开发与贫困治理经验

（一）完善的职业教育系统

1. 立法保障职业教育

二战后，德国能够快速恢复生产和赶超其他欧洲国家，这与其注重素质教育，大力发展职业教育密不可分。在德国有很大一部分青少年通过职业教育步入社会。德国从 20 世纪 50 年代开始至今已经颁布实施了十几部有关教育的法律，如《青少年劳动保护法》《手工业法》《职业教育法》《企业基本法》《职业教育促进法》等。其中《职业教育法》不仅在德国是职业教育法律的基础，而且在世界上也具有不同凡响的影响力。[1] 在具体的职业教育学制上，德国一般是三年，但是特别注重实践教学，在学校学习时间占比不到全部学时的 1/3，其他的课程都是在企业完成。农村学生可以较为快速地适应企业各部门、各工种之间的联系。他们踏实、勤勉的学习与工作态度，加上法律制度的保障，使德国农村的职业教育毕业生在就业市场中广受好评。

2. 市场主导的信息化培训体系

德国的农民培训体系以市场为导向，根据市场需求设立课程。培训成本计入产品成本中，政府通过减免税收的方式鼓励企业增加培训。政府为参与企业培训的农民提供补贴，以调动农民积极性。德国为了保障农民培训的支出，保持农民教育可持续发展，将培训费用列入年度预算，下拨经费参考各地农业学校和培训机构的年度计划。其中在税收上包含针对培训向企业和个人征收的部分。德国通过多种方式共同筹措资金，保证了培训费用的足额下拨。

随着信息技术的广泛运用，大数据在社会生活中扮演着越来越重要的角色。德国非常重视大数据运用，设立了专门的信息管理机构来加强对农

---

[1]　马隽、江雨：《国外农村人力资源开发经验及对我国的启示》，《改革与战略》2017 年第 8 期。

村人力资源的开发。德国建立的农村人力资源开发大数据库由农民个人的职业发展规划、地区农产品产销信息、企业人力资源需求信息、培训项目、行业发展等构成。这个大数据库用准确、动态、全面的信息为农村生产提供技术、市场、人才、销售等全方位的指引。不管是政府，还是企业、学校、个人都可以利用这个数据库，并结合需求来开展活动。大数据库为农村人力资源开发提供了便利。

3. 健全的组织机构

德国的教育培训不仅在法律上完善严密，在机构设置上也是煞费苦心。宏观上政府把控方向和管理大局，细节上联邦、州、行业、企业、学校等部门都有自己明确的权责和分工。教育部、劳工局分管职业教育；企业和学校组织理论和实践教学；将管理和实施分开，权力下放，给学校和企业更多自主权，为职业教育增加了活力。除了官方组织和机构外，德国还十分鼓励社会团体和民间组织开展农民培训活动。[1] 目前，德国批准的私人农民培训组织多达上万家，有的机构甚至可以承担长期的、专业的继续教育，为德国的人力资源开发注入了新鲜血液。[2] 德国职业教育的三个主体共同支撑起全国的职业教育，互为补充，互相支撑，共同发展，在人力资源开发中实现良性互动、平衡发展，值得我们深入研究和学习。

（二）基础教育与职业教育并重的教育体系

1. 夯实基础教育

工业生产冲击了传统的农业。由于大规模的城市建设和都市经济的发展，德国也面临着农村人口的大量外移。德国从19世纪中叶开始农业人口下降了20%多。为了提升农村人力资源质量，德国将教育放在首位。

德国的义务教育实行分级管理，小学、初中、高中分别由国家和各个州政府监督。地方教育的总体规划和领导、学校培养目标和课程设置等工作由州政府负责监督。联邦政府负责财政支出和发展规划，支付教师工资。在中小学还设立家长委员会，参与到学校的管理和发展中。德国的义务教育要求6岁到16岁的适龄青少年就近入学，完成初等教育和中等教

---

[1] 彭静：《国外农村人力资源开发经验对中国农村区域经济协调发展的启示》，《世界农业》2015年第10期。

[2] 周金泉、郭全中：《发达国家人力资源开发战略比较及启示》，《经济纵横》2007年第1期。

育。公立学校的免费教育将福利范围扩大至学杂费、课本、午餐补助和交通费用等内容。

德国高中阶段实行普通教育和职业教育两种，只收取部分教材费。高中毕业之后可考入大学，在公立大学只需要缴纳少量的注册费便可以继续接受大学教育。因为义务教育覆盖面非常广，所以家庭投入较少。因此德国的人均受教育水平非常高，达到了 12 年以上。

2. 积极发展农业职业教育

为了平衡城乡之间的教育资源差异，德国对贫困农村的教育进行了重点扶持，加大对这些地区的教育经费投入。德国的农业职业教育已有 100 多年的历史。目前，德国一共有 900 多所农业院校，在校学生 17 万人，每年还有将近 10 万人次农民接受职业培训。德国将农业职业教育分为中等教育、高等教育和农民培训三个部分。农业职业教育不仅规模庞大而且专业广泛，涵盖农林牧渔、酿酒、森林保护、环境保护等多学科内容，并与食品工业、生物工业以及相关服务业相联系。[①] 总之，农业教育的重点在于培养农业加工领域的人才，有力地推进了地方农业发展。

从农业职业教育设置来看，德国的中等农业职业技术学院教育分为两部分，一部分是农业职业高中，一部分是农业技术高中。这两种学校学制均为两年，招收的学生也以完成义务教育的初中毕业生为主，在这两年期间，他们会分别学习农业职业技术和农业相关专业，在两年之后他们还可以继续深造获得更高的文凭。德国的高等农业教育又分为高等技术教育、工程师教育和研究生教育三部分。高等技术教育的培养主要是让完成初等职业技术教育的学生进行地方职业实习、企业见习并且撰写实习报告，与生产生活紧密相连。而工程师教育主要是培养农业工程师，其中以畜牧兽医工程师、耕田工程师为主。研究生教育则更加专业化和学术化，重点对加工科技制造以及农业领域的治安保护等方面进行深入研究，为未来的农业教育输送教师人才。

从农业职业教育内容来看，德国为了让农业教育与农业实际相适应，满足农业生产的实际需要，从多方面做出举措完善农业教育的内容。第

---

① 王春伟、刘云涛：《国外农村人力资源开发的经验借鉴》，《世界农业》2013 年第 4 期。

一，充分考虑了农业生产对于科技人才的需要。① 由上级农业部门任命中等和高等农业学校的校长，拨款设置相关专业方向课程和管理人员，实现了农业教育与农业劳动力需求之间的平衡。特别是德国农业部建立的培训与就业观测站等机构，使农业教育培训更能够从农业就业需求出发，为其提供了重要参考。第二，在专业分工上更加细致。因为现代的农业发展已经不能满足于农林牧副渔等简单的专业分工，其涉及更加详细的分工和范围更广的专业化需求。② 在传统的农业学校基础上还设立了农业旅游学校、农产品加工学校、农业服务学校，以满足现代化农业发展的要求。第三，充分保障学生的学习和实践时间。理论离不开实践，实践也离不开理论。在学校完成学业的学生，要适时参与到农庄农场企业的实习中。法律和政策都保障了这方面的需求和供给，要求企业和个体无条件地、主动地接受来自学校学生的实习参观和调研。在保障学生实践的基础上，在科研上也注重校企合作和技术推广。农业学校处于农业经济环境之中，这些学校顺理成章地成了新的技术传播和推广力量。农业学校也积极参与到国家农业可持续发展计划的研究和实训当中。第四，合理规划农业教育体系。德国的农业教育为农民提供了层次分明的学习升级途径，有便利的职业教育、发达的成人教育，以及明确的培养目标和分工。③ 从农业工人、技术人员、工程师到农业科研人员，农民可以不断得到相对应的学习机会和资格认定。

二　美国农村人力资源开发与贫困治理经验

具有天然地理优势的美国，地广人稀，幅员辽阔，现代化程度高，在农业领域更是领先世界。美国人均农业用地面积是中国的 200 多倍，极少的农业人口生产出的农产品，无论是从质量还是产量来看，都是可以傲视全球的。20 世纪美国的农业为工业化发展提供了动力，大规模的科技更新换代也为农业的现代化发展奠定了基础。在科技的推动下，美国的农业

① 李玉松：《发达国家政府促进农村人力资源开发的经验与借鉴》，《农业经济》2011 年第12 期。
② 何新生、郝春新：《国外农村人力资源开发的经验与启示》，《河北理工大学学报》（社会科学版）2011 年第 5 期。
③ 杨婷：《国外农村人力资源开发与培训经验对我国的启示》，《现代商贸工业》2011 年第8 期。

生产效率非常高，大农场经营、机械化耕作在美国普遍推广，使其迈向了农业现代化的新阶段。由于工业化进程加快与机械化的普及，大量的农民可以拥有更多的空余时间从事其他工作。农民脱离了复杂的农田管理，使大量农村劳动力转移成为可能。与此同时，城市化的快速发展导致城市人口聚集，引起城市环境的恶化。城市居民开始向往环境清新的农村，大批城市人口迁徙到农村，这又给农村各种产业的发展带来新的机遇，也提升了美国农村的人力资源水平。

（一）完善的法律和社会保障体系

美国在农村人力资源开发方面提倡立法先行，以立法为契机，为当地基础设施建设和城乡融合发展提供便利。1933 年，美国通过了《农业调整法》，该法强化了农业在国民经济中的地位，保证了农业发展过程中土地、融资、销售、市场等方面的优势及政策红利。第二次世界大战后，以《农业法》《农业安全与农村投资法案》《联邦农业完善和改革法》《农村发展法》等为代表的法律体系逐步完善。① 20 世纪 80 年代后，美国还成立了专门立足于农业立法的部门。除了农业基本立法以外，有关土地利用、农业信贷、农产品保价等的相关法律也逐渐颁布实施。农业的有序发展为农村人力资源发展提供了稳定的法治基础。

为了保障农村贫困人口发展问题，美国于 1862 年颁布《莫里尔法》，用法律和行政方式支持职业教育发展，保护贫困人口权利。随着 1917 年的《史密斯-休斯法》、1946 年的《乔治-里德法》、1963 年的《职业教育法》等法律的颁布实施，美国的职业教育得到进一步发展。为了保障贫困人口生活，美国于 1935 年出台了《社会保障法》。这些法律的颁布与实施有效地保障了美国农村人口的权利，为美国农村发展提供了切实的法律和制度保障。

（二）设置专门管理机构，加强农村人力资源开发

美国对农村人力资源开发非常重视，除了健全的法律保障外，还设立专门机构，领导和管理农村人力资源开发。国家级的专门领导机构是美国

---

① 万忠、杨小平：《国外农村人力资源开发典型经验及启示》，《广东农业科学》2009 年第 11 期。

联邦农业部农业合作推广局，该部门负责统筹管理全国的农村人力资源开发。地方级别的机构是各州州立农学院推广处，这些部门负责落实具体培训监管和引导工作。[①]

从培训管理来看，美国设置的专门管理机构开展了形式多样的培训。比如"送教下乡"活动，将科学文化知识、农业机械技术推广到有需要的农村。利用农闲时间举办农民讲习会（Farmers' Institute），聘请专家给农民讲解农业知识，农民在农业活动中遇到问题，可以随时得到技术支持。此外，实施农业科技示范田（Demonstration Farm）策略。科技工作者长期驻扎农村，通过在农田中实际操作，让农民亲眼看到先进种植技术所产生的收益。这种眼见为实的方法，对于思想保守的农民来说宣传效果极佳，可以激发农民学习生产技术、掌握农业理论的动力。从保障农业发展来看，管理机构制定了详细的培训计划。对于从事农业生产的工作者来说，不是随便就能直接参与农业活动的，他们需要达到国家要求的培训标准和时长。除了农事活动受到培训的限制，农产品进入市场也需要相关人员获得职业许可。这样的规定和技术培训体系是长期严格执行的。培训内容不仅有农民急需的种植技术、养殖技术，农机驾驶和维修，还有农产品包装和市场理论，激发农民创新整合资源和农业链条开发。从培训资金管理来看，管理机构形成了一套行之有效的绩效管理体系。管理体系呈现联邦—州—学区的垂直模式，将农村人力资源培训纳入该管理体系中，实现项目和资金的对接。从评价体系来看，管理机构针对培训项目完成情况和培训成效制定了标准化的考核体系，对于其中不达标的学校要求限时改正，改正还不达标者取消培训资格。

（三）重视实操能力的义务教育

美国的义务教育非常发达。美国的义务教育面向所有适龄儿童，即便是外来人口和非公民都可以享受到免费的义务教育。美国政府规定，幼儿园、小学、初中、高中阶段都实行免费的义务教育。义务教育阶段经费主要由财政投入，城市和农村一样由联邦、州、学区三级共同承担。[②] 儿童

---

① 陈华宁：《国外农村人力资源开发模式及启示》，《国际经济合作》2009年第3期。

② 翟艳群：《美国各级政府义务教育责任及对我国的启示》，浙江财经大学，2016。

在接受义务教育时不需要向国家缴纳费用，国家免费向学生提供课本、练习本、作业本等。此外，在就餐交通等方面，美国也提供了优惠的福利政策。

美国教育向来重视实践能力。美国高中阶段的教育中就有关于农业和未来职业的内容。教师会帮助学生了解个人能力及兴趣爱好，并根据学生爱好差异，有针对性地给学生介绍专业和职业规划知识，帮助学生选择适合自己发展的职业。通过职业指导和观摩生产实践活动，学生对其向往的职业产生浓厚的兴趣，最终鼓励自己完成学业并掌握技能。

（四）全方位职业教育，协调城乡发展

二战后，科学技术日新月异，传统的生产生活方式发生了巨大变革，倒逼着劳动力不断学习更新知识和技能。在这种背景下，美国农村职业教育和培训中有很多针对性的计划来帮助农村人力资源开发，从而培养符合时代要求的技术人员。美国政府大力提倡教育和培训，提高农村户籍人员的工作能力。针对儿童和青年展开教育计划，包括涉及学前教育的"善始计划"。针对高中生展开"跳班计划"，让他们接受大学辅导，更多地满足大学招生要求。针对贫困大学生展开"半工半读计划"，政府协助学校为学生提供兼职岗位。针对入职工人提供相关的职业技术培训和继续教育，包括"职业队计划""街道青年队计划""新经济计划"等。针对毕业时期的用工招工问题，政府与企业联合推出"企业界工作机会计划"[①]，通过增加福利、减免税收等方式鼓励企业帮助社会吸纳失业者和就业困难群体，并要求企业给予农村就业者相关的培训机会。从美国政府逐年增加的教育支出可以看出美国对于人力资源教育投入一直保持着积极肯定的态度。

1962 年，美国劳工部实施了"人力发展与训练方案"，该方案极大地解决了农村青年培训问题。它面向 17~21 岁未就业的成年人提供进一步受教育的机会。符合条件的农户，可以优先选择或者被推荐接受培训。青年农民凡是 18~35 岁都可以接受除课堂以外的实地教学，以及农民学员的互动培训。在美国的中西部，学校会聘请一些教师，白天对他们进行现

---

① 王春伟、刘云涛：《国外农村人力资源开发的经验借鉴》，《世界农业》2013 年第 4 期。

场指导，晚上进行理论知识的授课。针对青年农场主的培训课程内容丰富，涉及管理、金融、人力资源等各方面。农场主的培训内容也非常全面，结合了现代公司的管理构架和决策，以及金融和法律等方面。

一些农业职业学校除了会进行农业人才培养与农民技能培训以外，还担负起了当地科技研发、农业研究推广等方面的职能，针对当地自然环境和农业发展的重点，将一些新的研究成果推广到农村中。学校在农业推广过程中，把这些问题和学校的课程进行融合，鼓励学生针对现在的短板和问题进行专项研究。[①] 国家设立的职业学校与私人和行业兴办的一些培训班共同组成了美国多元农民教育体系，向未成年以及成年的农民传播新的科技成果。也有学校组建农民俱乐部帮助农村青年学习技能，制订生产计划提高经营管理能力。

针对农村地区的教育落后和不平衡问题，美国实施了定向投资和定向培养农村教师等一系列政策。比如在财政支出上，出台了农村教育成就项目。通过差别性专项教育经费，帮助那些比较落后偏远的农村学校，使其获得较多的教育资金，从而推进教师的专业发展和提高学生的学业成绩。同时针对农村地区人才资源、教师资源的缺乏，各州也根据自己的情况制定了一系列的措施。比如，提供廉租房、设立奖学金、提供住房贷款和住房补助等。在具体的内容上，学校也会减少工作量、简化工作程序来为新任教师提供更优质的工作环境，帮助农村教师克服生活和心理上的困难，比如孤独感、缺乏安全感等。而且会为他们提供较为方便的远程教育课程，来促进农村教师的专业化发展。

面对农村教师资源短缺美国所采取的举措非常灵活，从招生和培养时期就有更多的倾斜，注重招收更适合在农村执教的学生。比如，对于曾经在农村生活或工作过的学生，国家在招生中采取特别关照的政策，这样他们毕业后可以快速适应农村较差的生活环境，更好地克服困难，完成教学工作。

三　日本农村人力资源开发与贫困治理经验

日本国土面积小，可利用的自然资源极为有限，是世界上人口最密集

---

① 李丹：《二战后美国义务教育均衡发展研究》，东北师范大学，2006。

的国家之一。但是，日本人却创造了世界奇迹，在工业、农业、第三产业等领域的发展都是领先世界的。日本的农村经济和农业发展独具特色，产业链非常完整，生产力水平很高。日本在农业方面取得骄人业绩的原因是多样的，但最重要、最直接的原因是日本非常重视人力资源开发，特别是对农村人力资源的开发。日本农村人力资源的开发经验可圈可点，值得借鉴。

（一）重视基础教育

日本是一个非常重视教育的国家，其教育投资包括政府教育投入和家庭教育投入两大部分。2004 年，日本政府公共教育投入占 GDP 的 17%，这一数据相对日本的人口和国内生产总值来说是非常高的，其人均教育支出是中国的 340 倍。2004 年以后，日本的政府教育投入呈逐年下降的趋势，近三年基本保持在 4% 左右的水平。[1] 如果将日本的政府教育投入和家庭教育投入相加计算的话，日本的教育支出依然是独领风骚的，人均教育支出远高于世界平均水平。在教育普惠方面，日本城乡之间的教育资源可以互相交换和调配，没有户籍限制，孩子可以自由选择学校。户口所在地的学校都有义务接纳学生，哪怕是刚刚搬过来的学生。不论是城里的孩子，还是乡下海岛的孩子，受教育机会是平等的，教育待遇也是同等的。城市与乡下的教育设施水平基本一致。另外，日本没有政府指定的重点学校。与此同时，法律规定，教师对待学生必须一视同仁，不能区别对待，确保同一个学校的孩子享受同样的、公平的教育。坚决杜绝老师在"课堂上不教，下课到家教"的病态教育模式，绝不允许老师开办各种形式的补习班。

（二）重视农业人才培养

随着后工业社会的到来，农业日薄西山。但是，农业对于一个国家来说是不可或缺的。日本为了促进本国农业的健康发展，出台了一系列政策。日本政府对于农村的人力资源开发，给予了专项财政资金支持，从而保证了农村人力资源开发所需的资金。[2] 在鼓励农村人力资源自我开发的

① 好金贵：《日本的教育经费投入占 GDP 比重是多少？》，（2016-03-03）［2020-03-10］，https://www.haojingui.com/gdp/111.html。
② 万一：《韩日农村教育对我国农村人力资源开发的启示》，《科技和产业》2010 年第 1 期。

同时，政府在医疗保险、社会保障、公共文化服务、就业培训等各个领域
为农村人力资源提供方便，解决其后顾之忧，使他们安心于农业生产生
活。日本政府非常重视城乡差距问题。法律规定，日本农民的社会福利和
保障不得低于城区人口，这一规定使农村农户能够专心研究农业技术，配
合政府宣传和指导工作，人力资源开发水平得到大幅度提升。另外，日本
政府支持农业人才出国学习，半数以上的农业人才都有出国学习的经历。
他们通过学习欧美国家在农业生产、病虫害防治等方面的先进经验，提高
本国农业发展水平。同时，日本不断完善本国农业发展机制，让农业领域
的人才得到最好的发展，提升他们的职业认同感。在学成归国后，农业人
才会响应国家的号召，将所学知识应用到实践中，取得真正的社会效益。

（三）大力发展农业协会

日本几乎所有农村都有农业协会，几乎所有农户都加入了所在地区的
农业协会。农业协会作为基层的农业组织，可以为农民提供及时的农资供
应、宣传推广、教育培训等服务。[①] 特别是每个基层农业协会都配有专业
的技术指导员，他们可以为农户提供从农业技术、经营管理、市场销售到
农闲创业等全方位的指导。农业协会连接着日本政府、民间团体、高校和
农户，引导民间团体、高校对农村人力资源进行开发和培训，倡导高校注
重日本实际，研究农户亟须解决的问题。可以说农业协会为先进技术和经
验的及时推广插上了翅膀。此外，日本农业协会也会利用较为全面便利的
传播方式展开继续教育，比如通过广播、电视、录像等现代传播手段让农
民快速掌握农业知识。正因为大力发展了农业协会，日本农村平均科技文
化素质才在国际上处于领先地位。

（四）以产业带动农村人力资源开发

针对老龄化和农村空心化，日本各地根据实际，开展了以弘扬传统文
化，振兴农村为主旨的文化旅游产业项目。通过文化旅游产业项目，将农
村人力资源开发与乡村振兴相结合，在弘扬传统文化中发展经济，在振兴
农村中开发人力资源。其中最为典型的就是日本福岛县的三岛町，20 世
纪五六十年代，日本福岛县人口锐减，面临着农业生产活动停滞、税收下

---

① 刘海利:《试论日本农业现代化进程及其影响》，河北师范大学，2013。

降、经济发展困难等一系列问题。在这样的情况下，三岛町开始寻求适合本地的发展之路。自 1981 年，三岛町开始了以十年为期的振兴计划。[①]挖掘文化资源，以文化促进发展成为三岛町振兴的重要形式。三岛町振兴计划倡导"生活工艺运动"，将当地传统的民俗风情和手工艺与当地的农业人口进行整合，将他们的文化发扬光大，并且运用到现代生活当中。在第一个十年振兴计划中，三岛町将发展教育文化列为重点解决课题，并提出了"打造文化气息浓厚的农村"这一目标。结合当地悠久的历史以及手工艺品制作优势，三岛町明确了"继承并发扬山村文化，发展手工艺"的目标。在第二个十年振兴计划中，三岛町正式提出了"生活工艺运动"，将手工艺融入地方的发展，结合当地文化传统开发特色手工艺品。在第三个十年振兴计划中，三岛町提出了将自身变为"自然博物馆"的设想，将整个地区的自然环境作为"展厅"，向人们展示当地的传统文化、日常生活以及自然风光。[②] 在第四个十年振兴计划中，三岛町将挖掘本地历史文化，讲好历史文化故事作为重点（如町史、村落史的编纂等），最大限度地利用好本地的历史文化资源。为了配合本地历史文化资源的开发利用，三岛町先后建设了美术馆、民俗馆、博物馆、手工艺馆、文化中心、物产馆、生活馆等公共文化设施，大大提升了当地文化品位和民俗传承效果，也吸引了世界各地的游客和学者前来学习和参观。[③] 除了对外展示当地民俗文化和自然风光，对内三岛町也没有忽视本地居民的文化认同感。1985 年，三岛町制定了《町民宪章》，随后又确定了具有代表性的町花、町木与町鸟，通过地域文化来凝聚居民的共识。此外，三岛町还创立了《广报三岛》这样的刊物进行宣传。三岛町多生桐木，因此起名"桐木之乡"，并逐渐树立起这一文化品牌。

通过文艺与生活技能相结合的农村文化建设，发展文化旅游产业，农村人力资源能够积极地参与到农村的建设中来，在促使从事第一产业的大

---

① 武春芳：《中国日本农村现代化进程中若干发展领域的比较研究》，西北农林科技大学，2009。

② 贾磊、刘增金、张莉侠等：《日本农村振兴的经验及对我国的启示》，《农业现代化研究》2018 年第 3 期。

③ 葛绪伟：《日本农村劳动力转移培训经验及启示》，河北科技师范学院，2015。

量农村人力资源向第二、三产业有效转移的同时，保护了土地植被，增加了农村人力资源的收入，也提升了农村人力资源的含金量。

四　韩国农村人力资源开发贫困治理经验

（一）优先发展教育

1. 重视思想教育，不忘民族精神

韩国始终将思想教育贯穿于国民教育体系中。合作、勤俭、自助是韩国倡导的思想教育的核心要义。[①] 丰富多样的教育使合作、勤俭、自助等思想在农村中得到认同和发扬。讨论会、课程、宣传册等都是思想教育的载体。社会主流价值观不断融入韩国老百姓的一言一行中，也根植到下一代教育中，形成了合作、互帮互助、团结友爱、奉献的民族精神。在推广思想教育过程中，韩国政府主动寻求多方合作，达到更佳的宣传效果。

2. 完善法律体系，确保教育优先

韩国建立了完善的法律体系，特别是教育方面的法律非常完善。韩国很早就出台了《国家教育公务员法》，该法规定，教师与国家公务员等同，属于教育公务员。在配偶工作安置和子女教育等方面，国家给予教师一定帮助。但在保障教师权利的同时，强调教师必须履行义务。韩国教师必须服从教师轮岗制度，不管是校长、教务长、院系主任还是普通老师都应该有农村工作的经历。这个轮岗制度有助于推行公平教育，缩小城乡差距，保障农村和贫困地区教育资源的相对公平和国家教育的平衡发展。另外，为了加大农村教育力度，韩国先后颁布了《农渔民后继者培养基本法》，强调对农业人员进行分类和培训；《乡村振兴法》，强调对农村青少年和妇女等特殊群体进行教育培训。健全的法律体系保障了韩国农村人力资源开发的顺利进行。

3. 动员一切力量，加大教育投入

韩国十分注重人力资源开发，其人力资源开发投入在资本投入中占比很高，其中最为显著的就是韩国高等教育。不仅政府，韩国企业也热衷于兴办教育，很多知名企业都积极投身教育事业。企业资金的大量流入补充

---

① 李锐锐：《韩国新村运动中的共同体意识研究》，中央民族大学，2010。

了财政投入的不足，让韩国教育事业质量快速提升，为实现更加民主、公平的教育打下基础，为国民素质的提升发挥积极作用。

大量的民办教育机构根据各自情况开展个性化教育，最为典型的就是农村的拓展教育。组织儿童和青少年在农村建立的学校中学习知识和技能，让基础教育渗透更多的乡土文化和人文情怀。这些组织和机构还将视野扩展到全球很多国家的农村，比如印度、柬埔寨等。他们将生产、生态、生活有机结合在一起。① 在吸引城市孩子的同时，也带动农村经济社会发展，提高了农村人的生活水平。这些新型的教育模式是对传统教育模式的一种有益补充，让青少年不至于脱离实践和土地。这些孩子在徒步、劳作、学习中全面提升个人素质，从而带动了农村人力资源整体素质的提高。通过热心的教育机构入驻农村，在教育课程运行过程中加强了企业、政府、社会的关注和沟通，很多合作项目因此展开，带动了当地就业和生产，可以说产生了巨大的社会效益。

（二）以"新村运动"为切入点，解决"三农"问题

韩国 1970 年开展的"新村运动"，揭开了农村人力资源开发的序幕。这一运动目的是动员农民共同建设"安乐窝"。韩国政府向全国 3.3 万个行政村和居民区无偿提供水泥，用于修房、修路等基础设施建设。政府又筛选出 1.6 万个村庄作为"新村运动"样板，带动全国农民主动创造美好家园。② 短短几年间，"新村运动"使农村破旧落后的面貌得到改善，农民生活条件得以提高，"新村运动"逐渐成为自发性的运动。农村开始了大规模的职业教育和培训，包括机械操作知识、文化知识等的学习。"新村运动"取得了明显的成效，几十年间，农村经济大踏步增长，农民生活水平明显提升。

"新村运动"充分调动了农民积极性和主观能动性，将农村发展与农民自身发展有效协同，从而激发起建设农村的时代浪潮。农民的整体道德素养和职业使命感增强后，便会团结一心共创辉煌。资金、机构、培训教育、思想灌输等都共同促成了韩国"新村运动"的顺利开展和取得成功。

---

① 强百发：《韩国农业现代化进程研究》，硕士学位论文，西北农林科技大学，2010。
② 张薇：《韩国新村运动研究》，博士学位论文，吉林大学，2014。

本章小结

通过对国内外农村人力资源开发与贫困治理实践的研究，发现以上几个地区和国家在通过开发农村人力资源来解决贫困问题上存在共同点。首先，政府主导，起步较早，通过针对性制定政策，加大投入力度，缓解农村贫困问题。其次，因地制宜解决问题。根据本地区、本国农村的实际情况，实事求是。每个地区和国家的情况大相径庭，虽然都是发达地区和发达国家，但各地和各国历史、文化、资源、气候等要素各不相同。先天性的不同条件，决定了各地和各国所面临的发展问题有所不同。各地和各国因地制宜，提出适合本地区和本国发展的农村人力资源开发与贫困治理模式，有效地解决了本地区和本国农村发展问题，为落后地区和发展中国家解决农村问题提供了借鉴。最后，注重教育。无论是国内还是国外，在农村人力资源开发过程中，教育自始至终处于核心地位。除了基础教育稳步扎实发展以外，高等农业教育和职业教育也被视为人力资源开发的核心驱动力。

在教育这个核心问题上，以上几个发达国家在教育方面都通过立法、政策、资金等方面给予贫困地区具有倾向性的帮扶。通过法律特有的强制性和普遍性，保证了政府对于教育资源的平衡力度，完善教育公平机制。特别是具体到教师培养和教师安置等方面都有顶层设计。精准的教育支持和动态教育监管都让国家资源用在了刀刃上。特别是一地一策，因地制宜，实事求是地面对千变万化的家庭、农村、儿童、青少年、妇女，差异性拨款和专项服务计划都显示出对特殊地方的特殊支持，这些有针对性的经验都值得我们借鉴。

在教育资金方面，除了国家级别的资金以外，地方财政也会支持农村教育发展。资金为农村教师提供必要的发展动力和生活保障，还给教师提供必要的培训学习机会。稳定的教育资源给当地的贫困学生带来巨大福祉，他们可以轻松地享受教育资源，辍学率大大降低。严格的考核制度也保证了教育成效在质量上不打折扣。

在教师队伍建设方面，地区教育水平不能只靠资金来提升，还需要一支支稳定、高素质的教师队伍。各国为此出台政策，提供资金做出尝试和努力来平衡教育发展。发达国家在资金分配上，注重贫困地区教师待遇和福利的提升，从而保证教师资源的不流失和吸引毕业人才回流。比如美国在减免税收和保证住房方面给农村教师特殊待遇，鼓励他们到农村工作。

在教育内容和形式上，不断丰富的教育内容和适应时代趋势的线上教育新形式，成为越来越多地方的选择。良好的终身学习氛围和共识让农民更加注重自身素质的提升。产业转型和升级让用工企业也加入劳动力培训中，有针对性地塑造符合企业发展的合格员工。传统农业中观光、旅游等新业态的加入让农民尝到了知识和视野带来的甜头。

总之，农村人力资源开发只有以人为中心，才能大有可为。如何根据本国或本地区的现实状况，趋利避害，扬长避短，走出符合本国或本地实际的人力资源开发与贫困治理之路，东西方国家都有很多宝贵经验可以参考，但绝不是简单复制就可以成功的，需要政府、企业、农民自身构建一个稳固的协作关系，共同探索出科学、良性的人力资源开发与贫困治理之路。

第六章 西北农村人力资源开发
与贫困治理机制

西北农村是我国贫困治理的主战场，其不仅关系着西北经济发展、社会稳定、民族团结，而且对构建和谐社会，实现乡村振兴和可持续发展具有重要意义。自从实施精准扶贫以来，我们取得了巨大成就，但是，贫困治理是一个历史过程，其不是一蹴而就的，这就要求我们戒骄戒躁，革新方法，砥砺前进。

本书梳理了西北农村贫困治理理论、实践及国内外先进经验，发现在贫困治理实践中，通过农村人力资源开发来实现贫困治理是最优路径。虽然通过农村人力资源开发而达到贫困治理效果具有一定的滞后性，但是，相对于农村人力资源开发与贫困治理的强正相关性，农村人力资源开发与贫困治理成效的逐年递增性及其阻止代际贫困传递的强大威力等优点来说，农村人力资源开发是最优贫困治理方式。因此，我们提出，突出西北农村人力资源开发与贫困治理主体的职能及互动、提升西北农村人力资源开发与贫困治理对象禀赋、优化西北农村人力资源开发与贫困治理环境三位一体的贫困治理机制。希望在这一机制作用下，提高以知识、技能、身体素质及见识为主要内容的西北农村人力资源"人力资本含金量"，从而实现西北农业健康发展、农民致富、农村和谐美好的愿景。

第一节 加强西北农村人力资源开发与贫困治理
主体的职能及互动

习近平总书记在2015减贫与发展高层论坛上指出，中国的扶贫"坚持动员全社会参与，发挥中国制度优势，构建了政府、社会、市场协同推进的大扶贫格局，形成了跨地区、跨部门、跨单位、全社会共同参与的多元主体的社会扶贫体系"①。西北农村人力资源开发与贫困治理的投资主体主要包括政府、企业、社会组织和家庭（个人）。政府层面制定了"五级书记挂帅"机制，突破行政官僚的部门利益制约，对农业、林业、水利、教育、卫生、交通等几乎所有的政府部门进行统筹协调，将各种资源快速、高效地投向最为需要的贫困地区和贫困人口。企业、社会组织和家庭（个人）配合政府，形成了"政府主导、其他主体参与"的贫困治理主体多元协同共进扶贫模式。在西北地区政府、企业、社会组织和家庭（个人）的关系中，政府的主导地位愈加明显，社会组织发展缓慢，困难较多，没有发挥其应有的作用，企业参与精准扶贫，但力量有限，家庭（个人）依赖性强，缺乏主动性和长远眼光等。因此，西北农村人力资源开发与贫困治理是"全党全社会的共同责任，要动员和凝聚全社会力量广泛参与"②，要突出政府的统领地位，把权力关在制度的笼子里，使政府权力在阳光下运行得合法、合规与合理；积极鼓励社会组织发展，为贫困治理献计献策，使其承担更多的社会治理职能；鼓励企业在做好自己主业的同时，主动扶贫，承担企业的社会责任；引导家庭（个人）重视教育，提升文化素质与见识，共同实现贫困治理、乡村振兴愿景。

一　各级政府把好方向，统领贫困治理

发挥政府主导作用，为西北农村人力资源开发与贫困治理创造良好的环境和氛围。"为促进农村区域经济发展，尤其是落后地区的经济发展，政府应制定扶持政策，吸引人才和资本向落后地区倾斜，为提升落后地区的农业生产效率提供助力"③，中央政府要做好顶层设计，制定人力资源开发与贫困治理战略，地方政府要真抓落实。为了提高政府工作效率，搞

---

① 《习近平出席 2015 减贫与发展高层论坛并发表主旨演讲》，《人民日报》2015 年 10 月 17 日，第 1 版。
② 习近平：《谋划好"十三五"时期扶贫开发工作　确保农村贫困人口到 2020 年如期脱贫》，《人民日报》2015 年 6 月 20 日，第 1 版。
③ 党晶晶：《我国产业结构调整与农村劳动力转移协调发展》，《农业经济》2017 年第 3 期。

好政府与其他开发主体之间的关系，要打造阳光政府。为了从思想上认识贫困治理工作的重要性，政府要做好宣传引导作用。为了致富，"缓解农村剩余劳动力的就业压力，提升农民的生活质量，促进社会的稳定发展"①，一定要加强基层干部队伍建设。

（一）深挖人力资本潜力，规划贫困治理致富蓝图

思路决定出路。中央政府作为顶层设计者，一定要把好方向，"善于筹划，需要找准目标，明确方向，更需要找对路子，科学筹划。只有明确我想干什么、我能干什么、我能干成什么，才能量力而行地制定出贫困治理规划。有了规划，就要按照规划，明确从何处着眼、从何处着手、从何处着力，做到心中有数，稳扎稳打，有序推进"②。才能实施贫困治理。在筹划西北农村人力资源开发与贫困治理蓝图要把握以下原则。

1. 超前性原则

人力资源开发是一个漫长的过程。人力资源开发是指一个国家或一个组织通过一系列有目的和有计划地对人力资源开发对象进行教育培训、医疗保障和迁移流动等活动，以提升人力资源的知识、技能及其身体健康等资本存量，进而对人力资源合理配置和利用，从而达到高效率的投资行为。这种投资行为具有超前性特点，这是由于人力资源开发与经济社会发展之间存在一个"时滞"阶段，所以，相较于经济社会的发展，人力资源开发具有一定的超前性。因此我们在对西北农村人力资源开发时，要把握好这个原则，要把握好经济社会发展前景、农村产业结构调整、人才发展趋势等的变化，做好规划，以加强农村人力资源开发的针对性。

2. 阶段性原则

人力资源开发既是一个循序渐进的过程，也是一个长期缓慢发展的过程。在西北农村人力资源开发与贫困治理过程中，一定要根据经济社会发展、农村产业结构调整、人才发展趋势等变动的客观要求，来决定不同阶段西北农村人力资源开发的内容、对象及目标，确定不同时期西北农村人力资源开发的重点。

---

① 王海峰：《农村振兴背景下农村区域经济的协调发展研究》，《农业经济》2018 年第 10 期。
② 王兴盛：《全面脱贫内源力形成机制探析》，《中共云南省委党校学报》2016 年第 6 期。

3. 层次性原则

在日新月异的知识经济时代，高新技术广泛应用，助力推动并实现"农业强"、"农村美"和"农民富"的美好画卷。由于农村人才的匮乏和农业生产、农村建设、农民素质等复杂性特征，西北农村发展不仅需要高层次的人才，而且也需要不同层次的普通劳动者。因此，西北农村人力资源的开发不能千篇一律，不能一个模板开发农村人力资源，应根据各地实际情况，确定不同层次的人力资源开发路径，在确保农村人力资源数量合理、质量优秀的前提下，构建多层次的人才网络，使高、中、低人才各显其能，助推西北农村发展。

4. 重复不间断原则

农村人力资源的开发具有重复不间断特性。人是自然和社会的统一体，其复杂性决定了人力资源是一种特殊资源，具有重复不间断性。因此，要对农村人力资源进行重复而又不间断的开发，而不是一次性的行为。对于禀赋较低的西北农村人力资源来说，对他们的开发，需要大量的资金注入和精力投入，在这个过程中，不但要注重效益而且还要把握好人力资源的重复不间断原则。

（二）建设阳光可信政府，打造社会诚信氛围

政府作为公共行政的主体，提供公共产品是其本质属性，"营造讲信用的制度环境是政府提供的公共产品"①。事实表明，在阳光下运作政府的行政权力，越是清新透明，越能使社会产生满意可信赖之感。建设阳光政府对于营造良好的社会信任氛围具有重要作用。首先，这对构建重大公共政策的社会公示制度提出了要求。政府可以通过全媒体，多渠道公布重大公共政策方案，广泛征求公众、社会组织、企业等的意见。其次，发展和完善电子政务。互联网的发展促使各级政府不断大力发展电子政务，这为公众获取各类政务信息提供了方便，激发了公众的参政议政热情，增加了公众对政府的信任。建设和发展电子政务，就要建立政府间的资源共享数据库，对于不涉及国家秘密的、不违反法律法规的那部分信息，政府部门应当及时向社会发布。同时，实现政府权力清单上网，在网上及时公布

---

① 燕继荣：《社会资本与国家治理》，北京大学出版社，2015，第161页。

政府权力清单和办事流程，使公众获取公共服务的便利性。再次，建立和完善对公共政策的回应制度。要完善市长热线、听证会等沟通方式，为公众表达对公共政策意见提供渠道，更为重要的是政府要及时做出回应。同时，要让设立的举报电话响起来、接起来，要充分发挥它们的作用，让公共政策的执行接受公众监督，使行政权力在阳光下运作。① 西北农村人力资源开发贫困治理工作必须置于阳光之下，让企业、社会组织、家庭（个人）充分了解贫困治理的政策内容、实施过程和扶贫结果等相关信息，增强社会各方对政府的信任感与认同度。有了对政府的信任与认同，社会各界就会愿意同政府共同合作，携手共进，脱贫致富，实现乡村振兴。

（三）引导群众树立信心，贫困治理奔向"实质自由"

1. 引导群众树立信心

在西北农村，农民思想守旧，主体意识淡薄，自主性较弱，特别是一些老弱病残的贫困人口，他们对摆脱贫困缺乏信心，"等靠要"思想严重。"狭隘的小农意识、地缘意识、族群意识、因循守旧的思维模式等，严重地束缚了贫困人口的脱贫致富思维和行动，成为'扶不起来的阿斗'。"② 美国教育学家戴尔·卡耐基在对许多成功人士调查后指出："一个人事业上成功的因素，其中知识和专业技术只占15%，而良好的心理素质要占85%。"不难看出，自信是成功的保证，信心比黄金都重要。作为西北农村人力资源开发与贫困治理主体的政府一定要引导群众树立信心，培育农民的自我观念，创新进取意识，真正实现"要我脱贫"向"我要脱贫"的转变，奔向"实质自由"。

2. 正确认识贫困

精准扶贫以来，我们在对贫困的识别、施策等方面做到了"精准""扶真贫"和"真扶贫"。在扶贫识别上全国实施的"两不愁，三保障"指标，有些省份做得更加细化，如贵州采用"一看房，二看粮，三看劳动力强不强，四看家中有没有读书郎"的指标。这些精准识别指标为通

---

① 何炜、刘俊生：《多元系统精准扶贫：理论分析、现实比照与路劲分析——一种社会资本理论分析视角》，《西南民族大学学报》（社会科学版）2017年第6期。

② 王兴盛：《全面脱贫内源力形成机制探析》，《中共云南省委党校学报》2016年第6期。

过"发展生产脱贫一批、易地搬迁脱贫一批、生态补偿脱贫一批、发展教育脱贫一批、社会保障兜底一批"的精准施策提供了依据。但是，在实现乡村振兴战略下，我们的贫困不再仅仅是吃饱穿暖了，我们要让西北农村人力资源共享中国社会发展成果，要从"实质自由"的视角来看待发展。这里所说的"实质自由"，即人们能够过自己有理由珍视的那种生活的"可行能力"，也可以说是人们能够过自己愿意过的那种生活的"可行能力"，它"包括免受困苦——诸如饥饿、营养不良、可避免的疾病、过早死亡之类——基本的可行能力，以及能够识字算数、享受政治参与等等"① 政治意义上的自由。作为西北农村人力资源开发与贫困治理主体的政府，不仅要给贫困人口提供社会救济和补助，而且要想尽办法让他们受教育、再就业，让他们体面地活着，让他们的孩子受到更好的教育。只有这样，才能阻断贫困代际传递，才能实现人的"实质自由"。

（四）加强基层队伍建设，培育与贫困治理致富种子

管理也是生产力。人既是管理者，又是被管理者。西北农村人力资源开发与贫困治理是一个系统工程，没有强有力的管理者是很难实现贫困治理、乡村振兴之目标的。农村干部是西北农村人力资源开发与贫困治理的管理者之一，在西北农村人力资源开发与贫困治理中具有重要作用，农村是我们党执政大厦的地基，农村干部是地基中的钢筋，位子不高但责任很大。如何发展好基础干部作用，实现贫困治理之目标，我们认为可以从以下措施入手。

1. 充实乡镇村级干部，发挥其主观能动性

要加强提升乡镇村级干部的素质。一方面，在人才选拔上要重视德才兼备原则，选派学历高、专业背景强、思想进步的复合型人才到县级及以下行政部门任职，选派优秀大学生党员到农村担任第一书记，特别是村级党组织主要负责人一定要坚持这一原则。另一方面，重视基层人才的培养和管理，充分发挥驻村干部、大学生村官、农村技术员等人员的优势和特长。比如，通过政策安排，大胆定向培养一支本地生源优先、懂农业、爱农村、爱农民的村级干部队伍，以"定制村干部"培养模式，探索出一

---

① 阿马蒂亚·森：《以自由看待发展》，中国人民大学出版社，2002，第62~63页。

条让优秀人才扎根西北农村的人才培育新路径，为西北农村地区更好地实施乡村振兴战略打下坚实基础。农村干部素质的更新会带来一县、一镇、一村发展思路和面貌的崭新变化，也对现有干部队伍素质提升起到鲶鱼效应。[①] 同时，要爱护支持乡镇村级干部，发挥他们的主观能动性。

2. 培育引进鼓励流动，促进农村人才活力

随着贫困治理的推进和乡村振兴战略的实施。农村将会成为创业者的广阔田野，农村市场将会成为有志之士播种希望的沃土，成就事业的乐园。有这样美好愿景的，我们一定要培育与引进并举，鼓励他们走出去，增加农村人才活力。

首先，培育好本地人才。本书中的西北农村人力资源是指西北五省区农村具有体力或智力劳动能力的所有人口。要通过西北农村人力资源开发，实现贫困治理，一是要对西北农村人力资源进行总体开发，提升当地农民素质。政府要注重对农民的培养，培养农民的科学文化素质，使其掌握现代农业生产技能，以经营或服务作为主要职业。培育新型农民不仅解决了农村中的土地由"谁来种"的问题，还能解决"如何种地"的技术问题。[②] 二是要重点开发西北农村人才资源。西北农村人才资源是西北农村人力资源中具有较高专业学历或文化知识，具有一定专业技术特长与管理能力的专业技术人员和管理人员。在西北农村中，不乏拥有一定特色手艺、专门技术、小作坊和小商户的各类能人，他们对家乡有足够的了解也充满感情，但由于对商业运作、专业知识的缺乏，发展的步伐不快。[③] 因此，政府应创新扶持政策，支持鼓励他们把事业做大做强，成为当地的"能人"和"土专家"，让他们成为当地的致富带头人。解决了土地"如何种"的问题，又有"能人"和"土专家"作为致富带头人提供示范效应，乡村振兴也就不远了。

其次，鼓励优秀人才到农村创业。希望在广阔的田野上。不论是农民、农业技术人才、高校大学生还是农业生产所需要的资本要素，都需要

①　孙学立：《农村人力资源供给视角下农村振兴问题研究》，《理论月刊》2018 年第 5 期。
②　薛洁：《农村振兴战略背景下我国农村人力资源投资的发展路径》，《天津中德应用技术大学学报》2018 年第 3 期。
③　孙学立：《农村人力资源供给视角下农村振兴问题研究》，《理论月刊》2018 年第 5 期。

政府的规划和统筹，需要资金的投入和政策的扶持，唯有建立全方位的政策支持和保障体系，才能更好地吸引更多的人力资本和社会资本进入农村，才能实现农村区域经济协调发展的目标。[①] 作为西北农村人力资源开发与贫困治理的主体之一，政府在制定人才战略与贫困治理政策上，要鼓励有梦想，想创业的人到大西北去，广阔的农村是他们成就梦想的沃土。把智创、文创、农创等引入西北农村，一旦这些人才投入农村，将会快速提高农村创业队伍水平和创业热情，同时也会带来资金、技术、市场等要素，使西北广大农村成为各类要素聚集的洼地，实现梦想的佳境。

二 企业主动看齐方向，服务社会

长期实践证明，企业是资源配置的最有效方式。企业通过价格机制将人、财、物等生产要素配置到最佳位置。企业的多样性、多层次性有助于从不同的维度和角度来解决贫困人口的需求；企业可以根据自身的发展需求和自身的资源优势，使技术、信息、资金、人力资源等要素在西北农村贫困地区开展产业扶贫，达到企业与贫困人口的"双赢"局面；企业的选人、用人过程，既是企业自我发展的过程，也是服务社会的过程。因为它选的人、用的人，很大一部分是大专院校毕业生，但也不乏农村剩余劳动力，特别是西北农村劳动力。这些西北农村人力资源就业于企业，经过企业培育，不但能够解决自己的贫困问题，还能开阔眼界，提升素养。当然，企业作为社会经济发展的主要单位之一，仅仅通过选人、用人这一机制服务社会是远远不够的。企业还应该主动承担起社会责任，在企业自身发展的同时，增强社会责任感，服务社会，促进社会经济发展。在以政府为主导，多元参与的扶贫格局中，企业要从政治性嵌入、文化性嵌入和认知性嵌入着手，优化扶贫路径，实现贫困治理。

（一）坚定政治站位，融入政治嵌入性

企业的逐利性决定了企业的核心是追求利益最大化。企业的一切工作都是围绕利益展开的，毫不夸张地说，企业参与扶贫，也绕不开企业利益这一道坎。企业扶贫政治嵌入性，一方面企业要响应国家号召，深刻理解

---

① 党晶晶：《我国产业结构调整与农村劳动力转移协调发展》，《农业经济》2017 年第 3 期。

和把握政府大政方针，深耕扶贫。另一方面，政府要统筹全局，将施政要略深植于企业，使其在扶贫过程中有政府的保驾护航。我国各类企业基本上都能够响应国家号召，积极利用国家政治制度、法规政策和权力结构等政治影响力来开展扶贫实践，这个大方向是对的，可以说政治站位很高。当然，在具体扶贫操作中，出现了一些问题。要避免这些问题，政府要有所作为，使企业融入政治嵌入性中。

要让马儿跑得快，就得让马儿有草吃。激励机制是指运用各种激励理论、方法和手段，调动被激励者产生内在驱动力和工作积极性的一整套制度安排。从健全激励机制视角出发，调动企业参与贫困治理的积极性。第一，给足"荣誉"。精神的力量是无限的，企业也有精神需求。企业的精神需求主要体现在企业社会责任。"企业社会责任"这一概念出现于20世纪20年代，由英国学者欧利文·谢尔顿率先提出，是指企业与关键利益相关者的关系、价值观、遵纪守法以及个人、社区和环境相关的政策和实践的集合。20世纪90年代，迈克尔·波特就提出企业社会责任与经济目标可以兼容，企业可以利用慈善行为来改善企业的竞争环境，促进企业社会目标与经济目标的兼容，促进企业的长远发展。[①] 一个企业积极践行社会责任，在社会上会树立优良的企业形象，有了良好的企业形象，自然也会给企业带来良好运营环境。《2015年度中国慈善捐助报告》显示，企业捐赠贡献了捐赠总额的七成，但企业捐赠与我国国民经济规模极不相称，且我国企业捐赠主要不是基于社会责任，更多的是一种策略选择，如建立与政府的良好关系以获取相应的资源。[②] 政府一定要给那些具有高度社会责任感的企业足够的"荣誉"，使其具有丰富的精神世界，促使其履行社会责任。第二，不能让"老实人"吃亏。扶贫不是嘴上说说而已，是要付出智力、物力、人力和财力的"体力活"，企业参与贫困治理必然要付出很多。所以政府一定要在金融、税收等政策方面，向那些积极参与精准扶贫的企业倾斜，不要让"老实人"吃亏。第三，加强扶贫资金的监管力度。企业积极参与贫困治理，政府给予了这些企业很大的支持，特

---

① M. E. Porter, M. R. Kramer, The Competitive Advan-tage of Corporate Philanthropy ［J］. Harvard Business Review, 2002, 80（12）: 56-69.

② 贾明、张喆:《高管的政治关联影响公司慈善行为吗?》,《管理世界》2010年第4期。

别是资金方面支持力度很大。企业在践行贫困治理实践时也有大量资金投入。对这些资金的监管一定要到位，不能让大量的扶贫资金成为企业以扶贫之名套取本企业利润之实的手段，更不能成为某些人谋取私利的摇钱树。第四，建立考核评价标准。没有压力就没有动力。政府要有一套对企业参与贫困治理的考核标准，企业也要对相关扶贫部门和扶贫个人进行考核。明确考核标准有利于企业参与贫困治理实践，有利于企业扶贫个人正确地执行扶贫政策。

（二）深刻理解文化，加强文化嵌入性

文化影响力深远。企业扶贫一定要深刻理解中国传统文化和扶贫对象的本土文化，特别是要尊重当地的风俗习惯和宗教信仰，积极引导，使扶贫对象树立正确的文化导向和价值观。落后观念对脱贫致富的制约比较严重。一些县以申请"贫困县"为荣，一些个人为了成为建档立卡户"跑关系，走后门"。这是一种缺乏自信的陈旧观念，要坚决改掉，"要从思想上淡化'贫困意识'，不要言必称贫，处处说贫"①。企业要通过对当地致富能手的新闻宣传，积极引导贫困人口自强自爱，摒弃安于现状、墨守成规的思想，鼓励他们对新事物、新思想的追求，从而推动他们脱贫致富。另外，企业应该运用自己在技术、人才、物力等方面的优势，在贫困地区办工厂、设车间，在办工厂、设车间的过程中，将信息、技术、观念等渗透到贫困地区的广袤土地上，让贫困人口听到、看到、体会到更多先进技术、思想、理念，从而使他们慢慢地改变自己抱残守缺、故步自封的陈旧观念，走致富之路。

（三）提升认识能力，践行认知嵌入性

企业具有五大优势，"一是企业是投资产权明晰的经济实体，它有资本界限和投资所有权限制，既要股权约束，又要保值增值；二是企业是最了解市场运行规律的，企业要稳定成长，必须时时刻刻认真做好市场分析与预测，企业对于静态或者动态的市场行情有自己独特的把握方式；三是企业了解产业选择的秘密，选择什么类型的产业，运用什么类型的技术，加工什么类型的产品，销售到什么地方去等等，都会处理得比较得当；四

---

① 习近平：《摆脱贫困》，福建人民出版社，2014，第1页。

是企业利润最大化是企业发展的根本动力，为了这个目标，企业就必须加强各方面的管理，努力降低各个生产环节的成本；五是企业是独立的法人主体，具有独立从事市场交易和谈判的能力，独立承担经营风险，这是其他类型的人为主体所没有的"[①]。企业一定要发挥自身优势，取长补短，在贫困治理中发挥积极作用。

企业在产业扶贫中只有深入贫困地区进行市场研究，准确预测产业发展趋势，并制定符合客观现实的有效经营计划，才能做到贫困人口和企业的共同发展；反之，企业缺乏市场调研，对产业发展规划不清，经营计划不符合地区实际情况，便无法在产业扶贫中兼顾企业发展，更无法保障贫困治理的稳定性。企业应该积极开展产业扶贫，充分利用贫困地区相对廉价的人力资源、土地资源，与当地特色产业紧密结合，让扶贫对象通过学习科学文化知识，提高自身技能，参与各种扶贫项目，从而达到脱贫致富之目的。华润集团在宁夏中卫市海原县曹洼乡建立了华润生态养殖基地，招收当地劳动力，使其就业于养殖基地。该基地每年可吸纳1000人务工，人均月工资2500元以上，实现当地部分人力资源就业。同时，华润集团为农户提供养牛技术与部分资金，乡政府为农户提供担保，农户便可以从华润集团养牛基地牵走若干头小牛，在自己家里饲养，一年后，华润集团再用现金从农户手中收购大牛。在这一过程中，农户能够获得不错的收益。"企业依托当地资源的扶贫活动就会得到当地政府鼓励、农民积极支持，从而形成良性互动关系。企业参与扶贫活动在得到奖励与荣誉时，口碑、形象会大大提升，扶贫投入动机也能持续地存在，社会责任的影响力不断放大。"[②]

三　社会组织跟对方向，砥砺前行

"广泛动员全社会力量共同参与扶贫开发，是我国扶贫开发事业的成

① 李含琳：《壮大农村企业是发展扶贫车间的关键》，《甘肃日报》2019年3月5日。
② 万良杰、薛艳坤：《"精准脱贫"导向下企业参与民族贫困地区扶贫工作机制创新研究》，《贵州民族研究》2018年第11期。

功经验，是中国特色贫困治理道路的重要特征"①，西北农村人力资源开发与贫困治理要充分发挥社会组织接地气、针对性强的特点。"行政手段功利性太强，总希望以最小的机会成本获得最耀眼的政绩，所以花架子多、水分也不少"②，而社会组织可以"代表一些脆弱的人群，为他们提供服务，或者给政府一些延伸，做一种更细致的、政府没法做的工作"③。社会组织的优点是贴近群众，能使贫困人口从心理上认识到贫穷的可怕，能够帮助贫困人口找到便捷有效的致富路径，唤醒贫困人口自卑感和上进心，让他们在致富道路上挺起腰板，走的有信心、有力量。但从我国目前社会组织参与贫困治理的实际情况看，社会组织的独立性需要扩大，公信力有待提高，筹集资金能力有待加强，因此，要提升社会组织各项能力，找准其定位与角色，在借鉴国外优秀发展经验的基础上，进一步改革相关制度与法律，营造适应社会组织发展的环境氛围，促使社会组织在西北农村人力资源开发与贫困治理中发挥更大作用。

（一）从宏观层面来说

1. 培育全社会的公益慈善理念

党的十八大以来，习近平总书记多次强调要形成崇德向善的社会氛围。2014 年出台的《国务院关于促进慈善事业健康发展的指导意见》提出："要着力推动慈善文化进机关、进企业、进学校、进社区、进农村……为慈善事业发展营造良好社会氛围。"④ 2016 年颁布的《中华人民共和国慈善法》规定，"国家采取措施弘扬慈善文化，培养公民慈善意识"⑤。从以上论述和法规中不难看出，我国对公益慈善理念的培育发展是非常重视的。理念的养成不是一蹴而就的。在公益理念培育上，要百尺竿头，更进一步。

第一，重视公益慈善。认识问题是解决问题的前提，只有认识到了公

---

① 《国务院办公厅关于进一步动员社会各方面力量参与扶贫开发的意见》，（2014-12-04）[2020-03-26] . http://www.gov.cn/zhengce/content/2014-12/04/content_ 9289.htm。

② 唐钧：《追求"精准"的反贫困新战略》，《西北师范大学学报》（社会科学版）2016 年第 1 期。

③ 王名：《中国 NGO 口述史》第一辑，社会科学文献出版社，2012，第 203 页。

④ 《国务院关于促进慈善事业健康发展的指导意见》，人民出版社，2014，第 17 页。

⑤ 《中华人民共和国慈善法》，中国法制出版社，2016，第 24 页。

益慈善的重要性，才能做好公益慈善事业。公益慈善是社会文明的象征，是促进社会和谐、文明进步的重要力量。一是继续完善相关法律法规，使公益慈善深入人心。二是在弘扬中国传统慈善文化和借鉴西方慈善公益理念的基础上，形成新时代中国特色的公益慈善文化，让积极参与社会扶贫济困的各类社会组织在政治上有荣誉，在事业上有发展，在社会上受尊重。

第二，加大宣传力度。全媒体时代更加重视公益慈善宣传与宣传效果。从宣传形式上来说，可以通过广播、电视、报刊、互联网、自媒体等多种途径倡导公益慈善事业，使社会皆知，提升公民慈善意识，产生共鸣，履行社会责任。从宣传内容上来说，各媒体要深入基层，借鉴国外经验，结合我国实际，推陈出新，只有不断地传播慈善理念，才能让社会公众理解、认可、接受和参与慈善公益事业。

2. 建立健全相关法律和政策

法律是社会组织行动的表盘，规章制度是社会组织行动的指针。健全社会组织扶贫法律，出台有利社会组织扶贫的相关规章制度，引导社会组织积极有序、合理、高效地参与到西北农村人力资源开发与贫困治理中。

第一，健全社会组织扶贫相关法律。近年来，我国在社会组织扶贫法律方面取得了显著成绩，但是，"在社会组织领域，我国仍处于立法频繁、立法粗糙与立法纠结并存的立法初级阶段"[1]。因此，要根据社会组织的权利与义务、地位与职能等特点，"摒弃对社会组织的管控思维，强调社会组织的权利本位，实现社会关怀而不是社会钳制"[2]，改变现有对社会组织扶贫立法的"立法层级低、行政法规分散凌乱、重复性规定多的现象"[3]，"完善扶贫开发法律法规"[4]，提高社会组织立法质量，健全社会组织扶贫法律。

第二，细化社会组织扶贫相关政策。一是要甄别并整合出台明确、规范的社会组织扶贫济困政策，"对有矛盾冲突的尽快做出调整，衔接不畅

---

① 马金芳：《我国社会组织立法的困境与出路》，《法商研究》2016 年第 6 期。
② 李秀梅：《我国社会组织立法的完善》，《温州大学学报》（社会科学版）2014 年第 6 期。
③ 高媛：《非营利组织参与社会救助：德国模式的立法借鉴》，《中共福建省委党校学报》2016 年第 8 期。
④ 《中共中央、国务院关于打赢脱贫攻坚战的决定》，《中华人民共和国国务院公报》2015 年第 35 期。

的尽快制定实施细则。重视通过税收优惠政策引导和鼓励社会组织参与扶贫济困的公益事业。要区分慈善组织的经营性活动和非经营性活动，对慈善组织不同性质的收入采取不同税收政策"①。现在我国扶贫减税政策只是针对所得税和货币，应该扩大范围，如企业捐赠增值税、消费税、营业税等方面也应享受税收减免。非货币捐赠也应该享受税收优惠政策。另外，应该提高免税比例。美国税法规定个人向慈善组织捐赠的在当年应税所得 50% 以内的可以在税前扣除。可以向发达国家学习，提高扶贫捐款的减税比例，引导社会闲置资金向扶贫济困领域流动。二是建立健全社会扶贫信息大数据库。大数据时代已经到来，应充分利用其优势，将各类社会组织、社会组织的扶贫项目、政府购买社会组织服务及扶贫对象需求等信息入库共享，帮助完成扶贫资源与扶贫对象需求的有效对接，为社会组织参与扶贫，精准施策做出指引。同时，提高社会扶贫资源的有效配置，杜绝项目重复，减少资源浪费。三是加快建立和完善社会组织培育机制。规范社会组织注册制度，精简注册流程，强化社会组织服务意识，鼓励社会组织发展，优先发展具有扶贫济困功能的各类社会组织。四是注重优惠政策享有主体的平等性，地方性公募基金会在注册地以外的募集行为可以享受免税待遇，无论是"官办"社会组织还"草根"社会组织，不管有没有公募资金资格，都应该享有相同的优惠政策。五是简化程序，税收减免、退税应当设定法定时限，尽可能高效率完成。

3. 加强社会监督评估

没有监督的权力必然导致腐败，一定要将权力关在制度的笼子里。"具有非营利性的非政府组织，因为其资金来源是一些热心公益事业、有爱心的个人或组织捐赠，如果缺乏有效的监督，会降低组织的公信力。"②"社会组织公信力是指社会和公众对社会组织的认可度、信任度和满意度"③，它反应的是社会组织和以社会公众为主体的利益相关者之间的关系。公众对社会组织的信任主要从该组织能不能信守组织承诺，会不会履

---

① 石国亮、廖鸿：《破除慈善组织税收优惠政策的认识误区》，《中国国情国力》2016 年第 3 期。

② 侯小伏：《打开另一扇门：中国非政府组织的现状与发展》，群众出版社，2003，第 25 页。

③ 李迎生：《慈善公益事业的公信力建设论析》，《中共中央党校学报》2015 年第 6 期。

行组织义务，有没有能力完成捐赠者的期望等方面来判断。社会组织的公益性、志愿性和非营利性等特征要求其必须爱护好自己的"面子"——公信力。另外，加强监督评估，提升社会组织公信力迫在眉睫。

第一，对社会组织要进行全方位监督。社会组织要发展，首先要取得公众的信任。"高信任及以此为基础的自发性社会交往，往往造就出发达的社会中间组织。"[1] 信任的取得主要靠社会组织的公益慈善行为，而且是受监督的公益慈善行为。对社会组织的监督，一是要靠政府监督。政府监督主要通过法律法规、奖励惩罚等来规范社会组织行为，使其按照组织使命行驶，不要错位。二是社会组织自我监督。鼓励社会组织依法按照组织目标独立运动，但是"对于组织而言，独立或自治也创造了作恶的机会"[2]，因此一定要健全社会组织自身监督机制建设，在阳光下去实现组织目标。三是社会监督。社会监督主要是指媒体和群众监督。四是捐助者监督。对捐助者而言，其是社会组织扶贫项目的委托人，社会组织是被委托人。作为被委托人的社会组织有义务向作为委托人的捐助者报告资金使用情况及与捐资有关的业务活动情况。

第二，对社会组织要进行正确评估。社会组织评估包括：一是政府评估。政府评估是对社会组织及其活动进行评估的主要方式，我国目前已形成了分级管理、分类评定的评估体系，但评估强调组织发展的自身情况，应把社会组织所提供的项目情况作为评估重点。政府应该将扶贫对象满意度作为一项主要的评估指标，开展绩效评价，用绩效评价结果，促进社会组织良性发展。二是社会组织自我评估。自知者智，社会组织发展离不开自我评估。社会组织自我评估是指社会组织通过对本组织内部规章制度的更新、改进、提升等行为，保证社会组织沿着组织使命方向发展。三是第三方评估。第三方评估是相对于政府评估和自我评估而言的，第三方评估是指独立于政府之外的，具有专业知识与技能，独立自主发表权威观点的机构，对被评估对象做出的客观公正评判。引入第三方评估是"独立的

---

① 弗朗西斯·福山：《信任：社会美德与创造经济繁荣》，彭志华译，海南出版社，2001，第65页。

② 罗伯特·A. 达尔：《多元主义民主的困境——自治与控制》，周军华译，吉林人民出版社，2006，第1页。

民间非营利评估机构对民间慈善组织的评估和认证等，用严格规范的评级制度来保证慈善行为在阳光下有序运行"[1]。政府要从资金、政策环境等方面扶持第三方评估机构，促进第三方评估机构快速发展。第三方评估机构要制定出科学的、合理的评估标准，尤其针对组织公信力的评估要以具体的评价指标作为支撑，提高评估的准确性和客观性。

4. 引进竞争机制，优胜劣汰

市场对资源配置具有天然优势，社会组织发展离不开市场对其的调节作用，一定要引入竞争机制，优胜劣汰，促使我国社会组织健康发展。尽管我国社会组织在扶贫救灾等领域做出了很大贡献，但与发达国家相比，我国社会组织发展还是比较缓慢、落后的。为了改变这一现状，"政府应该将慈善领域开放，让更多的财力、人力、物力进入这个领域，政府应该更多扮演管理者的角色，而非真正的参与主体，这样整个慈善的环境才会更为活跃"[2]，鼓励那些组织结构合理、踏实践行组织使命的"草根"社会组织大力发展，对那些严重依赖官方背景、自上而下成立的官方社会组织进行去行政化改革，使它们"自食其力"。与此同时，建立社会组织退出机制，使官僚衙门式、服务社会空虚化的社会组织退出历史舞台。只有引入竞争机制，让各社会组织竞争，才能产生鲶鱼效应，从而促进社会组织健康发展，使其在扶贫济困领域做出更大贡献。

（二）从微观层面来说

1. 优化组织治理结构

我国在大多数扶贫性质的社会组织基本上是脱胎于政府部门，或成立时必须有业务主管单位，这一特点决定了我国的社会组织在组织结构、行事风格和运行机制上官僚行政化倾向明显。现代意义上的社会组织具有创新能力强、灵活适应社会需求等特点，而官僚衙门气息浓厚的社会组织就很难跟上快速变化的时代要求。随着社会组织的市场化运作，最早是公司结构治理理念运用到社会组织结构治理中，社会组织结构治理主要是指社会组织权力机关设置、运行以及各权力机关之间的关系，是解决社会组织

---

① 方俊、何雄杰：《民间慈善组织公信力研究——以广州乐助会为例》，《马克思主义与现实》2013 年第 3 期。

② 王旭：《加快发展公益慈善类社会组织》，《贵州日报》2015 年 4 月 21 日，第 10 版。

效能最大化的问题。一般来说，结构治理与治理效能存在密切的正相关关系，正式的结构对于组织来讲甚至有生存合法性的意义。因此，完善的组织结构治理是社会组织健康发展和长久运行的前提和基础。

第一，建立健全运营机关。建立健全社会组织结构，明确组织使命，规范组织章程，健全董（理）事会和监事会等部门。一定要改变现有的社会组织"理事不理事，监事不监事，只有卡里马斯"① 的畸形运行机制，要明确社会组织运营机关的各自权力，使其相互制衡，互相监督，从而提升社会组织内部治理能力现代化，更好地服务社会。

第二，建立扁平化组织结构。组织结构影响组织效率，一般来说，组织层级越多，效率越差。我国现有的"官办"社会组织基本上都是四级制，严重阻碍了社会组织的行动效率。要"转变行政等级化的官僚组织模式为扁平化的组织结构模式，在保留政府资金投入和工作人员原有工资、社保、待遇的基础上，将行政级别转变为非行政机构的职级制"②，只有这样，才能使社会组织在西北农村人力资源开发与贫困治理中发挥更大的作用。

2. 充分做到公开透明

公开透明是社会组织铁的原则。"那些具备更强大的会计功能，拥有更高资格的会计人员以及文件更齐全的会计制度的组织并不必然被利害相关者认为是更负责任的。公信力被认为与社会监督的可接近性和事情如何得到解决的透明度有关。"③ 可见，社会组织公开透明是社会组织能否发展的关键。当前我国大部分社会组织公开透明度不高，严重制约了我国公益慈善事业的发展，因此，加强社会组织的透明度建设，促进社会组织发展势在必行。

第一，主动公开。公开宜早不宜晚，当公众质疑已经满天飞的时候再去发布信息澄清已经晚了，因为"晕轮效应"已经放大了本应不大的事情。前几年的"郭美美事件"就是被动公开信息的一个教训，当郭美美

---

① 卡里马斯是 Chrisma 的英译，马克斯·韦伯认为权威获得有传统型、卡里马斯型和法理型三种，卡里马斯型是指依靠个人超凡魅力而获得的权威。

② 黄晓勇：《中国民间组织报告（2013）》，社会科学文献出版社，2013，第43页。

③ A. Goddard，J. M. Assad，Accounting and Navigating Legitimacy in Tanzanian NGOs. Accounting [J]，Auditing & Accountability Journal，2006，19（3）：377-404.

炫富上热搜时，中国红十字会连续发了三次声明，试图挽回中国红十字会的声誉，结果却是"不管你信不信，反正我不信"的质疑不绝于耳。因此，社会组织应该将信息主动公开作为重要战略内容，并融入本组织文化中。主动公开，及时公开，遵从社会组织的鱼缸法则，才能赢得公众对社会组织的信任。

第二，扩大公开内容。社会组织必须坚持及时准确、方便获取的原则，将除涉及国家安全、个人隐私以及赠款人与组织协定不公开信息以外的信息全面公开。特别是要将本组织的基本信息、财务信息、募捐活动、公益项目等，公示于组织网页、简报等媒介上，便于公众查阅。

第三，公开形式多样。《基金会管理条例》规定：基金会应当在通过登记管理机关的年度检查后，将年度工作报告在登记管理机关指定的媒体上公布，接受社会公众的查询、监督。实践中，"指定的媒体"主要是《公益时报》。这一规定显然使慈善组织承担了一定的信息公开成本。随着信息网络化的发展，可供社会组织选择的信息公开方式十分多样，包括组织网站、大众传媒、专项报告以及智能手机等。确保信息公开方式多样化，有利于最大限度地提升信息透明度，增强社会组织的公信力，促进公益慈善资源配置的有效性，对推动慈善事业持续健康发展具有重要意义。

3. 重视人才队伍建设

21世纪最缺的就是人才，社会组织也不例外。相对于政府和企业，社会组织对人才的吸引力是较弱的，在这种不利环境下，如何提升社会组织的人才队伍，更好地服务于精准扶贫与乡村振兴战略，成为我们研究的重要内容之一，本书认为以下三点是提高社会组织的人才队伍的关键。

第一，前端过滤。社会组织具有公益性、非营利性、志愿性等特点，这一特点决定了"对于工作人员来说，这里没有'当官'的位置，也没有发财的机会，崇高的信仰才是我们的精神支柱、力量源泉"[1]。对于那些志存高远的、具有服务意识的人才来说，社会组织"工作的挑战性与

---

[1] 李珍刚：《当代中国政府与非营利组织互动关系研究》，中国社会科学出版社，2004，第147页。

成就感、责任感、使命感远远超越薪酬对他们的吸引力"①。因此，社会组织在进行专职人员招聘和志愿者选用时，一定要做好前端过滤，吸引那些志存高远的、与社会组织拥有一致或相近价值观的、有相关专业知识与文化素养的、有服务意识的人才进入本组织，为他们提供平台，让他们放飞梦想，实现自己的人生价值。

第二，薪酬考评。社会组织的公益性特点决定了其是"清水衙门"，但我们也不能一味地强调精神信仰，而忽略了人的自然属性，在现实生活中，"人们首先必须吃、喝、住、穿，就是说首先必须劳动，然后才能从事政治、科学、艺术、宗教等"② 活动。社会组织应该制定出一套行之有效、达到社会平均收入水平的，并且是"基于价值观的社会组织人力资源管理运行体系"③，吸引那些优秀人才加入社会组织服务社会。

第三，注重培训。优秀员工是培训开发出来的。社会组织一定不能放松对本组织员工的培训开发。要通过网课、讲座、交流等形式多样的培训学习，提升本组织人员素质、技能和服务扶贫工作的本领。

4. 提升资金管理能力

资金筹集问题是社会组织发展的大问题之一。与发达国家相比，我国社会组织筹资能力弱，筹资渠道单一，资产保值增值等方面需要加强。

第一，拓展筹资渠道。目前，我国扶贫社会组织大多都是"官办"社会组织，其资金来源主要靠政府拨款或政府购买社会组织服务，另外加上企业和民间捐助。随着去行政化趋势演化，这些"官办"社会组织筹措资金越来越难，越来越少，致使社会组织发展动力不足。因此，要拓宽筹资渠道。多元化"筹资渠道是祛除民间组织行政色彩的重要措施"④，也是现代社会组织发展的方向。"现代非营利机构必须是一个混合体：就其宗旨而言，它是一个传统的慈善机构，而在开辟财源方面，它是一个成

---

① 刘兰华：《非营利性社会组织能力建设中的人力资源紧张及其纾解》，《兰州学刊》2014年第 11 期。

② 马克思：《马克思恩格斯选集》（第 3 卷），人民出版社，2012，第 1002 页。

③ 唐代盛、李敏、边慧敏：《中国社会组织人力资源管理的现实困境与制度策略》，《中国行政管理》2015 年第 1 期。

④ 孙发锋：《中国民间组织"去行政化"改革：反思与建议》，《郑州大学学报》（哲学社会科学版）2014 年第 1 期。

功的商业组织。"① 要以公益慈善理念为原则，认真落实扶贫项目，以高质量的服务赢得个人、政府、企业等主体的认可，从而吸引他们再捐赠。此外，要创新筹资渠道，开发展览、讲座、义演义卖等形式，充分利用电视、广播、网络、报纸等多媒体资源。

第二，市场化运作，使资金保值增值。我国社会组织的资金市场运作水平低下，且以低风险、低收益的银行存款利息为主要收益，这种资金运作虽然安全，但不能发挥资金最大化效应。社会组织资金在"合法、安全、有效"② 原则下，施行市场化运作，聘请专业团队理财投资，可以使资金保值增值。

四 家庭（个人）找对方向，谋求长远

家庭（个人）是西北农村人力资源开发与贫困治理投资的主体，也是投资的对象，并且是直接受益者。政府不仅要将家庭（个人）作为西北农村人力资源开发与贫困治理对象，而且更要把其当作开发投资的主体。提升西北农村人力资源的自主合作意识。托克维尔在《论美国的民主》一书中指出"恰恰应该让公民去多管一些小事，在小事上给人自由比在大事上给人自由更为重要。他认为由于每个人每天都要遇到这些小事，久而久之，他就能够形成一种非常好的自治精神和一种自由、独立的人格"③。也就是说，对于西北农村人力资源我们不仅要授之以鱼，更要授之以渔，真正让他们觉醒，自主发展。

（一）教育培训

在义务教育阶段，西北农村人力资源开发投资不是很突出。我国已经实行了普遍的九年义务教育，新疆不少地区实现了十二年义务教育。所以说在西北农村地区中小学教育费用方面，家庭（个人）花费不是很突出。但是，在我们的调研中发现，虽然在学费方面支出很少，可是在教育产生的支出方面还很大。在甘肃平凉的调研中发现，许多农民为了让孩子受到

---

① 褚松燕：《中外非政府组织管理体制比较》，国家行政学院出版社，2008，第 122 页。
② 刘文华：《慈善资产保值增值做的这么差，我羞愧，您呢?》，《公益慈善周刊》2017 年第 1 期。
③ 托克维尔：《论美国的民主》（上卷），董果良译，商务印书馆，1998，第 23 页。

较好的教育，大都在县城租房居住生活，仅这一项支出也是一笔很大的费用。

在高中、大学教育方面，西北地区农村家庭（个人）的支出比重很大。2017年，课题组访谈了宁夏固原市西吉县的50个农村家庭。如果一个家庭有正在上高中或大学的成员，其教育支出占整个家庭支出的50%，在整个教育支出中，高中或大学教育费用占全家教育支出的70%。在一个家庭的整个教育支出投资中，高等教育和高中教育支出最高，其次是小学和初中教育，再次是职业技能培训费用。

积极倡导"干中学"，"干中学"理论由来已久。实践是检验真理的唯一标准。在长期实践中走出一条"试错、改正、验证、总结、提高"的道路，自然而然地也就提高了自身的人力资本含金量。要充分利用现代网络的便利，通过手机视频，让西北农村人力资源掌握新知识、新技能自主发展，提高生活质量。

（二）医疗保障

医疗保障是指医疗保障单位提供的与药物治疗或健康相关的服务，其目的是改善病人或潜在病人的生命质量。医疗保障是农村人力资源开发投资的重要组成部分。作为投资主体的家庭（个人）在医疗保障方面的投资主要是参加农村合作医疗。在没有实施农村合作医疗之前，西北农村因病致贫的现象非常普遍。自从实施了农村合作医疗，西北农村人力资源越来越重视自我保健，广大农民积极参加农村合作医疗。截至2017年10月底，青海海西蒙古族藏族自治州的农村合作医疗已覆盖所有的农村，医疗卫生状况大大改善，基本上小病在乡镇，大病在县市都能治。这就不仅提高了农村人力资源的健康水平，提升了"农村人力资本的含金量"，而且阻止了因病致贫、因病返贫现象的发生。

（三）有效流动

有效流动主要是指移民搬迁和劳动力自由流动。移民搬迁是指将生活在自然资源匮乏，环境恶劣地方人口，搬到自然资源较为丰富，环境较好的地方，使其安营扎寨、永久居住、发家致富的一种行为，这种行为一般是由政府主导、实施，农民受益的扶贫开发模式。劳动力自由流动，从经济学上来讲就是政府为劳动力需求方和劳动力提供方搭建平台，使他们能够平等协商，各取所需，建立统一的劳动力市场有助于劳动力自由流动。从社会学中的社会流动来讲，就是指劳动力社会地位的变化，即从某一社会阶层到另一社会阶层的变化。合理的社会流动，不管是垂直流动还是水平流动都有利于经济发展、社会稳定。

移民搬迁是人力资源开发投资的重要内容。作为投资主体之一的家庭（个人）在移民搬迁方面的投资主要形式是外出打工。外出打工促进了人口流动，增加了农村人力资源的见识，提高了技能，开阔了眼界，增加了收入。这不仅达到了农村人力资源开发的效果，也实现了贫困治理之目标。

五　各主体协同，助力贫困治理

恒久"不变"引起躁动。传统的单向扶贫致使出现"越扶越贫""劣币取代良币"等现象。因此，在西北农村人力资源开发与贫困治理实践中，要让合作扶贫的大船启航，在远航路上，需要政府、企业、社会组织和家庭（个人）四方互动协同。协同由德国物理学家赫尔曼·哈肯教授于20世纪70年代提出，他认为："协同是系统的各个组成部分之间相互协作而产生的集体效应或整体效应。"[1] 互动协同就是各主体相互嵌入，取长补短，互相配合，达到整体功能大于部分功能之效，实现合作共赢的良好局面。

（一）协同贫困治理的必然性

1. 传统贫困治理缺乏沟通与互动

从西北农村人力资源开发与贫困治理状况来看，以往的贫困治理虽然取得了可喜成绩，但是在贫困治理主体之间、贫困治理主体与贫困治理对象之间是缺乏沟通和互动的。政府、企业、社会组织和家庭（个人）在贫困治理实践中各自为政，导致各贫困治理主体权力责任边界模糊，常常出现缺位、失位和错位等现象；各主体之间沟通不畅，"该帮的没帮，不该扶的却多次帮扶"等现象时有发生。主体与客体之间是"剃头挑子，一头热"。在对青海海西蒙古族藏族自治州的调研中发现，"当地村民对

---

[1]　赫尔曼·哈肯：《协同学：大自然成功的奥秘》，上海译文出版社，2005，第12页。

国外非政府组织的一个小项目援助非常感激，而对国家投了大量资金在当地从事的教育、医疗和基础建设项目熟视无睹"①。

2. 政府主导的传统贫困治理不能完全解决权力贫困

新中国成立初期实施了以农业、农村支持工业、城市发展的"剪刀差"政策，使我国迅速恢复了国民经济，建立了门类齐全的工业体系。现在，我国政府实施的是以工业反哺农业、以城市提携农村的扶贫路径。这一扶贫路径，"农民只是接受经济帮扶，并没有触及农民贫困的根源——权利贫困，即工业化、市场化过程中同工同酬的权利、获得社会保障和救济的权利、享受医疗保障的权利、农产品自由流通的权利以及参与脱贫决策的权利等贫困"②。因此说，"要消除经济贫困，根本的是解决权利贫困问题"③，解决权力贫困首先要建立以政府、企业、社会组织和家庭（个人）为核心的四位一体的协同扶贫模式，改变传统的由政府高度垄断的一家扶贫模式。应该把政府、企业、社会组织和家庭（个人）各方力量全面调动起来，互相配合，共同为贫困户和贫困地区开发提供有效帮助。

（二）构建协同合作的贫困治理

众人拾柴火焰高。构建政府、企业、社会组织和家庭（个人）多元共治，共同参与贫困治理，发挥各主体优势，进行有效合作，能够提高西北农村人力资源开发与贫困治理效率，减少扶贫资源传递过程中的权力寻租和腐败，是西北农村人力资源开发与贫困治理的必由之路。

1. 树立共同扶贫意识

传统扶贫政策是以政府投资为主，企业、社会组织及家庭（个人）投资所占比例很小。新时期一定要改变这种格局，政府应该相信企业的社会责任，相信社会组织的公益性，相信它们参与扶贫，不是添乱，而是添柴，不是拆台，而是补台。要有共治理念，即"多元社会主体在社会权

① 冉光荣、李涛：《西部开发中西藏及其他藏区特殊性研究》，黑龙江人民出版社，2003，第 167 页。
② 蔡科云：《政府与社会组织合作扶贫的权力模式与推进方式》，《中国行政管理》2014 年第 9 期。
③ 文建龙：《权力贫困论》，安徽人民出版社，2010，第 110 页。

力的基础上共同治理公共事务，通过协商民主等手段发起集体行动以实现共同利益的过程"①。树立共同扶贫意识，政府要通过项目、资金、税收、购买服务等形式将一些政府扶贫效果不好的项目交给企业、社会组织，充分授权，让他们在实现自身使命的过程中带动西北农村人力资源开发减贫致富。政府的优惠政策会给予企业、社会组织以扶贫动能，为家庭（个人）自我提升创造条件，企业、社会组织和家庭（个人）利用政府的授权，帮助政府解决政府在西北农村人力资源开发与贫困治理上解决不了的问题，协助政府实现共同富裕这一目标。

2. 发挥各方主观能动性

政府在西北农村人力资源开发与贫困治理中的主观能动性是有目共睹的，这里不再赘述。企业在西北农村人力资源开发与贫困治理中的主观能动性有待提高。许多企业是响应党的号召去搞扶贫，但扶贫措施都以"输血式"扶贫为主，缺乏针对性，扶贫效果一般，治标不治本。企业应该主动承担其社会责任，利用政府给予的优惠政策，在西北农村实施产业扶贫，将"输血式"扶贫改为"造血式"扶贫，只有这样才能真正带动西北农村人力资源脱贫致富。社会组织在西北农村人力资源开发中的扶贫优势是更接地气，更能准确把握西北农村人力资源开发与贫困治理的有效路径。也就是说，相对于政府扶贫，社会组织扶贫具有比较优势。政府要与社会组织通力合作，或政府充分授权社会组织，发挥它们的优势，实施针对性强、接地气、效果好的扶贫举措。对于家庭（个人）来说，一是转变观念，从"要我脱贫"向"我要脱贫"理念转变。二是在人力资源投资上要舍得投资。投资教育培训、投资医疗保障和有效流动都会有巨大的回报。

3. 建立贫困治理信息大数据中心

政府、企业、社会组织和家庭（个人）协同参与贫困治理，政府牵头，各方参与，建立贫困治理信息大数据中心。同时，政府应将扶贫工作纳入经济社会发展规划和政府工作目标考核内容，动员企业、社会组织和家庭（个人）响应号召，积极参与。整合线上线下资源，做到协调整合，

---

① 王名、李健：《社会共治制度初探》，《行政论坛》2014 年第 5 期。

传播共享扶贫资源。贫困治理主体可以在贫困治理信息大数据中心更准确地了解贫困治理对象的现实需求，做到精准识别与精准施策。

第二节　提升西北农村人力资源开发与贫困治理对象的知识及能力

西北农村人力资源开发与贫困治理对象就是西北农村人力资源，他们的思想意识、文化水平和劳动技能的高低，决定着贫困治理成效。"在决定农业生产的增长量和增长率的生产要素中，土地的差别是最不重要的，物质资本的差别是相当重要的，而农民的能力的差别是最重要的。"[①] 因此，要达到贫困治理之目标，先提高贫困治理对象的思想意识、文化水平和劳动技能。本书认为，要以教育投资、健康投资及流动投资三个方面为抓手，一一落实，唯有如此，才能提高贫困治理对象的思想意识、文化水平和劳动技能，实现共同富裕、乡村振兴之目标。

一　教育投资，提高文化素质

不管是舒尔茨、贝克尔，还是阿马蒂亚·森，他们都认为人力资源投资是提高劳动力价值的有效方式。人力资源投资不外乎提高劳动者的知识、技术、健康、修养和开阔视野、解放思想等。教育投资是人力资源投资最主要的形式，就像舒尔茨所说，教育投资是生产性投资，具有显著的溢出效应，其平均收益率高于物质资本的收益率。[②] 西北农村人力资源开发与贫困治理，首先是在公平公正的前提下，加大人力资源投资，尤其是教育投资，否则，农村人力资源就会有剥夺感，从而放弃人力资源投资的机会。"低收入可以既是饥饿和营养不足，也是文盲和健康不良的一个主要原因；反之，更好的教育与健康有助于获取更高收入。提高人的可行能力一般也会扩展人的生产力和挣钱能力。这种关联提供了一种重要的间接联系，通过它，可行能力的改善既能以直接的又能以间接的方式帮助丰富

---

① 李毅：《国外农村人力资源体系发展经验研究》，《世界农业》2013 年第 5 期。
② 西奥多·W. 舒尔茨：《改造传统农业》，商务印书馆，2003，第 142 页。

人的生活，使剥夺情况减少、剥夺程度减轻。"[1] 同时，"收入的提高也能够增加人们的可行能力，但是收入低下只具有工具性意义，它与低可行能力之间的联系也是工具性的联系。这种联系在不同的家庭和个人之间是可变的，并且除了低下的收入之外，还有诸多其他因素会影响可行能力的被剥夺"[2]。因此，在公平公正前提下，加大人力资源教育投资是贫困治理的有效方式。

（一）树立自信，破除陈旧观念

西北农村人力资源开发与贫困治理是一个系统工程。开发投资主体、贫困治理对象和贫困治理环境等诸多因素对西北农村人力资源开发与贫困治理有重要影响。在诸多因素中，开发投资主体和贫困治理对象的观念是贫困治理最大的制约因素。首先，要强化西北一些贫困县市政府的职能，改变政府陈旧、僵化的工作模式。转变政府对西北农村人力资源开发的认识，增加开发力度，积极探索出符合本地特色的贫困治理之路。其次，通过对当地致富能手的新闻宣传，积极引导西北农村人力资源自强自爱，摒弃安于现状、墨守成规的思想，鼓励他们追求新事物、新思想，从而推动西北农村人力资源自主开发，走脱贫致富之路。

（二）加大农村基础教育力度

百年大计，教育为本。基础教育是人力资源开发与贫困治理的第一手段。西北贫困治理的核心就是加大对西北农村人力资源在教育上的投入。

（三）广泛开展职业教育

"授人以鱼，三餐之需；授人以渔，终生之用。"职业教育是指增进人们的知识和技能、提高人们的思想水平的教育活动。职业教育具有文化水平要求较低、技能实践较强、教学周期较短、投资回报率快等特点。"职业教育从整体上属于办学层次低、易学易懂、便于上手的技能型学历教育或者非学历教育模式，与现阶段我国精准扶贫对象的基本特征相契合，从理论耦合的角度上来看职业教育服务于精准扶贫具有可行性。"[3] 西北农村人力资源开发与贫困治理不能仅限于基础教育，要针对西北农村人力资源的

---

① 阿马蒂亚·森：《以自由看待发展》，中国人民大学出版社，2002，第 161~162 页。

② 西奥多·W. 舒尔茨：《改造传统农业》，商务印书馆，2003，第 88 页。

③ 贾海刚：《职业教育服务精准扶贫的路径探索》，《职教论坛》2016 年第 25 期。

特点，积极广泛开展职业教育，通过掌握一门技能、技术，实现脱贫致富。

长期的政策性排斥导致西北农村人力资源的人力资本含金量不高，文化素质低，缺乏劳动技能。这严重制约了西北农村人力资源的自我发展和有效流动，从而又影响了其收入的提高。针对西北农村人力资源的现实状况，应该探索一条以非学历型的职业技能培训为主，以中等、高等学历型教育为辅的职业教育脱贫之路。一是要加大职业教育投入，在办好现有职业技术院校的基础上开展形式多样的职业技能培训模式。二是要积极鼓励社会力量参与职业教育，形成职业教育办学主体多元化和投资渠道多样化。三是扩大职业技术院校对西北农村人力资源的招生规模，让更多的西北农村人力资源可以得到培训和学习。

二 健康投资，加强身体素质

身体是革命的本钱。身体素质是人力资源的核心要素，没有体力或智力劳动能力的人称不上人力资源，更谈不上人力资本了。西北农村人力资源开发，首先要保障西北农村人力资源的身体健康。身体健康"不仅仅是没有疾病或身体不虚弱，而是一种生理上、心理上和社会上的完好状态"①。在贫困治理视域下，西北农村人力资源的身心健康不容忽视，切实做好他们对身心健康的保护，才能谈得上贫困治理。

（一）优化农村医疗卫生资源

近年来，我国在医疗卫生事业上投入巨大，基本上形成了自然村有卫生室，乡镇有卫生院的农村医疗机构模式，成果是显著的。但是，在西北农村地区的医疗设施还是存在一些问题，需要改进，有待提高。调研中发现，许多自然村卫生室、乡镇卫生院的医疗设备陈旧，医生队伍参差不齐，卫生环境较差，致使村民有病只去县级及县级以上医院就医而不光顾卫生室、卫生院，这样自然村卫生室、乡镇卫生院基本上是"样子货"。因此，要增加西北农村医疗卫生基础设施投入，购买先进实用的医疗设备，引进专业医护人员，改进医疗卫生服务模式，只有这样，才能提高西北农村医疗服务水平，才能使老百姓愿意到卫生室、卫生院就医，减轻县

---

① 潘锦棠：《性别人力资本理论》，《中国人民大学学报》2003年第3期。

医院的就医压力。一旦形成良性循环，对农村人力资源来说，既方便就医，又降低了医疗支出；对自然村卫生室、乡镇卫生院来说，既盘活了资产，提高了资产使用效率，又彰显了农村医护人员的价值。

（二）提升农村社会保障力度

1. 建立健全农村养老保险

虽然我国已经基本建立了农村养老保险体系，但是保障力度是较低的、不平衡的。目前农村社会养老保险资金主要是政府统筹和个人出资。政府统筹与个人出资多少取决于地方财政与居民富裕程度。以贫穷著称的西北农村，其社会保障与西北城镇养老保障相比是较低的，与东南沿海发达地区相比更低。因此，国家通过财政支持，继续完善西北农村养老保障体系，加大投入，提高保障水平。继续完善农村最低生活保障制度。根据西北农村各地平均生活水平，科学合理确定最低生活保障线标准，使生活水平低于保障线的西北农村居民都能获得基本的物质生活需求。

2. 完善新型农村合作医疗

我国新型农村合作医疗制度基本建立，取得了显著成绩。新型农村合作医疗有效地缓解了西北农村人力资源看病难、看病贵和因病致贫、因病返贫的问题。今后应该继续扩大新型农村合作医疗的广度与深度，"在基金筹集方面采取政府财政补贴与参保农民集资相结合的方式，对农村五保户、低保户及困难家庭，其参加新型农村合作医疗个人缴费部分，应由政府财政予以解决"①。

三　流动投资，做好易地搬迁

鼓励西北农村人力资源外出务工、易地搬迁是破除社会排斥的良药。易地搬迁是西北农村人力资源开发与贫困治理的有效途径之一。易地搬迁扶贫是指由政府主导，将不适于人类生存的偏远山区农村人口搬迁到有利于人类生存的地域，同时保护搬出地脆弱生态的政府行为。调查显示，移民前农民家庭收入中外出打工收入和务农收入分别占 39.2% 和 53.7%，

---

① 沈春梅、杨雪英：《社会排斥视角下的农村反贫困机制研究》，《淮海工学院学报》（人文社会科学版）2016 年第 6 期。

移民后外出打工收入提高至 62.6%，而务农收入降低至 28.9%。[①] 易地搬迁给西北农村人力资源提供了良好的生存环境，创造了就业机会，提高了农村人力资源的见识。因此政府要积极推进，落实好易地搬迁扶贫工作。

（一）精心谋划，加大搬迁力度

一般来说，易地搬迁扶贫具有周期长、耗资大、百姓支持等特点。搬出地老百姓的搬出意愿很重要，如果他们不愿意，政府的移民搬迁工程就会打水漂。所以，在实施易地搬迁扶贫工程时，"各地政府应注重综合利用多种手段宣传易地扶贫搬迁相关政策，让贫困户能够详细准确地了解政策内容，及时享受政策优惠及福利，提高参与易地扶贫搬迁的热情，同时加快安置地项目建设，落实集中安置方式群众的居住保障，多措并举有力推进易地扶贫搬迁工作"[②]。

（二）培训移民，发展特色产业

加强对搬到移民新区的西北农村人力资源进行培训，并定期举办各类知识讲座、专项技能培训等，以提高他们的知识水平、眼界见识和就业能力。坚持因地制宜，积极鼓励移民在安置区发展特色种植业，特别是药材、蔬菜等高收益经济作物。引进和发展劳动密集型的企业以及农产品深加工企业，不但可以为移民创造更多的非农就业机会，而且可以"延长农业产业链条，发掘农业的多种功能，推动搬迁地区农村一二三产业的融合发展"[③]，从而实现贫困治理之目标。

第三节　优化西北农村人力资源开发与贫困治理环境

环境是社会经济发展的基础，良好的环境有利于社会经济发展。环境

---

① 国家统计局陕西调查总队：《陕西实施移民搬迁工程对农民收入影响的调查报告》，（2015-09-30）[2020-02-21]，http：//snzd. stats. gov. cn/index. aspx？ menuid = 4&type = articleinfo&lanmuid = 18&infoid = 1900&language = cn。

② 李聪、郭嫚嫚、李萍：《破解"一方水土养不起一方人"的发展困境？——易地扶贫搬迁农户的"福祉—生态"耦合模式分析》，《干旱区资源与环境》2019 年第 11 期。

③ 黎洁：《陕西安康移民搬迁农户生计选择与分工分业的现状与影响因素分析——兼论陕南避灾移民搬迁农户的就近就地城镇化》，《西安交通大学学报》（社会科学版）2017 年第 1 期。

是相对于某一事物来说的，是指围绕着某一事物并对该事物产生某些影响的所有外界事物，即环境是指相对并相关于某中心事物的周围事物。自然环境是指以大气、水、土壤、植物、动物、微生物等为主要内容的物质因素，是未经过加工改造而存在的天然状态。社会环境是指以法律、观念、制度、行为准则等为主要内容的非物质因素形成的人与人之间的各种关系，包括政治制度、经济体制、文化传统、邻里关系等。西北农村人力资源开发与贫困治理环境主要是指影响西北农村人力资源开发与贫困治理的一切物质的和非物质的因素，包括自然环境和社会环境。

一　加强各项法律制度建设

（一）建立健全西北农村人力资源开发与贫困治理法律制度

目前参与农村人力资源开发的政府部门众多，负责农业技术推广的部门是农业部，进行农村教育和学历认证的机构是教育部，而培养农村党员干部的则是中组部，多部门在农村人力资源开发方面存在职责交叉，但政出多门使得各自为政、资金分散，管理效率低下。因此，加强西北农村人力资源管理，完善西北农村人力资源开发与贫困治理法律制度显得尤为必要。一是成立专门的垂直管理机构，对涉及农村人力资源开发与贫困治理的管理工作实施专项规划、统一资源调配、同步监督管理，不断提高行政管理效率。二是要细化基层政府的管理考核，一方面，要将关于农村人力资源开发与贫困治理的指标纳入基层政府考核体系，增强基层干部对农村人力资源开发与贫困治理工作的重视；另一方面，创新村民参与考核评价，以制度化形式规范村民对农村人力资源开发的评价工作，通过倾听群众声音完善西北农村人力资源开发与贫困治理机制。

（二）加速深化户籍制度改革

我国户籍制度由来已久，在社会管理实践中起到了积极作用。但是，随着历史车轮的碾压，城镇化步伐的加快，以户籍为核心的二元经济结构难以适应经济发展要求。人口的自由流动是人力资源开发的重要内容之一。西北农村人力资源开发与贫困治理的主要模式之一就是倡导西北农村人力资源有效流动，西北农村人力资源进城务工是有效流动的重要形式。然而，由于城乡二元的户籍制度，他们的有效流动不能"有效"，只能成为"候鸟式"农民工，难以在城市落户生根。调研发现，"劳动力从农业部门向非农业部门转移的过程中，增加了农业部门的 GDP，且增加的幅度要远大于非农业部门增加的幅度"①。因此，探索改变传统的户籍制度，以职业和居民地划分人口类型，建立城乡一体化的户籍管理制度，承认已有固定职业和稳定收入的进城农民工的社会地位，从根本上保障其合法权益。

（三）建立健全统一的劳动力市场

市场经济的核心就是让市场在资源配置中起决定性作用。完善的市场经济首先要有统一的劳动力市场，要培育和完善西北农村劳动力市场，树立同工同酬、多劳多得的用工理念，坚决反对"干最苦最累的活，领最少的钱"现象，努力创设同工同酬、效率优先、兼顾公平的劳动力市场。随着精准扶贫的深入，让西北农村人力资源走出去，在外务工经商，打造劳务经济。在青海省的调研中，青海省化隆县许多农村人力资源从事餐饮业，他们在全国各地开拉面馆，解决了就业问题，也赚了钱。"拉面经济"成了化隆县的支柱产业之一。同时，西北农村地区还要让走出去的人力资源回流，出去打拼的西北农村人力资源回流，会带来技术、资本和思路，为发展本地特色产业提供了有力支持。

（四）建立健全城乡统一的社会保障和医疗体系

社会保障制度是国家通过立法制定的社会保险、社会福利、社会救济和社会优抚等一系列制度的总称，是当民众陷入年迈无力、疾病缠身、失业无助等困境时，国家依法给予一定帮助的制度安排。社会保障源于英国，成熟于德国，现在已被世界各国普遍采用，成为国家治理的主要内容之一。良好的社会保障制度已经成为一个国家文明发达与否的重要指标。建立以权利公平、机会公平、规则公平为主要内容的社会公平保障体系，努力营造公平的社会环境，保证人民平等参与、平等发展权利，是党的十八大提出的宏伟蓝图。完善的社会保障体系有助于西北农村人力资源开发与贫困治理。一是要建立平等的社会保障制度。社会保障是社会再分配的

---

① 张广婷、江静、张勇：《中国劳动力转移与经济增长的实证研究》，《中国工业经济》2010 年第 10 期。

主要形式之一，在社会再分配的这一环节，一定要坚持公平公正，城乡一致，只要是中华人民共和国公民就应该享受一致的社会保障服务。二是实施西北农村特别专项计划。西北农村贫穷落后，医疗设施差，社会保障程度低。国家应该通过西北农村特别专项计划，多途径筹集资金，提高医疗卫生水平，完善医疗基础设施建设，提升医护人员专业技能，为西北农村人力资源开发创造良好的医疗环境。三是完善和规范社会保障。西北农村社会保障比较混乱，民政局、社保局、医保中心等部门都参与社会保障，在实践中存在职责重复现象。国家应该通过法律规范和制度安排，使各部门各司其职，高效便捷地为西北农村人力资源提供社会保险、社会福利、社会救济、社会优抚等方面的优质服务。另外，要加强医疗市场的管理和监督，保证西北农村人力资源买得起药，用上放心药。

（五）土地制度改革

土地是财富之母。随着城镇化步伐加快，西北农村原有的土地制度越来越不适应时代发展要求，土地制度改革势在必行。一是推进土地流转制度改革。尝试土地流转，集中耕作，规模化经营。这样可以把大量农村剩余人力资源解放出来，让他们放手进城，经商务工，安家落户。二是鼓励盘活存量建设用地。充分运用市场机制盘活存量土地和低效用地。三是深化农村宅基地制度改革。西北农村宅基地荒芜现象十分严重，当地政府应深入推进建设用地整理，完善城乡建设用地增减挂钩政策，为西北农村人力资源开发与贫困治理提供土地要素保障。

二　加强基础设施建设

工欲善其事，必先利其器。基础设施是发展的"硬件"，西北农村的基础设施较差，是"硬件不硬"，阻碍了西北农村人力资源的提升与发展。为了有效开发西北农村人力资源，实现贫困治理之目标，应该加大西北农村基础设施投入与建设。

（一）优化学校资源配置

教育培训是人力资源开发的核心内容，是阻断贫困代际传递最有效的方法。当前，西北农村教育发展的主要问题就是城乡教育资源配置不均衡，县城学校办学条件好，农村学校办学条件差；县城办学资源紧张，农村部分学校生源少，校舍浪费；另外，一些边远地区学生就近入学不易保证。这些问题严重影响了西北农村人力资源开发，因此，针对这些问题，西北各地政府既要"兜底线"又要"促均衡"，还要优化农村教育资源，提升西北农村人力资源的人力资本含金量，实现贫困治理之目标。

1. 继续改善提高农村办学条件

近年来，我国农村教育投资非常大，在人均校舍面积、校舍质量、校园环境等方面取得了巨大进步，成效显著。但是，西北农村的一些偏远山区依然还是存在校舍简陋、教学设备不全等问题。因此，政府要加大对这些地方的教育投资，扩建、美化教室、宿舍、食堂、运动场、厕所等外在硬件，配备桌椅、床位、电脑、网络等内在硬件，保证学生在安全舒适、整洁美丽的学校里学习知识，修炼自我，然后豪迈地走向致富之路。

2. 加强农村学前教育

学前教育是教育不可分割的一部分，是全体国民应该享有的权利。西北农村大多数孩子没有接受过正规学校的学前教育，这也是农村贫穷落后的原因。因此，国家和地方政府应在全国农村实施学前教育，特别是在西北农村，应以特别投入，加强学前教育，使西北农村人力资源有公平的起点，参与社会竞争。课题组调研发现，西北农村小学或教学点普遍存在"生源少，老师多"的问题。当地政府应该依托农村小学或教学点，利用闲置校舍，改扩建为幼儿园。对那些只有几个小学生的学校直接改为幼儿园，把小学生送到就近农村小学或乡镇中心小学就读。实现西北农村幼儿园全覆盖，让幼儿接受良好的启蒙教育。

3. 建设标准化寄宿制学校

寄宿制学校主要是指学校提供宿舍，学生平时不用回家，在学校吃住、学习，周末可以回家的一种办学模式。寄宿制学校的好处是解决了学生交通不便的问题，有助于提高学龄儿童入学率和巩固率，有利于集中教学资源，优化师资力量，提高办学质量。政府应该加大建设标准化学校，特别要在乡镇建设教学设备标准化、师资力量一流化、管理一流化的寄宿制学校。这样可以避免人、财、物的浪费，发挥集约优势，提高投入产出率，减轻农村家庭负担。

（二）农村道路建设

要想富，先修路。农村道路主要包括乡镇通村公路、村村通公路和入户道路。西北农村大多处于区域中心城市的边缘地带，村与乡镇、乡镇与县城的交通道路相对较差，交通密度极低。"交通密度是造成中国贫困县和城市化地区交通通达状况差异的主要因素，加快农村公路等基础交通设施建设是促进贫困地区经济快速发展、缩小与城市化地区间差距的必由之路。"① 西北农村道路的畅通不仅有助于西北农村人力资源的生产经营活动，而且有助于开阔西北农村人力资源的眼界，便于西北农村人力资源自由流动。因此要加大农村道路建设。一是提高市县—乡镇公路等级，扩宽路面，架桥打洞，改修"之"字形、蛇形等高度弯曲道路，确保道路安全畅通。二是继续建设乡镇—村的柏油路。近年来，西北各省份都实施了乡镇—村的柏油路工程，取得了一定的成效。但与人民日益增长的美好生活需要相比，还有待进一步提高道路质量、路面宽度和通畅效度。三是采用"通村、通组、通户"道路拓宽、硬化等措施，方便群众生活，提高幸福感。

（三）网络基础建设

网络化是当今时代的主要特征，是各国竞争力的核心要素之一。互联网使地球变小，交流简单。加强西北农村网络基础建设有助于西北农村人力资源的开发，能够助推贫困治理。一是互联网可以为西北农村人力资源提供便利的学习平台。"互联网运转高速、内容丰富、资源齐全、交互性强，便于自主学习，同时还能进行远程教育。村民们不需要出门便可以自主选择需要学习的文化知识。互联网学习方式灵活，没有限制，可反复学习，便于村民理解和接受，有效提高他们的科学文化水平，且互联网传播的先进思想和理念，也有利于村民们改变传统思想观念"②，从而提升西北农村人力资源的人力资本含金量。二是互联网可以丰富村民生活，助力农村文明风气建设。互联网信息庞大，影视娱乐剧丰富，法制节目、先进人物事迹节目等，可以有效丰富西北农村人力资源的文化生活，开阔视

---

① 冯应斌、龙花楼：《基于农村人口转移和农村道路建设的空间贫困破解机理及其对策研究——以贵州省为例》，《地理研究》2019 年第 11 期。

② 余文锴：《刍议互联网在新农村建设中的推动作用和途径》，《改革与开放》2016 年第 1 期。

野，提高道德水平，助推风清气正、淳朴善良的农村文明社会风气。三是互联网可以助力农村经济发展。互联网不仅能使农民了解先进的农业生产技术、产量、市场行情等，还能使其了解更多的致富经验、用工信息等，能最大限度提高农民对未知领域的认识。电子商务、"互联网+"等形式的互联网经济可以帮助农民确定种什么划算，且通过电子商务，可以减少流通环节，降低不必要的仓储和流通费用，提高总体收益。正是因为有这些好处，所以要加大西北农村网络基础设施建设。

1. 降费增速，加大西北农村互联网建设

我国互联网发展的速度是惊人的，取得了可喜成就。政府要全力推进农村信息化建设。国家应该出台政策，降低西北农村上网、打电话、看电视等通信费用，提高网速，促进农村网络发展。5G时代已经到来，农村5G建设不能拖后腿，国家应该将5G建设在全国同步铺开，加快推进农村网络"村村联"，缩小城乡"数字鸿沟"。如今手机已经成为人们不可缺少的伙伴，要积极鼓励运营商健全农村手机网络市场，迈向移动互联网新时代。

2. 协调推进，大力发展西北农村电子服务

支持"三农"专题网站建设，增加网页的可读性、趣味性，使"三农"网站有益农民发展的内容多起来，成为农民开眼界、长知识、便利交流的乐园。加快推进一体化网络政务，让农民群众享受更高水平的政务服务。协调各部门，加强对县乡基层电子政务、电子商务的投入与领导，积极发展"互联网+"。特别是大力发展"互联网+医疗""互联网+教育""互联网+培训""互联网+农产品"，提高工作效率，降低管理成本，方便西北农村人力资源，确保西北农村人力资源实现"信息小康"。

三 加强农村人文软实力建设

美国哈佛大学教授约瑟夫·奈在分析综合国力的构成要素时，将一国的综合国力分为有形力量和无形力量。有形力量也叫"硬实力"，如基本资源、军事实力、经济实力和科技实力等。无形力量也叫"软实力"，如国家的凝聚力、文化认同度和参与国际机构程度等。软实力是一个事物、组织、个人内在发展力量，是看不见的导向力、吸引力和效仿力。农村人

文主要是指农村里的民俗乡约、风俗习惯和价值理念等无形力量，是农村发展的软实力。就西北农村人力资源开发与贫困治理实践来说，农村人文会制约或促进贫困治理工作。因此，要加强农村人文软实力建设。

（一）重塑勤劳致富、与人为善的传统价值观

随着市场经济发展，一切向"钱"看深入人心，实用主义和功利主义泛滥，仇富心理与日俱增，为富不仁现象时有发生。

（二）关心弱势群体，积极践行优良传统

党的十九大报告中提出，要建设产业兴旺、生态宜居、乡风文明、治理有效、生活富裕的新农村。乡风文明建设，首先是基层党组织要发挥模范带头作用，开展"十佳好邻里""敬老好家庭""好妯娌""好婆媳"等形式多样的评比活动，倡导人们"对辍学儿童、大病患者、残疾痴呆、光棍汉、家庭变故、落魄青年、解除劳教人员及生意场的失败者等，少一些耻笑，多一份同情，少一些歧视，多一份关爱，少一些冷漠，多一份亲情"①。积极践行多包容、和为贵的优良传统。其次，尽可能地建立各种文化娱乐场所，如建立村庄读书屋、棋牌室、健身广场、休闲娱乐广场、文体广场等基础设施，为西北农村人力资源提供学习、锻炼、交流的平台，走健康、文明和谐之路，为西北农村人力资源开与贫困治理创造良好的社会氛围。

四　加强农村生态环境建设

自然环境是人类生存和发展的基本场域，良好的自然环境能够助推社会经济发展，恶劣的自然环境则会影响社会经济发展。恶劣的气候环境，脆弱的生态系统，肆意的滥用乱排是西北农村地区自然环境的真实写照，是制约西北农村人力资源开发与贫困治理的客观现实。如何改变这种劣势，助推西北农村人力资源开发减与贫困治理呢？本书认为可以从以下几方面入手。

（一）树立环保意识，增强环保理念

西北农村人力资源开发与贫困治理是一个系统工程，需要各方参与，

---

① 王兴盛：《全面脱贫内源力形成机制探析》，《中共云南省委党校学校》2016 年第 12 期。

促进西北农村人力资源全面提升理念、知识、能力、眼界等人力资本要素，加快致富步伐。让西北农村人力资源个个有环保理念，是人力资源开发的主要内容之一。因此，政府应该加大环保法制宣传，基层干部应该积极践行环保理念，从而引导广大西北农村人力资源树立环保意识和绿色发展理念。"彻底摒弃人类自工业革命以来征服自然的不合理的发展理念。"① 西北农村人力资源有了环保意识，人人都追求人与自然的和谐，必然有助于西北农村的贫困治理。

（二）退耕还林还草，改善生态系统

干旱少雨，水土流失，植被稀少和生态脆弱是西北发展的"痛点"。西北农村人力资源要提高对这些"痛点"的认识，只有自觉树立"绿水青山就是金山银山"的发展理念，才有贫困治理，杜绝贫困代际传递的可能。因此，要尊重自然，认识客观规律，因地制宜利用资源，把保护西北脆弱生态融入精准扶贫实践中，坚决禁止乱采乱挖、乱砍滥伐，切实做到封山育林、适度放牧、退耕还林还草，使西北地区生态系统健康动态平衡发展。

（三）杜绝滥用乱排，建设美丽农村

居住环境的好坏是判断当地居民生活水平的主要标准之一，良好的居住环境代表富裕、文明和进步。居住环境是西北农村人力资源开发与贫困治理的主要指标之一。政府要根据西北地区的自然环境和气候特点，结合西北农村人力资源的风俗习惯，科学规划，合理利用自然资源，杜绝滥用乱排，建设美丽农村。一是要垃圾分类。提高村民对垃圾的认识水平，培养村民养成垃圾分类的习惯，自觉养成垃圾分类和投放习惯。号称"白色污染"的土地残膜在西北农村十分突出，要引导农民在收获后，将残膜收集堆放到指定地方，交由专门的垃圾处理部门处理。禁止乱倒垃圾，严禁把农村当作转移垃圾的场所。二是要实施"厕所革命"。政府应该加大力度，在农村建立公共厕所和沼气池。公共厕所可以取代老百姓的渗井式厕所，方便群众。沼气池可以收集杂草废纸，人畜禽粪便，生产沼气。

---

① 刘海霞、常文峰：《机遇、挑战、对策："一带一路"背景下西北地区生态文明建设》，《西北工业大学学报》（社会科学版）2017年第12期。

公共厕所和沼气池建设，不仅可以从根本上切断蚊蝇滋生乱飞，防止地下水源污染，还有可以废物再利用，发电照明供暖等。三是建立监督机制和处罚奖惩机制。监督就是生产力。健全的奖罚措施是农村环境保护的护身符。对于那些滥用乱排的企业、个人要坚决制止，并处以最严厉的物质与精神的惩罚；对于那些拥有良好环保习惯与践行环保的企业和个人要毫不吝啬地给予荣誉和奖赏。

结　语

　　本书运用文献阅读、实地调研、问卷访谈等研究方法，发现人力资源是制约西北农村发展的最主要因素。提出了从拒绝社会排斥到实质自由的贫困治理理念，以政府主导、多元参与的协同扶贫模式和教育投资、健康投资、流动投资、人与自然和谐的扶贫路径为主要内容的西北农村人力资源开发与贫困治理机制。从理论价值来说，丰富和发展了人力资源开发理论和贫困治理理论。从应用价值来说，为政府制定西北农村人力资源开发与贫困治理的相关政策提供参考。

　　本书在对国内外农村人力资源开发与贫困治理理论进行归纳与梳理的基础上，从精准扶贫视域出发，构建了西北农村人力资源开发与贫困治理机制。主要研究结论如下。

　　第一，树立从拒绝社会排斥到实质自由的贫困治理理念。

　　现代意义上贫困治理不仅要解决人们吃饱穿暖的问题，而且要解决人们内心深处的被剥夺感问题。被剥夺感也就是社会排斥，社会排斥在西北农村尤为突出。在西北农村贫困治理实践中，要及时纠正以二元经济结构为特征，以"剪刀差"为核心的经济政策对西北农村人力资源的排斥；改革户籍制度，公平配置教育资源，建立城乡一体的社会保障体系，杜绝在政治、经济、文化、教育等制度上对西北农村人力资源的排斥。西北农村人力资源开发与贫困治理，倡导西北农村人力资源在物质上和精神上的同步脱贫致富。

　　第二，贫困治理道路千万条，唯有"扶智"最高效。

　　通过梳理前人研究成果，发现西北农村人力资源的有效开发与合理配置是贫困治理最为有效的途径。新中国成立以来，我国先后实施了多种扶贫模式，取得了显著成绩，但是，很难杜绝"返贫"和贫困的代际传递。本书研究发现，只有破除西北农村人力资源的守旧思想，建立以教育投资、健康投资和流动投资为主要内容的三位一体智力扶贫路径，才能实现贫困治理之目标，描绘农村美、农业强和农民富的美好画卷。

第三，应采取政府主导，多元参与的协同贫困治理模式。

西北农村人力资源开发与贫困治理的主体是政府、企业、社会组织和家庭（个人）。政府是西北农村人力资源开发与贫困治理机制的核心；企业和社会组织是西北农村人力资源开发与贫困治理的有效补充；家庭（个人）既是西北农村人力资源开发与贫困治理的主体，也是西北农村人力资源开发与贫困治理的对象。西北农村人力资源开发与贫困治理要发挥各主体优势，形成"政府把好方向，统领扶贫"、"企业主动看齐方向，服务社会"、"社会组织跟对方向，砥砺前行"、"家庭（个人）找对方向，谋求长远"和"各主体聚焦方向，脱贫攻坚"的协同贫困治理模式。

第四，构建西北农村人力资源开发与贫困治理机制。

西北农村人力资源开发与贫困治理是一个系统而复杂的工程，要做全面、长期的规划，构建一套行之有效的贫困治理机制。从贫困治理主体来看，政府要做好顶层设计，主导扶贫；企业要践行企业使命和社会责任，积极参与扶贫；社会组织要发挥接地气、灵活性强和非营利等特点的作用，开展行之有效的贫困治理实践。家庭（个人）作为贫困治理开发主体时，要摒弃"见钱眼开"之功利思想，树立"万般皆下品，唯有读书高"的投资理念；作为贫困治理对象时，要主动参与教育培训、参保"新农合"和加强有效流动，提高综合素质，拒绝社会排斥。从贫困治理环境看，健全贫困治理组织，优化政治环境；创新贫困治理形式，完善经济环境；加强基础设施投入，健全贫困治理硬件环境；加大农村文化建设，优化贫困治理软件环境；切实履行生态保护，改善贫困治理空间环境。只有从贫困治理主体、贫困治理对象和贫困治理环境三方发力，互为犄角，形成协同推进机制，西北农村人力资源开发与贫困治理才能实现。

本书的创新之处：一是在"学术思想"上的特色与创新。本书将农村人力资源的外延扩大，将乡镇涉农工作人员也视作农村人力资源的一部分，提出了西北农村人力资源开发与贫困治理机制。这一机制的核心就是从现实问题出发，将农村人力资源开发与贫困治理、社会和谐发展有机结合，构建以优化乡镇办学与医疗资源、搬迁移民"搬得出留得住"、百姓养老有保障、农民培训常规化和就业形式多样化为主要手段，以农业强、农村美和农民富为美好愿景的西北农村人力资源开发与贫困治理机制。二是"学术观点"上的特色与创新。人力资源开发与贫困治理是两个独立的概念，本书将这两个看似不相关的概念进行了有效协同，提出了"西北农村人力资源开发与贫困治理"概念；将西北农村贫困人口视为重要的人力资源，强调对其进行有效开发和合理配置是贫困治理的首要选择；提出了西北农村人力资源开发是提升西北农村现代化的智力之源。三是在"研究方法"上的创新。运用多元线性回归和 VAR 模型对数据进行处理分析，以数据为基准，以数理逻辑为推演，翔实有力地论证了西北农村人力资源开发与贫困治理主体、对象和环境之间的相互关系与作用机理。

本书以开发西北农村人力资源，实现贫困治理为出发点，初步构建了西北农村人力资源开发与贫困治理机制。这一机制能否发挥作用，尚需进一步验证。

参考文献

普通图书类

《2018 中国交通年鉴》，《中国交通年鉴》，2019。

《国务院关于促进慈善事业健康发展的指导意见》，人民出版社，2014。

《马克思恩格斯全集》（第42卷），人民出版社，1979。

《马克思恩格斯选集》（第3卷），人民出版社，2012。

《十八大以来重要文献选编》（上），中央文献出版社，2014。

《中华人民共和国慈善法》，中国法制出版社，2016。

阿比吉特·班纳吉、埃斯特·迪弗洛：《贫穷的本质——我们为什么摆脱不了贫穷》，景芳译，中信出版社，2018。

阿马蒂亚·森：《贫困与饥荒——论权利与剥夺》，王宇、王文玉译，商务印书馆，2001。

阿马蒂亚·森：《以自由看待发展》，任赜，于真译，中国人民大学出版社，2002。

阿瑟·奥肯：《平等与效率——重大抉择》，王奔洲译，华夏出版社，1987。

阿瑟·林克、威廉·卡顿：《一九〇〇年以来的美国史》，刘绪贻等译，中国社会科学出版社，1983。

安东尼·吉登斯：《社会学》，赵旭东等译，北京大学出版社，2003。

彼得·德鲁克：《管理：使命、责任与实务（使命篇）》，王永贵译，机械工业出版社，2006。

彼得·德鲁克：《管理的实践》，齐若兰译，机械工业出版社，2009。

褚松燕：《中外非政府组织管理体制比较》，国家行政学院出版社，2008。

邓国胜、陶泽主编《中国基金会发展独立研究报告（2017）》，社会科学文献出版社，2017。

冯·贝塔朗菲：《一般系统论：基础、发展和应用》，林康义、魏宏森等译，清华大学出版社，1987。

弗朗西斯·福山：《信任：社会美德与创造经济繁荣》，彭志华译，海南出版社，2001。

郭广银编《中国特色社会主义创新发展的探索与研究》，人民出版社，2018。

郭京生、张立兴、潘立编著《人员培训实务手册》，机械工业出版社，2002。

国家统计局：《2001 中国统计年鉴》，中国统计出版社，2001。

国家统计局：《2019 中国统计年鉴》，中国统计出版社，2019。

国家统计局农村社会经济调查司编《2018 中国农村统计年鉴》，中国统计出版社，2018。

国家统计局农村社会经济调查总队编《1998 中国农村统计年鉴》，中国统计出版社，1998。

国家卫生健康委员会编《2018 中国卫生健康统计年鉴》，中国协合医科大学，2018。

何增科：《公民社会与第三部门》，社会科学文献出版社，2000。

赫尔曼·哈肯：《大自然成功的奥秘：协同学》，凌复华译，上海译文出版社，2018。

侯光明：《人力资源战略与规划》，科学出版社，2009。

侯小伏：《打开另一扇门：中国社团组织的现状与发展》，群众出版社，2003。

胡君辰、郑绍濂主编《人力资源开发与管理》，复旦大学出版社，1999。

黄承伟：《中国反贫困：理论、方法、战略》，中国财政经济出版社，2002。

黄晓勇主编《中国民间组织报告（2013）》，社会科学文献出版社，2013。

加里·德斯勒：《人力资源管理》（第六版），中国人民大学出版社，1999。

贾怀勤编著《管理研究方法》，机械工业出版社，2006。

教育部课题组：《深入学习习近平关于教育的重要论述》，人民出版社，2019。

康晓光、郑宽、蒋金富、冯利：《NGO 与政府合作策略》，社会科学文献出版社，2010。

肯尼思·阿罗：《社会选择与个人价值》，陈志武、崔之元译，四川人民出版社，1987。

李桂娥主编《发展经济学》，武汉大学出版社，2013。

李珍刚：《当代中国政府与非营利组织互动关系研究》，中国社会科学出版社，2004。

罗伯特·A. 达尔：《多元主义民主的困境——自治与控制》，周军华译，吉林人民出版社，2006。

马尔萨斯：《人口原理》，朱浃、胡企林、朱和中译，商务印书馆，1992。

闵凡祥：《国家与社会》，重庆出版社，2009。

莫泰基：《香港贫穷与社会保障》，中华书局，1993。

宁夏回族自治区统计局、国家统计局宁夏调查总队：《2018 宁夏统计年鉴》，中国统计出版社，2018。

青海省统计局、国家统计局青海调查总队：《陕西统计年鉴 2019》，中国统计出版社，2019。

冉光荣、李涛主编《西部开发中西藏及其他藏区特殊性研究》，黑龙江人民出版社，2003。

萨缪尔森、诺德豪斯：《经济学》，萧琛等译，华夏出版社，1999。

陕西省统计局、国家统计局陕西调查总队：《陕西统计年鉴 2019》，中国统计出版社，2019。

孙健忠：《台湾地区社会救助政策发展之研究》，巨流图书公司，1994。

托克维尔：《论美国的民主》（上卷），董果良译，商务印书馆，1988。

汪春燕：《民族政策的发展与实践研究》，青海人民出版社，2004。

王名编著《非营利组织管理概论》，中国人民大学出版社，2002。

王名主编《中国 NGO 口述史》（第 1 辑），社会科学文献出版社，2012。

威廉·阿瑟·刘易斯：《二元经济论》，施炜、谢兵、苏玉宏译，北京经济学院出版社，1989。

文建龙：《权利贫困论》，安徽人民出版社，2010。

文森特·帕里罗等：《当代社会问题》，周兵等译，华夏出版社，2002。

吴殿廷主编《区域经济学》，科学出版社，2003。

西奥多·W. 舒尔茨：《改造传统农业》，梁小民译，商务印书馆，1987。

西奥多·W. 舒尔茨：《论人力资本投资》，吴珠华等译，北京经济学院出版社，1990。

西奥多·W. 舒尔茨：《人力资本投资——教育和研究的作用》，蒋斌、张衡译，商务印书馆，1990。

习近平：《摆脱贫困》，福建人民出版社，2014。

萧鸣政主编《人力资源开发与管理——在公共组织中的应用》，北京大学出版社，2005。

新疆维吾尔自治区统计局、国家统计局新疆调查总队：《2018 新疆统计年鉴》，中国统计出版社，2018。

徐晖、李春光编《中国农村扶贫开发年鉴 2011》，中国财政经济出版社，2011。

燕继荣：《社会资本与国家治理》，北京大学出版社，2015。

杨红英：《少数民族发展中的人力资源开发研究——基于云南民族文

化传承与民族教育开发》，云南大学出版社，2008。

杨体仁、祁光华主编《劳动与人力资源管理总览》，中国人民大学出版社，1999。

余凯成、陈维政主编《人力资源开发与管理》，企业管理出版社，1997。

俞可平等：《中国公民社会的制度环境》，北京大学出版社，2006。

詹姆斯·N.罗西瑙主编《没有政府的治理》，张胜军、刘小林等译，江西人民出版社，2001。

张德编著《人力资源开发与管理》，清华大学出版社，1996。

张一弛：《人力资源管理教程》，北京大学出版社，1999。

赵秋成：《人力资源开发研究》，东北财经大学出版社，2001。

赵曙明：《人力资源管理研究》，中国人民大学出版社，2001。

赵曦：《中国西部农村反贫困模式研究》，商务印书馆，2009。

中国保险年鉴编委会编《2016中国保险年鉴》，2016。

中国生态学学会编《生态文明与绿色长征》，中国环境科学出版社，2011。

Dfid, *Sustainable Live Lihoods Guidance Sheets*. London Depaitm for International Development，2000.

D. J. Bogue，"Internal Migration," in P. M. Hausee，O. D. Duncan O.，eds.，*The Study of Population*：*An Inventory and Appraisal*. Chicago：University of Chicago Press，1959.

G. Grabher, *The Weakness of Strong Ties*：*The Lock-in of Regional Development in the Ruhr Area*，London and New York：Routledge，1993.

J. Storey, *Developments in the Management of Human Resource*，London：Black well，1992.

K. Polanyi，*The Great Transfrmation*：*The Political and Economic Origins of Our Time*，Boston，MA：Beacon Press，1944.

Oliver Sheldon. *The Philosophy of Management*. London：Pit man，1923.

Oppenheim，*Poverty*：*the Facts*，*Child Poverty Action Group*，1993.

Peter F. Drucker，*The Practice of Management*，New York：Harper &

Brothers，1954.

Peter Townsend，*The Concept of Poverty*，London：Heinemann press，1971.

R. B. Peterson and L. Tracy，*Readings in Systematic Management of Human Resources Systematic Management of Human Resources*，New Jersey：Addison-Wesley Publishing Company，1990.

S. Burtr，*Structural Holes*：*The Social Structure of Competition*，Cambridge，MA：Harvard University Press，1992.

S. P. Robinson，*Personnel*：*The Management on Human Resources*，Englewood Cliffs，N. J.：Prentice-Hall，1978.

S. Zukin，P. Dimagglo，*Structures of Capital*：*The Social Organization of Economy*，Cambridge，MA：Cambridge University Press，1990.

World Bank，*World Development Report*，2000/2001 *Attacking Poverty*，Washington，DC：World Bank，2010.

论文集、会议录类

北京新华信商业风险管理有限责任公司译校《非营利组织管理》，中国人民大学出版社，2004。

报告类

《2000/2001 年世界发展报告》编写组：《2000/2001 年世界发展报告——与贫困作斗争》，《2000/2001 年世界发展报告》翻译组译，中国财政经济出版社，2001。

国家电网有限公司：《社会责任报告 2018》，（2019-02-01）［2020-03-02］，http：//www. sgcc. com. cn/html/files/2019-09/20/201909201529 47618205277. pdf。

国家统计局：《2019 年农民工监测调查报告》，（2020-04-30）［2020-07-12］，http：//www. stats. gov. cn/tjsj/zxfb/202004/t20200430_17427 24. html。

国家统计局陕西调查总队：《陕西实施移民搬迁工程对农民收入影响的调查报告》，（2015-09-30）［2020-02-21］，http：//snzd. stats. gov. cn/

index. aspx？menuid = 4&type = articleinfo&lanmuid = 18&infoid = 1900&lang uage = cn。

国家统计局住户调查办公室：《2018 中国农村贫困监测报告》，中国统计出版社，2018。

国家统计局住户调查办公室：《2019 中国农村贫困监测报告》，中国统计出版社，2019。

联合国开发计划署：《1998 年人类发展报告》，中国财政经济出版社，2000。

世界银行：《1980 年世界发展报告》，中国财经出版社，1980。

卫生部统计信息中心：《第三次国家卫生服务调查分析报告》，2005。

中国儿童少年基金会：《"春蕾计划"实施 30 年成果报告》，（2019-10-11）［2020-01-20］，http：//www. cctf. org. cn/news/info/2019/10/11/5187. html。

中国红十字基金会：《2015 年度报告》，2016。

中华人民共和国中央人民政府：《政府工作报告》，（2019-03-16）［2019-12-12］，http：//www. gov. cn/premier/2019-03/16/content_ 5374314. htm。

R. Chambers, G. Conway, Sustainable Rural Livelihoods：Practical Concepts for the 21st Century, Brighton, England：Institute of Development Studies, 1992.

World Bank, *The East Asian Miracle：Economic Growth and Public Policy*, Published for the World Bank, Oxford University Press, 1993：3.

学位论文类

盖博：《吉林省农村人力资源开发策略研究》，硕士学位论文，吉林大学，2015。

葛绪伟：《日本农村劳动力转移培训经验及启示》，硕士学位论文，河北科技师范学院，2015。

胡阿丽：《人力资本投资对农民非农就业的影响研究》，博士学位论文，西北农林科技大学，2012。

黄雯：《西部农村女性人力资源开发研究》，博士学位论文，西北农林科技大学，2008。

李丹：《二战后美国义务教育均衡发展研究》，硕士学位论文，东北师范大学，2006。

李静：《农村人力资本投资与农民收入耦合及其对城镇化的影响——以西北五省区为例》，硕士学位论文，青海大学，2018。

李明：《西部地区农村贫困人口教育扶贫研究——以云南省 N 县为例》，硕士学位论文，陕西师范大学，2018。

李锐锐：《韩国新村运动中的共同体意识研究：以农社和契思想为例》，博士学位论文，中央民族大学，2010。

刘海利：《试论日本农业现代化进程及其影响》，硕士学位论文，河北师范大学，2013。

马金龙：《回族农民工市民化研究》，博士学位论文，西北农林科技大学，2013。

强百发：《韩国农业现代化进程研究》，硕士学位论文，西北农林科技大学，2010。

邵英英：《民权县农村人力资源开发问题研究》，硕士学位论文，河南财经政法大学，2019。

王嘉祺：《人力资源培训体系应用研究》，硕士学位论文，吉林大学，2011。

王琳瑛：《乡村文化空间形塑及其发展政策义涵——以西北 C 村为例》，博士学位论文，中国农业大学，2019。

王文锋：《河南省农村人力资源开发研究》，博士学位论文，北京林业大学，2013。

武春芳：《中国日本乡村现代化进程中若干发展领域的比较研究》，硕士学位论文，西北农林科技大学，2009。

曾丽：《西部地区城乡统筹中农村人力资源开发研究》，硕士学位论文，中央民族大学，2012。

翟艳群：《美国各级政府义务教育责任及对我国的启示》，硕士学位论文，浙江财经大学，2016。

张薇：《韩国新村运动研究》，博士学位论文，吉林大学，2014。

赵佳佳：《当代中国社会组织扶贫研究》，博士学位论文，吉林大学，2017。

期刊类

《国务院办公厅关于转发贫困地区经济开发领导小组第二次全体会议纪要的通知》，《中华人民共和国国务院公报》1986年第23期。

《中共中央、国务院关于打赢脱贫攻坚战的决定》，《中华人民共和国国务院公报》2015年第35期。

白菊红：《农村教育投资私人报酬率测算》，《浙江大学学报》（人文社会科学版）2003年第4期。

卞纪兰、厉昂：《辽宁省新农村人力资源开发绩效评价研究》，《产业与科技论坛》2014年第4期。

蔡科云：《政府与社会组织合作扶贫的权力模式与推进方式》，《中国行政管理》2014年第9期。

陈波涌、唐智彬：《论精准扶贫背景下贫困农村地区人力资源开发内容与途径》，《湖南大学学报》（社会科学版）2017年第1期。

陈华宁：《国外农村人力资源开发模式及启示》，《国际经济合作》2009年第3期。

陈继宁：《论西部农村人力资源开发》，《兰州大学学报》（社会科学版）2007年第4期。

陈坚：《易地扶贫搬迁政策执行困境及对策——基于政策执行过程视角》，《探索》2016年第4期。

陈卫洪、谢晓英：《扶贫资金投入对农户家庭收入的影响分析——基于贵州省1990—2010年扶贫数据的实证检验》，《农业技术经济》2013年第4期。

陈兴述、杨琴：《重庆市农村人力资本投资现状及对策研究》，《会计之友》2012年第11期。

程名望、Jin Yanhong、盖庆恩、史清华：《农村减贫：应该更关注教育还是健康？——基于收入增长和差距缩小双重视角的实证》，《经济研究》2014年第11期。

程名望、盖庆恩、Jin Yanhong、史清华：《人力资本积累与农户收入增长》，《经济研究》2016 年第 1 期。

崔冀娜、王健、张晓慧：《青海藏区移民生计转型意愿及其代际差异研究》，《西南民族大学学报》（人文社会科学版）2018 年第 9 期。

崔树银、朱玉知：《慈善组织的公信力建设浅析》，《社会工作》（理论版）2009 年第 4 期。

党晶晶：《我国产业结构调整与农村劳动力转移协调发展》，《农业经济》2017 年第 3 期。

丁运超：《江苏省丰县农村人力资源开发研究》，《经济师》2004 年第 11 期。

杜焕英、吴江：《重庆农村人力资源开发的提升空间与机制设计》，《乡镇经济》2009 年第 10 期。

杜萍：《基于主成分分析法的江苏市域农村人力资源开发绩效评价》，《安徽农业科学》2008 年第 20 期。

范子英、高跃光：《财政扶贫资金管理、支出激励与人力资本提升》，《财政研究》2019 年第 3 期。

方俊、何雄杰：《民间慈善组织公信力研究——以广州乐助会为例》，《马克思主义与现实》2013 年第 3 期。

方齐云、吴光豪、郭庆宾：《健康投资的减贫效益：基于城乡和区域差异视角》，《中国卫生经济》2015 年第 9 期。

冯涛、罗小伟、徐浩：《劳动力市场扭曲与收入分配差距研究——基于城乡"二元"结构视角》，《云南财经大学学报》2016 年第 1 期。

冯雪红、聂君：《宁夏回族生态移民迁移意愿与迁移行为调查分析》，《兰州大学学报》（社会科学版）2013 年第 6 期。

冯应斌、龙花楼：《基于乡村人口转移和农村道路建设的空间贫困破解机理及其对策研究——以贵州省为例》，《地理研究》2019 年第 11 期。

付胜南：《精准扶贫监督体系的构建与完善——基于机制设计理论的视角》，《求索》2019 年第 3 期。

高丽：《河北省农村义务教育阶段学生辍学的原因及对策》，《教学与管理》2012 年第 24 期。

高新宇：《农村合作医疗 70 年：回顾、问题与展望——基于社会变迁视角》，《福建论坛》（人文社会科学版）2019 年第 8 期。

高媛：《非营利组织参与社会救助：德国模式的立法借鉴》，《中共福建省委党校学报》2016 年第 8 期。

葛志军、邢成举：《精准扶贫：内涵、实践困境及其原因阐释——基于宁夏银川两个村庄的调查》，《贵州社会科学》2015 年第 5 期。

顾建光：《非政府组织的兴起及其作用》，《上海交通大学学报》（哲学社会科学版）2003 年第 6 期。

郭俊华、边少颖：《西部地区星地移民搬迁精准扶贫的企业扶贫模式探析——基于恒大集团大方县扶贫的经验》，《西北大学学报》（哲学社会科学版）2018 年第 6 期。

国务院发展研究中心课题组：《农民工市民化进程的总体态势与战略取向》，《改革》2011 年第 5 期。

韩民春、刘甲炎：《健康投资的收入增长效应及城乡和地域差异化研究》，《中国卫生经济》2013 年第 7 期。

韩央迪：《从福利多元主义到福利治理：福利改革的路径演化》，《国外社会科学》2012 年第 2 期。

何景熙：《人力资本投资：应对"三农"问题的战略选择——关于实施农村人力资源开发工程的思考》，《人口研究》2002 年第 6 期。

何炜、刘俊生：《多元协同系统精准扶贫：理论分析、现实比照与路劲分析——一种社会资本理论分析视角》，《西南民族大学学报》（人文社科版）2017 年第 6 期。

何新生、郝春新：《国外农村人力资源开发的经验与启示》，《河北理工大学学报》（社会科学版）2011 年第 5 期。

胡盛寿等：《〈中国心血管病报告 2018〉概要》，《中国循环杂志》2019 年第 3 期。

黄斌、徐彩群、姜晓燕：《中国农村初中学生接受中职教育的意愿及其影响因素》，《中国农村经济》2012 年第 4 期。

黄承伟：《中国扶贫开发道路研究：评述与展望》，《中国农业大学学报》（社会科学版）2016 年第 5 期。

黄宏磊、何跃：《三峡库区人力资源开发与移民后期扶持研究》，《重庆邮电大学学报》（社会科学版）2008 年第 2 期。

黄利梅：《基于中原经济区建设的河南农村人力资源开发的路径研究》，《农业经济》2013 年第 6 期。

黄林、卫兴华：《新形势下社会组织参与精准扶贫的理论与实践研究》，《经济问题》2017 年第 9 期。

黄晓宁、李勇：《新农合对农民医疗负担和健康水平影响的实证分析》，《农业技术经济》2016 年第 4 期。

贾海刚：《职业教育服务精准扶贫的路径探索》，《职教论坛》2016 年第 25 期。

贾磊、刘增金、张莉侠、方志权、覃梦妮：《日本农村振兴的经验及对我国的启示》，《农业现代化研究》2018 年第 3 期。

贾明、张喆：《高管的政治关联影响公司慈善行为吗?》，《管理世界》2010 年第 4 期。

江立华：《论城市农民工的平等竞争权问题》，《华中师范大学学报》（人文社会科学版）2002 年第 4 期。

江鑫、黄乾：《乡村公路、人口城市化和乡村包容性经济增长》，《南方经济》2020 年第 4 期。

蒋华林、李华、张洪武、杨忠：《论"人才强国"战略与西部高等教育发展》，《高等理科教育》2005 年第 6 期。

金梅：《贫困儿童及家庭公共服务需求与供给匹配研究——以甘肃省临夏回族自治州为例》，《西北师大学报》（社会科学版）2020 年第 2 期。

孔凡斌、陈胜东、廖文梅：《基于双重差分模型的搬迁移民减贫效应分析》，《江西社会科学》2017 年第 4 期。

赖德胜、陈建伟：《人力资本与乡村振兴》，《中国高校社会科学》2018 年第 6 期。

兰玉杰、陈晓剑：《人力资本的概念界定及其性质研究》，《科学学与科学技术管理》2003 年第 4 期。

黎洁：《陕西安康移民搬迁农户生计选择与分工分业的现状与影响因素分析——兼论陕南避灾移民搬迁农户的就地就近城镇化》，《西安交通大学学报》（社会科学版）2017 年第 1 期。

　　黎静：《电大远程教育为农村劳动力转移培训服务的思考——以广东省中山市为例》，《高等函授学报》（哲学社会科学版）2011 年第 1 期。

　　李聪、郭嫚嫚、李萍：《破解"一方水土养不起一方人"的发展困境——易地扶贫搬迁农户的"福祉-生态"耦合模式分析》，《干旱区资源与环境》2019 年第 11 期。

　　李聪、刘若鸿、许晏君：《易地扶贫搬迁、生计资本与农户收入不平等——来自陕南的证据》，《农业技术经济》2019 年第 7 期。

　　李国祥、杨正周：《美国培养新型职业农民政策及启示》，《农业经济问题》2013 年第 5 期。

　　李汉卿：《协同治理理论探析》，《理论月刊》2014 年第 1 期。

　　李健瑜、陈晓楠：《可持续生计视域下生态移民工程效果探析——基于陕南 599 份农户问卷的实证分析》，《干旱区资源与环境》2018 年第 12 期。

　　李沛君：《三峡移民人力资源开发与致富能力建设研究》，《科学咨询》2003 年第 21 期。

　　李强：《当前我国城市化和流动人口的几个理论问题》，《江苏行政学院学报》2002 年第 1 期。

　　李任玉、杜在超、何勤英、龚强：《富爸爸、穷爸爸和子代收入差距》，《经济学》（季刊）2015 年第 1 期。

　　李先军、黄速建：《新中国 70 年企业扶贫历程回顾及其启示》，《改革》2019 年第 7 期。

　　李小云、于乐荣、唐丽霞：《新中国成立后 70 年的反贫困历程及减贫机制》，《中国农村经济》2019 年第 10 期。

　　李晓园、钟伟：《中国治贫 70 年：历史变迁、政策特征、典型制度与发展趋势——基于各时期典型扶贫政策文本的 NVivo 分析》，《青海社会科学》2020 年第 1 期。

　　李秀梅：《我国社会组织立法的完善》，《温州大学学报》（社会科学版）2014 年第 6 期。

　　李雪平：《湖北省农村人力资本对农村经济增长的影响分析》，《决策咨询》2017 年第 3 期。

李毅：《国外农村人力资源体系发展经验研究》，《世界农业》2013年第 5 期。

李迎生：《慈善公益事业的公信力建设论析》，《中共中央党校学报》2015 年第 6 期。

李玉松：《发达国家政府促进农村人力资源开发的经验与借鉴》，《农业经济》2011 年第 12 期。

李政、胡中锋：《大学生人力资源质量体系的构建——基于 WICS 领导力模型的实证研究》，《高教探索》2017 年第 9 期。

李仲生：《美国的人力资源开发与经济发展》，《中国人力资源开发》2006 年第 2 期。

厉潇逸：《精准脱贫的法治保障》，《法学杂志》2018 年第 6 期。

栗金池：《借鉴国外经验加快中国农村人力资源开发》，《世界农业》2010 年第 1 期。

连大鹏、许月明：《贫困山区农民参加技能培训影响因素的决策模型与实证分析》，《贵州农业科学》2014 年第 6 期。

梁福庆：《三峡工程外迁移民安置研究》，《中国工程咨询》2016 年第 5 期。

梁海兵、卢海阳：《健康投资、性别差异与流动人口医疗补贴》，《改革》2014 年第 10 期。

廖赤眉、彭定新、严志强、李澜：《贫困与反贫困若干问题的探讨》，《广西师院学报》（哲学社会科学版）2002 年第 1 期。

林闽钢、王章佩：《福利多元化视野中的非营利组织研究》，《社会科学研究》2001 年第 6 期。

林尚立、王华：《创造治理：民间组织与公共服务型政府》，《学术月刊》2006 年第 5 期。

林毅夫：《解决农村贫困问题需要有新的战略思路——评世界银行新的"惠及贫困人口的农村发展战略"》，《北京大学学报》（社会科学版）2002 年第 5 期。

刘保中：《"扩大中的鸿沟"：中国家庭子女教育投资状况与群体差异比较》，《北京工业大学学报》（社会科学版）2020 年第 2 期。

刘春湘、郭梓焱：《当前我国社会组织公信力危机及重构》，《湘潭大学学报》（哲学社会科学版）2017 年第 4 期。

刘国辉：《推进新农村建设 加快重庆农村人力资源开发》，《天府新论》2008 年第 3 期。

刘海霞、常文峰：《机遇、挑战、对策："一带一路"背景下西北地区生态文明建设》，《西北工业大学学报》（社会科学版）2017 年第 4 期。

刘解龙、陈湘海：《精准扶贫的几个基本问题分析》，《长沙理工大学学报》（社会科学版）2015 年第 6 期。

刘兰华：《非营利性社会组织能力建设中的人力资源紧张及其纾解》，《兰州学刊》2014 年第 11 期。

刘林、陈作成：《扶贫资金投入与减贫：来自新疆农村地区数据的分析》，《农业现代化研究》2016 年第 1 期。

刘少坤、阳树英、饶远：《客都梅州市休闲农业旅游资源分析及规划》，《中国农业资源与区划》2017 年第 12 期。

刘万振：《完善精准扶贫监督考核机制的路径选择》，《改革》2018 年第 1 期。

刘尧：《农村知识贫困与新农村人力资源开发》，《中国地质大学学报》（社会科学版）2008 年第 2 期。

陆汉文：《落实精准扶贫战略的可行途径》，《国家治理》2015 年第 38 期。

陆汉文、梁爱有：《第三方评估与贫困问题的民主治理》，《中国农业大学学报》（社会科学版）2017 年第 5 期。

陆继霞：《中国扶贫新实践：民营企业参与精准扶贫的实践、经验与内涵》，《贵州社会科学》2020 年第 3 期。

陆迁、王昕：《社会资本综述及分析框架》，《商业研究》2012 年第 2 期。

吕广利：《传统贫困观对精准扶贫的影响及应对》，《西北农林科技大学学报》（社会科学版）2020 年第 1 期。

马建富：《关于和谐社会职业教育特征及其发展的思考》，《教育与职业》2006 年第 9 期。

马金芳：《我国社会组织立法的困境与出路》，《法商研究》2016 年第 6 期。

马金龙：《人口流动对区域经济发展的影响及对策——以宁夏固原市为例》，《学术交流》2006 年第 2 期。

马金龙、陈学琴：《精准扶贫视域下西北农村人力资源开发减贫机制研究》，《北方民族大学学报》（哲学社会科学版）2019 年第 3 期。

马隽、江雨：《国外农村人力资源开发经验及对我国的启示》，《改革与战略》2017 年第 8 期。

马立政：《国有企业是中国社会主义经济实践的中流砥柱——新中国 70 年来国有企业发展历程及主要经验》，《毛泽东邓小平理论研究》2019 年第 6 期。

马尚云：《精准扶贫的困难及对策》，《学习月刊》2014 年第 19 期。

迈克尔·波特等：《创造共享共价值》，《哈佛商业评论》（全球繁体中文版）2011 年第 1 期。

莫光辉、张菁：《精准扶贫第三方评估长效机制建构策略——2020 年后中国减贫与发展前瞻探索系列研究之一》，《苏州大学学报》（哲学社会科学版）2018 年第 6 期。

潘晨光、娄伟：《中国农村智力回流问题研究》，《中国人口科学》2003 年第 5 期。

潘锦棠：《性别人力资本理论》，《中国人民大学学报》2003 年第 3 期。

潘明明、龚新蜀、张洪振：《新疆城镇少数民族流动人口社会融合：水平测度与障碍找寻》，《新疆大学学报》（哲学人文社会科学版）2018 年第 2 期。

潘明明、李光明、龚新蜀：《西部民族特困区农村人力资源开发减贫效应研究——以南疆三地州为例》，《人口与发展》2016 年第 2 期。

彭华民、黄叶青：《福利多元主义：福利提供从国家到多元部门的转型》，《南开学报》（哲学社会科学版）2006 年第 6 期。

彭静：《国外农村人力资源开发经验对中国农村区域经济协调发展的启示》，《世界农业》2015 年第 10 期。

皮埃尔·萨内：《贫困：人权斗争的新领域》，刘亚秋译，《国际社会科学杂志》（中文版）2005 年第 2 期。

蒲艳萍：《劳动力流动对西部农村经济发展的影响——基于西部289个自然村的调查问卷分析》，《中国经济问题》2010年第6期。

钱雪亚、王润英：《农村高文化从业者的行为特征及其影响力》，《浙江社会科学》2000年第3期。

邱林、万忠：《广东农业科技扶贫的对策》，《农业科技管理》1998年第8期。

阙祥才、唐永木：《贫困——一个人力资本视角的解读》，《湖北社会科学》2011年第1期。

任远：《中国户籍制度改革：现实困境和机制重构》，《南京社会科学》2016年第8期。

沈春梅、杨雪英：《社会排斥视角下的农村反贫困机制研究》，《淮海工学院学报》（人文社会科学版）2016年第6期。

沈妉：《城乡一体化进程中乡村文化的困境与重构》，《理论与改革》2013年第4期。

沈费伟：《传统乡村文化重构：实现乡村文化振兴的路径选择》，《人文杂志》2020年第4期。

石国亮：《慈善组织公信力重塑过程中第三方评估机制研究》，《中国行政管理》2012年第9期。

石国亮、廖鸿：《破除慈善组织税收优惠政策的认识误区》，《中国国情国力》2016年第3期。

时鹏、余劲：《农户生态移民意愿及影响因素研究——以陕西省安康市为例》，《中国农业大学学报》2013年第1期。

史清华、顾海英、张跃华：《农民家庭风险保障：从传统模式到商业保险》，《管理世界》2004年第11期。

束锡红、聂君、樊晔：《精准扶贫视域下宁夏生态移民生计方式变迁与多元发展》，《宁夏社会科学》2017年第5期。

宋林飞：《农村劳动力的剩余及其出路》，《中国社会科学》1982年第5期。

孙百才：《西北少数民族地区农村居民的教育收益率研究》，《西北师大学报》（社会科学版）2013年第1期。

孙朝辉：《"精准扶贫"战略视角下农村人力资源开发的创新路径》，《农业经济》2019 年第 10 期。

孙发锋：《我国慈善组织公信力的缺失与重塑》，《郑州大学学报》（哲学社会科学版）2015 年第 6 期。

孙发锋：《中国民间组织"去行政化"改革：反思与建议》，《郑州大学学报》（哲学社会科学版）2014 年第 1 期。

孙学立：《农村人力资源供给视角下乡村振兴问题研究》，《理论月刊》2018 年第 5 期。

孙焱林、王中林：《健康投资结构的收入增长效应：基于地区及城乡差异的比较分析》，《中国卫生经济》2014 年第 8 期。

谭俊峰、陈伟东：《深度贫困地区脱贫攻坚路径研究——以嵌入性理论为视角》，《天津行政学院学报》2018 年第 5 期。

唐代盛、李敏、边慧敏：《中国社会组织人力资源管理的现实困境与制度策略》，《中国行政管理》2015 年第 1 期。

唐钧：《追求"精准"的反贫困新战略》，《西北师大学报》（社会科学版）2016 年第 1 期。

田波、柳长兴：《人力资本视角下的"志智双扶"问题研究：后扶贫时代的扶贫治理》，《重庆理工大学学报》（社会科学）2020 年第 2 期。

童星、林闽钢：《我国农村贫困标准线研究》，《中国社会科学》1994 年第 3 期。

万良杰、薛艳坤：《"精准脱贫"导向下企业参与民族贫困地区扶贫工作机制创新研究》，《贵州民族研究》2018 年第 11 期。

万一：《韩日农村教育对我国农村人力资源开发的启示》，《科技和产业》2010 年第 1 期。

万忠、杨小平：《国外农村人力资源开发典型经验及启示》，《广东农业科学》2009 年第 11 期。

汪三贵、郭子豪：《论中国的精准扶贫》，《贵州社会科学》2015 年第 5 期。

王春伟、刘云涛：《国外农村人力资源开发的经验借鉴》，《世界农业》2013 年第 4 期。

王官燕、林克松：《嵌入、脱嵌与再嵌：贫困县域职业教育服务乡村振兴的逻辑、困局及突破》，《职业技术教育》2020年第7期。

王海峰：《乡村振兴背景下农村区域经济的协调发展研究》，《农业经济》2018年第10期。

王名、李健：《社会共治制度初探》，《行政论坛》2014年第5期。

王晓毅：《精准扶贫与驻村帮扶》，《国家行政学院学报》2016年第3期。

王兴盛：《全面脱贫内源力形成机制探析》，《中共云南省委党校学报》2016年第6期。

王莹、张连春、秦树文：《乡村振兴战略背景下农村人力资源开发问题及对策研究》，《河北北方学院学报》（自然科学版）2018年第9期。

王志章、刘天元：《连片特困地区农村贫困代际传递的内生原因与破解路径》，《农村经济》2016年第5期。

王智、杨莹莹：《治理现代化进程中的新社会组织能力建设》，《社会主义研究》2017年第5期。

韦艳、方祎、郭佳佳：《农村中老年人健康投资对健康状况的影响研究——基于陕西省的调查发现》，《西安财经学院学报》2017年第6期。

温铁军、温厉：《中国的"城镇化"与发展中国家城市化的教训》，《中国软科学》2007年第7期。

吴雨才：《印度政府开发农村人力资源的经验》，《世界农业》2012年第11期。

向佐春：《广东农民合作社SWOT分析——以江门市为例》，《五邑大学学报》（社会科学版）2014年第3期。

谢恒：《欠发达地区农民工返乡创业问题思考》，《中国市场》2014年第51期。

谢君君：《教育扶贫研究述评》，《复旦教育论坛》2012年第3期。

谢小芹：《精准扶贫与地方政府行为转型》，《河北经贸大学学报》2020年第1期。

徐辉：《职业教育发展规模与和谐社会构建的模型预测》，《职教论坛》2009年第12C期。

许春淑、闫殊：《城乡义务教育均等化减贫效应及地区差异——基于30

个省级动态面板数据 GMM 方法的实证研究》，《经济问题》2017 年第 9 期。

许汉泽、李小云：《精准扶贫背景下驻村机制的实践困境及其后果——以豫中 J 县驻村"第一书记"扶贫为例》，《江西财经大学学报》2017 年第 3 期。

许泉：《江苏三大区域农村人力资源开发的差异分析及策略选择》，《中国农业教育》2016 年第 6 期。

薛洁：《乡村振兴战略背景下我国农村人力资源投资的发展路经》，《天津中德应用技术大学学报》2018 年第 3 期。

闫东东、付华：《龙头企业参与产业扶贫的进化博弈分析》，《农村经济》2015 年第 2 期。

杨风寿、沈默：《社会保障水平与城乡收入差距的关系研究》，《宏观经济研究》2016 年第 5 期。

杨丽丽：《乡村振兴战略与农村人力资源开发及其评价》，《山东社会科学》2019 年第 10 期。

杨明洪：《论西方人力资本理论的研究主线与思路》，《经济评论》2001 年第 1 期。

杨茜、石大千：《交通基础设施、要素流动与城乡收入差距》，《南方经济》2019 年第 9 期。

杨婷：《国外农村人力资源开发与培训经验对我国的启示》，《现代商贸工业》2011 年第 8 期。

杨玉波、李备友、李守伟：《嵌入性理论研究综述：基于普遍联系的视角》，《山东社会科学》2014 年第 3 期。

姚先国、张海峰：《教育、人力资本与地区经济差异》，《经济研究》2008 年第 5 期。

易钢、游珍、戴育滨、刘月秀、张家英：《农村人力资源开发与农民教育》，《高等农业教育》2005 年第 10 期。

殷红霞：《西部地区农户家庭教育投资与收入变动关系的调查分析——以陕西关中地区为例》，《教育科学》2007 年第 5 期。

殷江滨：《劳动力回流的驱动因素与就业行为研究进展》，《地理科学进展》2015 年第 9 期。

于长永：《传统保障、医疗保险与农村老年人疾病风险担心度》，《中国人口科学》2018 年第 4 期。

余文锴：《刍议互联网在新农村建设中的推动作用和途径》，《改革与开放》2016 年第 1 期。

原婕菲：《精准扶贫的四个难题》，《人民论坛》2019 年第 11 期。

张春敏：《产业扶贫中政府角色的政治经济学分析》，《云南社会科学》2017 年第 6 期。

张光宏、李杰：《我国城乡家庭教育投资能力比较分析》，《农业技术经济》2011 年 11 期。

张广婷、江静、陈勇：《中国劳动力转移与经济增长的实证研究》，《中国工业经济》2010 年第 10 期。

张弘：《农村人力资源开发的现状与对策思考》，《湖南商学院学报》2000 年第 5 期。

张欢：《驻村帮扶中的权力替代及其对村庄治理的影响》，《湖南农业大学学报》（社会科学版）2018 年第 5 期。

张乐天：《文化互助视野下的反贫困问题》，《贵州社会科学》2014 年第 10 期。

张磊：《关于当前我国贫困与反贫困几个基本问题的新认识——马克思主义经济学关于贫困问题的理论及其时代涵义》，《理论前沿》2007 年第 18 期。

张霞、胡建元：《新疆少数民族特困区人力资本反贫困实证研究——以喀什地区为例》，《新疆大学学报》（哲学人文社会科学版）2017 年第 6 期。

张衔、黄金辉、邓翔：《东中西部地区农户人力资本投资行为比较分析》，《中国农村经济》2005 年第 4 期。

张翊：《我国农村人力资源开发的路径分析》，《农业经济》2015 年第 12 期。

赵周华、霍兆昕：《农村基础设施建设对贫困民族地区减贫的影响——基于内蒙古 20 个国家级贫困县的实证研究》，《湖北民族学院学报》（哲学社会科学版）2020 年第 2 期。

周金泉、郭全中：《发达国家人力资源开发战略比较及启示》，《经济纵横》2007 年第 2 期。

周丽莎：《基于阿玛蒂亚·森理论下的少数民族地区教育扶贫模式研究——以新疆克孜勒苏柯尔克孜自治州为例》，《民族教育研究》2011 年第 2 期。

周秋光、彭顺勇：《慈善公益组织治理能力现代化的思考：公信力建设的视角》，《湖南大学学报》（社会科学版）2014 年第 6 期。

周新发、王国军：《新型农村合作医疗制度续保意愿实证研究》，《财经研究》2014 年第 12 期。

周燕：《干中学效应、国际分工格局和动态比较优势》，《中国经济问题》2010 年第 5 期。

朱杰：《人口迁移理论综述及研究进展》，《江苏城市规划》2008 年第 7 期。

朱玲、何伟：《工业化城市化进程中的乡村减贫 40 年》，《劳动经济研究》2018 年第 4 期。

朱战辉：《城市化背景下乡村教育转型与农民家庭策略——基于已婚青年妇女陪读现象的经验考察》，《中共宁波市委党校学报》2020 年第 1 期。

邹薇、郑浩：《贫困家庭的孩子为什么不读书：风险、人力资本代际传递和贫困陷阱》，《经济学动态》2014 年第 6 期。

左停、李卓、赵梦媛：《少数民族地区贫困人口减贫与发展的内生动力研究——基于文化视角的分析》，《贵州财经大学学报》2019 年第 6 期。

Amelie Constant, Douglas S. Massey, "Return Migration by German Guestworkers: Neoclassical versus New Economic Theories," *International Migration*, 2002, 40 (4).

A. Deaton, "Health, Inequality, and Economic Development," *Journal of Economic Literature*, 2003 (41)：113-158.

A. Goddard, J. M. Assad, "Accounting and Navigating Legitimacy in Tanzanian NGOs. Accounting," *Auditing & Accountability Journal*, 2006, 19 (3)：377-404.

D. Massey, "Social Structure, Household Strategies, and the Cumulative

Causation of Migration," *Population Index*, 1990, 56 (1).

E. S. Lee, "A Theory of Migration," *Demography*, 1966, 3 (1): 47-57.

J. Hagedoorn, "Understanding the Cross-level Embeddedness of Interfirm Partnership Formation," *Academy of Management Review*, 2006, 31 (3): 670-680.

Lokshin, Michael, Yemtsov, Ruslan, "Has Rural Infrastructure Rehabilitation in Georgia Helped the Poor?" *World Bank*, 2005, 19 (2).

M. E. Porter, M. R. Kramer, "The competitive advan-tage of corporate philanthropy," *Harvard Business Review*, 2002, 80 (12): 56-69.

M. Granovetter, "Economic Action and Social Structure: The Problem of Embeddedness," *American Journal of Sociology*, 1985, 91 (3): 481-510.

P. Howitt, "Health, Human Capital and Economic Growth: A Schumpeterian Perspective," *Health and Economic Growth: Findings and Policy Implications*, 2005 (1): 19-40.

R. E. Lucas, "On the Mechanics of Economic Development," *Journal of Monetary Economics*, 1988, (1): 3-42.

R. R. Nelson, E. S. Phelps, "Investment in Humans, Technological Diffusion, and Economic Growth," *American Economic Review*, 1966, 56 (1/2): 43.

Sarah Rogers, Mark Wang, "Environmental Resettlement and Social Dis/re-articulation in Inner Mongolia, China," *Population and Environment*, 2006, 28 (1).

S. K. Halder, G. Mallik, "Does Human Capital Cause Economic Growth? A Case Study of India," *International Journal of Economic Sciences and Applied Research*, 2010 (1): 7-25.

Uzzib, "Social Structure and Competition in Interfirm Networks: the Paradox of Embeddedness," *Administrative Science Quarterly*, 1997, 42 (1): 35-67.

"The Razor's Edge: Distortions and Incremental Reform in the People's Republic of China," *The Quarterly Journal of Economics*, 2000, 115 (4).

附　录

甘肃省平凉市农村人力资源培训需求调查问卷

尊敬的农民朋友，您好！

首先感谢您对此次调查的支持！为了了解农民朋友的培训需求状况，文明开展本次调查，问题的选项没有好坏对错之分，请您在符合您自身情况的选项中打"√"，对于您提供的信息，只作为科学研究之用，我们将严格保密，请您放心作答！再次感谢您对此次调查的支持。

《西北农村人力资源开发与贫困治理机制研究》课题组
2018 年 12 月

1. 您的性别是：

A. 男　　　　　　　　B. 女

2. 您的年龄：

A. 20 岁以下　　　　　B. 21～30 岁　　　　　C. 31～40 岁

D. 41～50 岁　　　　　E. 51 岁以上

3. 您的文化程度：

A. 小学以下　　　　　B. 小学　　　　　　　C. 初中

D. 高中或中专　　　　E. 大专及以上

4. 您当前的从业情况：

A. 在家务农　　　　　　　　　　B. 外出打工

C. 村办集体企业上班　　　　　　D. 在家从事非农第三产业

5. 目前，您对下列项目内容的态度是：

题目	很关心	较关心	一般	不关心	很不关心
中、小学教育					
职业技能培训					
大学教育					

6. 目前，您认为下面最需要解决的问题是_____（按顺序排列）：

A. 孩子教育　　　　　B. 自身技能提高　　　　C. 农村技术培训

D. 发展农村文化体育娱乐设施缺乏　　　　E. 农村缺乏人才问题

F. 其他

7. 您对下述各类项目的建设情况感觉是

题目	非常满意	较满意	可以接受	不满意	非常不满意
中小学教育					
农村科技服务					
农村人才引进					
农村技能培训					
农村文化娱乐设施					
"三下乡"活动教育下乡活动					

8. 您获取知识的主要最主要渠道是：

A. 大众传媒（电视、报纸、杂志、书籍、广播和收音机、网络等）

B. 组织机构培训（农村远程教育、农业技术推广部门、参观培训等）

C. 通过人际关系学习（邻居亲朋、专业大户、农民合作组织）

D. 学校教育学习（农村教育、职业高中、职业中专、大专以上院校等）

9. 您最喜欢的培训方式是（可选多项）：

A. 面对面授课　　　　　　　　　B. 现场学习

C. 电视广播　　　　　　　　D. 网络视频

E. 以上都有　　　　　　　　F. 其他

10. 您认为培训时长最好为：

A. 一天以内　　　　　　　　B. 一周以内

C. 一月以内　　　　　　　　D. 一月以上

11. 您可接受的培训费用为：

A. 20 元以内　　　　　　　　B. 20~50 元

C. 50~100 元　　　　　　　　D. 100 元以上

12. 您喜欢在下列哪些地方接受培训（可选多项）：

A. 大城市　　　　　　　　　B. 县城

C. 乡镇　　　　　　　　　　D. 本村

E. 不想参加任何地方的培训

13. 影响您接受培训的主要原因是什么？（可选多项）

A. 没钱　　　　　　　　　　B. 当地缺少学校

C. 内有时间　　　　　　　　D. 培训项目没意思

E. 说不清培训

14. 您认为不愿意接受培训可能的原因是什么？（可选多项）

A. 没人管　　　　　　　　　B. 不方便

C. 内容不切合实际　　　　　D. 费用太高

E. 说不清培训

15. 您参加过的培训有？（可选多项）

A. 全省组织的　　　　　　　B. 所在市组织的

C. 所在县组织的　　　　　　D. 所在乡镇组织的

E. 所在村组织的　　　　　　F. 没有参加过任何培训

16. 您所在村、镇是否有以下设施？（可选多项）

A. 电视、宽带入户　　　　　B. 农家书屋

C. 文化大院　　　　　　　　D. 农民远程教室

E. 专业技术指导员　　　　　F. 村级卫生室

17. 您所在地的当地政府对培训的态度：

A. 特别支持　　　　　　　　B. 支持

C. 不清楚　　　　　　　　　　D. 不太支持

E. 根本不支持

18. 您是否愿意接受培训：

A. 很愿意　　　　　　　　　　B. 愿意

C. 不清楚　　　　　　　　　　D. 不太愿意

E. 根本不愿意

19. 您认为培训的作用是：

A. 很大　　　　　　　　　　　B. 有一些

C. 不清楚　　　　　　　　　　D. 不太大

E. 根本没有用

20. 您认为培训中存在的问题有？（可选多项）

A. 政策支持不够　　　　　　　B. 领导不重视

C. 村民认识不够　　　　　　　D. 不愿意花钱

E. 作用不大

图书在版编目（CIP）数据

农村人力资源开发与贫困治理：以西北地区为例／
马金龙，范映渊著. --北京：社会科学文献出版社，
2023.12
　　ISBN 978-7-5228-1834-4

　　Ⅰ.①农…　Ⅱ.①马…②范…　Ⅲ.①农村-人力资
源开发-研究-中国②农村-扶贫-研究-中国　Ⅳ.
①F323

中国国家版本馆 CIP 数据核字（2023）第 095251 号

农村人力资源开发与贫困治理
——以西北地区为例

著　　者／马金龙　范映渊

出 版 人／冀祥德
组稿编辑／曹义恒
责任编辑／吕霞云
文稿编辑／公靖靖
责任印制／王京美

出　　版／社会科学文献出版社·政法传媒分社（010）59367126
　　　　　　地址：北京市北三环中路甲 29 号院华龙大厦　邮编：100029
　　　　　　网址：www.ssap.com.cn
发　　行／社会科学文献出版社（010）59367028
印　　装／三河市尚艺印装有限公司

规　　格／开　本：787mm×1092mm　1/16
　　　　　　印　张：15　字　数：238 千字
版　　次／2023 年 12 月第 1 版　2023 年 12 月第 1 次印刷
书　　号／ISBN 978-7-5228-1834-4
定　　价／98.00 元

读者服务电话：4008918866